Sagen aus Salzburg

Sagen aus Salzburg

Herausgegeben von
Leander Petzoldt

Diederichs

Die Deutsche Bibliothek – CIP-Einheitsaufnahme
Sagen aus Salzburg / hrsg. von Leander Petzoldt. –
München: Diederichs, 1993
ISBN 3-424-01179-7
NE: Petzoldt, Leander [Hrsg.]

Umschlaggestaltung: Zembsch' Werkstatt, München
Produktion: Tillmann Roeder, München
Satz: Uhl+Massopust, Aalen
Druck und Bindung: Wiener Verlag, Himberg
Printed in Austria

ISBN 3-424-01179-7

Inhalt

Vorwort

Die Residenz der Fürstbischöfe von Salzburg vermittelt auch heute noch etwas von jener barocken Größe und Repräsentanz, die die Stadt an der Salzach nach dem Dreißigjährigen Krieg erlangte. Mit Wolf Dietrich von Raitenau, einem Enkel der Medici, Mark Sittich von Hohenems und Paris Graf Lodron erlebte die Stadt, nicht zuletzt auch durch ihre reichen Handelsverbindungen mit den süddeutschen Städten sowie Venedig und Wien einen wirtschaftlichen und kulturellen Höhepunkt. Nach 800 Jahren Selbständigkeit gelangte das Erzstift Salzburg 1816 zu Österreich. Heute gilt die Stadt als »Rom des Nordens«, eine Stadt, deren Charme als typisch österreichisch empfunden wird.

Die Sage hat freilich von alledem, insbesondere von der Geschichte der letzten dreihundert Jahre, nicht viel bewahrt. Nichts von der Ausweisung der Protestanten in der ersten Hälfte des 18. Jahrhunderts, kaum etwas von den Bauernaufständen und den Greueln des Dreißigjährigen Krieges, die der Stadt durch die von Lodron angelegte Stadtbefestigung erspart blieben.

Um so mehr hat sich die Sage mit dem südwestlich von Salzburg gelegenen höhlenreichen Untersberg, dem »Wunderberg«, und dem Walserfeld beschäftigt. Der Sagenzyklus um den Untersberg hat, wohl gefördert durch das 1782 erschienene Brixener Volksbuch »Beschreibung von dem berühmten Salzburgischen Untersberg oder Wunderberg ...«, über die letzten zwei Jahrhunderte hinaus große Popularität erlangt. Das Büchlein sammelt die im 18. Jahrhundert populäre Überlieferung um den Untersberg und faßt sie in einer fiktiven Erzählung des Reichenhaller Stadtschreibergehilfen Lazarus Gitschner (auch Aigner, Minzer genannt) zusammen, der »im Untersberg gewesen und die dort geschaute Wunderwelt selbst beschrieben haben soll«. Es ist eine Geschichte, die in der Tradition mittelalterlicher Jenseitsreisen steht, und wie diese scheint sie nur dazu da zu sein, einen Rahmen für die Prophezeiungen abzugeben, die der Mönch, welcher den

Lazarus Gitschner durch den Berg führte, ihm bei seinem Abschied mitgibt. Diese »Lazarusgeschichte«, wie sie Wilhelm Herzog bezeichnete, der eine kritische Sichtung der Untersbergsage und einen Handschriftenvergleich vornahm, umfaßt etwa die Hälfte des Büchleins. Herzog konnte Ende der zwanziger Jahre rund 15 Handschriften und Drucke nachweisen und ihre Abhängigkeiten untersuchen und stellte auf dieser Grundlage eine kritische Ausgabe her. Das bereits erwähnte »Brixener Volksbuch« aus dem Jahr 1782, das seinerseits wieder nachgedruckt wurde bzw. verschiedene Auflagen erlebte, dürfte wohl in vieler Hinsicht repräsentativ für die volkstümliche Erzählüberlieferung um den Untersberg sein. Es repräsentiert mehr oder weniger den Endstand der populären Überlieferung vom Untersberg und umfaßt alle wesentlichen Motive, die in der handschriftlichen Tradition vorkommen. Das Volksbuch steht nicht nur formal, sondern auch inhaltlich am Ende einer Entwicklung, deren Wurzeln in frühgeschichtliche Epochen zurückreichen. Die Vorstellung vom Untersberg, in dem nach dem Volksglauben bzw. dem Volksbuch Karl der Große, Karl V. oder in den älteren Handschriften Kaiser Friedrich Barbarossa entrückt sind und auf ihre Wiederkunft warten, bildet den Ausgangspunkt für die Botschaft dieses Traktats, das im wesentlichen Vehikel für die negativen Prophezeiungen einer Zeit des Umbruchs ist.

Daher ist auch die Frage, welcher Kaiser sich in dem Berg aufhält, von nebensächlicher Bedeutung; auch das Volksbuch geht nur am Rande darauf ein. Es lassen sich deutlich zwei Teile unterscheiden: Die sagenhaften Zeugnisse, die den wunderbaren Charakter des Berges betonen und von Menschen berichten, die im Berg waren oder zumindest eine übernatürliche Begegnung in seinem Umkreis hatten. Dies ist wohl die eigentliche volkstümliche Überlieferung, die sich an den Untersberg geheftet hat. Sie erzählt von Riesen, die in das Dorf Feldkirch kamen, um die Einwohner zu einem christlichen Lebenswandel zu ermahnen, von Wilden Frauen, die Knaben entführen oder mit den Bauern eine Liebesbeziehung eingehen, von einem Bergmännlein, das an einer Bauernhochzeit teilnimmt, von einem Weinfuhrmann, der seine Fuhre in den Berg verkaufen muß, von dem Jäger Holzögger, der sich im Berg verlor und über 28 Tage ausblieb und danach verschlossen und nachdenklich war, so daß der Bischof ihn vor sich kommen und berichten läßt, woraufhin dieser ebenfalls »tiefsinnig und nachdenkend«, bestürzt und traurig sein Leben beschließt; er wird wiederum indirekt als Zeuge für Lazarus Gitschners Bericht angeführt.

Der zweite Teil enthält die für uns in diesem Zusammenhang wichtige sogenannte »Lazarusgeschichte«, den Bericht des Lazarus Gitschner von seinem sechstägigen Aufenthalt im Untersberg mit der fiktiven Jahresangabe 1529. Auf der Suche nach einer in einen Felsen eingehauenen Buchstabenfolge verläuft er sich in einer Klamm des Untersbergs, der Hohe Thron genannt, und wird am nächsten Morgen von einem »barfüßigen Mönch« in den Berg geführt. Drinnen sieht er auf einer schönen Wiese ein klosterähnliches Gebäude, Brunnen und Quellen. Der Mönch führt ihn in die Kirche, die über 200 Altäre und über 30 Orgeln hat. Er sieht die Mönche, es sind über 600, das Chorgebet halten, »so wie es in der Domkirche zu Salzburg gewöhnlich ist«. Dann beginnt das Hochamt, und die Orgeln sowie Musikinstrumente begleiten es, »so daß Lazarus sich nicht anders vorstellen konnte, als daß er wirklich im Himmel wäre.«

In der Tat entsteht hier die Frage, wo sich Lazarus wirklich befindet. Es ist eine andere Welt, die durch ihre Großartigkeit beeindruckt, ein himmlisches Paradies, das ähnlich wie ein Kloster organisiert ist. Es ist eine Welt der Abgeschiedenheit, denn der Mönch erklärt Lazarus in einer Aufzählung nach Art der Totentänze: »Diese Leute sind gewesen Kaiser, Könige, Fürsten, Bischöfe, Prälaten, Ritter, adeliche und unadeliche Herren und Frauen, Klosterleute, Knechte und Dienstmägde, Reiche und Arme ...« Trotzdem wird der eigentliche Charakter dieser anderen Welt im Untersberg nicht ganz deutlich; er sieht viele, die er gut von Angesicht kennt, den Fürsten von Salzburg, Leonhard von Keutschach, und Herzog Albrecht von Bayern, die Prälaten von St. Peter in Salzburg und St. Zeno in Bayern, aber »er konnte jedoch während dieser Zeit (der 6 Tage) nicht wirklich abnehmen [= erkennen], ob diese Wundersbergbewohner Geister seyen oder nicht«. Das klingt zunächst seltsam, da Lazarus sich durchaus hinsichtlich der übernatürlichen Natur seines Besuches im Untersberg im klaren ist, er weiß, daß er in einer »anderen Welt« ist, die sich von der Wirklichkeit unterscheidet. »Es kam auch dem Lazarus ... vor, als hätten sie das nämliche [= dasselbe] Tageslicht, als in der äußeren Welt, jedoch sah er keine Sonne«, heißt es an einer Stelle. Die Schwierigkeit zu erkennen, ob es Geister seien, soll wohl nur den wesenhaft konkreten Charakter dieser »zweiten Wirklichkeit« der anderen Welt unterstreichen. Hierzu gehören auch die Vergleiche, die der Besucher im Untersberg anstellt und die sich auf ihm bekannte Verhältnisse beziehen. Als er im Refektorium des Klosters im Untersberg gespeist wird, es gibt »Fleisch, Kraut, dazu Gersten und ein Leibl Brod sammt einem Becher guten Wein«, fügt er diese Beschreibung hinzu: »wie man sonst in dem uralten Stift und Kloster St. Peter in Salzburg zu traktiren pflegte«. Diese Vergleiche lassen wohl den Schluß zu, daß der Autor im klösterlichen Bereich zu suchen ist, was auch noch durch andere inhaltliche und intentionale Indizien zu belegen ist. Die ganze Erzählung gleicht mehr dem Besuch in einem Kloster als in der anderen Welt. Die Prophezeiungen des Mönchs führen Beispiele für den Verfall der Werte und der Ordnung an und sagen Teuerung und Krieg voraus. Bis schließlich alles mit der Endschlacht auf dem Walserfeld bei Salzburg enden wird: Dort werde »ein so schreckliches Blutbad seyn ... daß den Streitenden das Blut vom Fußboden in die Schuh rinnen wird.« Und wie im Blick auf die Französische Revolution heißt es bildhaft: »Die Vornehmen werden dabey wegen ihres ungenügsamen Lebens und Undank gegen Gott sonderheitlich verfolgt werden, daß sie wünschen werden, gesammt auf einem Sattel davonreiten zu können.« Der Birnbaum auf dem Walserfeld wird zum Zeichen für die Endschlacht dienen; wenn er blüht und Früchte trägt, wird die Schlacht beginnen: »An diesem Birnbaum wird der Kurfürst aus Baiern zur letzten Schlacht seinen Wappenschild hängen, und wird Niemand verstehen können, was dieses zu bedeuten habe.«

Die relativ frühe schriftliche Fixierung der Untersbergsage gegen Ende des 16. Jahrhunderts durch den Stadtschreiber Martin Pegius aus Mühldorf am Inn hat bewirkt, daß sich eine ganze Reihe populärer Glaubensvorstellungen, dämonischer Gestalten und Sagen von Riesen, Zwergen, Wilde Frauen an diesen Kristallisationspunkt und Sagenkern des Untersbergs geheftet haben. Im 18. Jahrhundert setzte dann die Verbreitung der Sage durch zahlreiche Handschriften bzw. das Volksbüchlein vom Untersberg ein. Inzwischen sind rund zwanzig Handschriften bzw. Drucke bekannt, die für die Popularität dieser Überlieferung zeugen. Im Mittelpunkt dieser Erzählungen steht der Besuch des Lazarus Gitschner in der Wunderwelt des Untersberges, der sagenhaft ausgeschmückt wird. Schon die Tatsache, daß von verschiedenen Kaisern die Rede ist, so auch von Barbarossa, der der Sage nach seinen Sitz im Kyffhäuser hat, zeigt, daß es sich hier um ein Wandermotiv handelt, das im Untersberg und in der heimischen Landschaft lokalisiert und mit Details aus der Heimatgeschichte versehen ist.

Ein anderer Sagenzyklus ist mit der Gestalt des Arztes Theophrastus Bombastus von Hohenheim, genannt Paracelsus, verbunden. Das Grab des großen Mediziners, dessen Bedeutung erst heute offenbar wird, befindet sich im St.-Sebastians-Friedhof. Er weilte 1525 bis 1541 in Salzburg und starb hier bei seinem zweiten Aufenthalt. Auch er ist eine der Kristallisationsgestalten, die zahlreiche Sagenmotive auf sich zogen. Dazu gehören seine Kontakte mit dem Teufel, da man sich vorstellte, daß er wie Dr. Faust und Albertus Magnus sein herausragendes Wissen nur dem Pakt mit dem Teufel verdanken konnte.

Diese Sagenzyklen und mythisierenden Erzählungen um historische Gestalten bestimmen die Erzähltradition der Stadt und der Umgebung in besonderem Maße. Alle die dämonischen Gestalten, die wir auch in anderen Landschaften finden, die Riesen und Zwerge, die Wilden Frauen und Moosweibchen, die Bergmännchen und auch die umgehenden Toten sind in den Salzburger Sagen auf den Untersberg bezogen. Es sind die »Untersberger«, von denen sogar in den umliegenden Landschaften erzählt wird.

Daneben gibt es, wie überall in der populären Erzählüberlieferung, die Sagen von Hexen und Zauberern, von verborgenen Schätzen und Drachen und von Bergwerken und ihrem Untergang durch den Übermut der Bergknappen. Besonders reich ist die Salzburger Sagenüberlieferung an Erzählungen über Kirchen und Kapellen, was schon früh ein Wort des deutschen Königs Konrad

III. bestätigt, er habe nirgends schönere Kirchenbauten gesehen als in Salzburg.

Der vorliegende Band gibt einen umfassenden Überblick über die Sagenüberlieferung der Stadt und ihres Umlandes, der dem Leser etwas von dem Reichtum der Erzählüberlieferung dieser schönen Stadt vermitteln soll.

Dem Museum Carolino Augusteum in Salzburg gilt unser Dank für die Genehmigung zum Abdruck einiger Abbildungen aus der Untersberg-Handschrift MS 2398.

Meinen Mitarbeitern, insbesondere Frau Mag. Petra Streng, danke ich für ihre Unterstützung bei der Fertigstellung des Bandes.

Innsbruck, im Frühjahr 1993 Leander Petzoldt

Die Herrscher im Untersberg

Der Untersberg

Der Untersberg oder Wunderberg liegt eine kleine deutsche Meile von der Stadt Salzburg an dem grundlosen Moos, wo vorzeiten die Hauptstadt Helfenburg soll gestanden haben. Er ist im Innern ganz ausgehöhlt, mit Palästen, Kirchen, Klöstern, Gärten, Gold- und Silberquellen versehen. Kleine Männlein bewahren die Schätze und wanderten sonst oft um Mitternacht in die Stadt Salzburg, in der Domkirche daselbst Gottesdienst zu halten. (1)

Das eiserne Tor

Der Ellhammer Hiesl, ein lustiger Holzknecht, bestieg einst in Dienstgeschäften den Untersberg. Da stand er plötzlich vor einem großen, eisernen Tor, das fest verschlossen war und wahrscheinlich in einen unterirdischen Gang führte. Er versuchte es zu öffnen, besaß aber nicht die nötige Kraft dazu, und dann kam ihm auch der Gedanke, daß er sich allein doch nicht hineinwagen dürfte. Er suchte danach seine Genossen auf und verständigte sie von seiner Entdeckung. Die kamen nun mit scharfen Äxten und Brechstangen, allein so lange und so genau sie suchten, das eiserne Tor war nicht mehr zu finden. (2)

Unterirdische Musik

Caspar Paulweber, ein blinder Einleger, der oftmals den Berg von Groß-Gmain nach Salzburg und wieder zurück allein gemacht hatte und nun schon seit mehreren Jahren tot ist, ließ es sich nicht nehmen, eines Abends beim Veitl-Steinbruche aus dem Untersberg heraus eine herrliche Musik gehört zu haben, die ihm fort und

Nächtliche Wallfahrer vor dem Untersberg (Hs. 2398, Fol. 17v, aus dem Museum Carolino Augusteum, Salzburg)

fort im Ohre nachklang, so lieblich und einschmeichelnd war sie anzuhören.

Eine Sendin am Untersberg vernahm gleichfalls einmal eine solche Musik, die aus dem Innern des Berges kam. Die klang so lustig und so verführerisch, daß sie sich nicht enthalten konnte und nach ihr tanzen mußte. (3)

Karl der Große, 1628

Kaiser Karl im Untersberg

In dem Wunderberg sitzt außer andern fürstlichen und vornehmen Herren auch Kaiser Karl, mit goldner Krone auf dem Haupt und sein Zepter in der Hand. Auf dem großen Walserfeld wurde er verzückt und hat noch ganz seine Gestalt behalten, wie er sie auf der zeitlichen Welt gehabt. Sein Bart ist grau und lang gewachsen und bedeckt ihm das goldne Bruststück seiner Kleidung ganz und gar. An Fest- und Ehrentagen wird der Bart auf zwei Teile geteilt, einer liegt auf der rechten Seite, der andere auf der linken, mit einem kostbaren Perlenband umwunden. Der Kaiser hat ein scharfes und tiefsinniges Angesicht und er zeigt sich freundlich und gemeinschaftlich gegen alle Untergebenen, die da mit ihm auf einer schönen Wiese hin und her gehen. Warum er sich da aufhält und was seines Tuns ist, weiß niemand und steht bei den Geheimnissen Gottes. (4)

Des Kaisers Bart

Alle hundert Jahre erwacht Kaiser Karl und sendet von seinem dem Leben wiedergegebenen Gefolge einen Edelknecht hinauf zum Geiereck, um nachzusehen, ob die Raben noch den Berg umkreisen. Währenddessen naht des Kaisers holde Tochter, mißt die Länge des Bartes an der Rundung des Tisches, und wenn sie sieht, daß er zum drittenmal noch nicht herumreicht, entströmen Tränen ihren Augen und werden im Geflechte des Haares zu Perlen. Auf des zurückkehrenden Edelknaben Meldung, daß noch Raben den Berg umschwärmen, neigt sich das Haupt des Kaisers wieder auf die Brust, und mit einem Wehrufe versinken er und das glänzende Gefolge in die alte Erstarrung. Doch wenn die Zeit der höchsten Not hereinbricht, dann erfüllt sich auch der Spruch der Verzückung. Die Raben verlassen dann den Berg, um die Leiber der edelsten Deutschen, welche durch Verrat gefallen im Kampfe der Zwietracht oder gegen Unterdrückung, zu zerhacken, und der ausgesandte Edelknecht meldet hocherfreut das Verschwinden derselben. (5)

Des Kaisers Weinkeller

In der Karlshöhle nächst dem Fürstenbrunnen befindet sich Kaiser Karls Weinkeller, voll des köstlichsten Weines. Durch viele Klüfte, auf fast unnahbaren Wegen, gelangt man von ihm aus unter dem Walserfelde an den Wurzeln des Birnbaums vorüber nach Salzburg in den Dom. (6)

Das Ende der Welt

Die Sage behauptet, daß auch Kaiser Karl V. im Untersberge hause und die kleinen Bewohner desselben beherrsche. Er sitze an einem runden Tische, um welchen sein Bart bereits zweimal gewachsen sei; umspannt er ihn das dritte Mal, so erwacht der Kaiser aus seinem Schlafe; das Ende der Welt ist alsdann nahe. Der Antichrist erscheint, und auf den Feldern von Wals kommt es zu grimmiger Schlacht. Die Engel des Himmels stoßen in ihre Posaunen, und das letzte Weltgericht nimmt seinen Anfang. (7)

Die Todesbotschaft

In Bildenau in Niederbayern stand einst ein Bergmännlein mit seinen Weiblein bei einem Bauern in Arbeit. Als eines Tages jenes auf dem Felde, dieses im Hofe mit Waschen beschäftigt war, lief das Weiblein von der Arbeit zum Männlein auf dem Felde und rief: »Jakob, komm geschwind, wir müssen nach dem Untersberge, der König Karl ist gestorben.« (8)

Korn für den Kaiser

Im Jahre 1696 wollte ein Bauer aus Grödig Korn von Salzburg heimfahren. Da gesellte sich auf dem Wege ein kleines Männchen zu ihm, welches ihn mit mancherlei kurzweiligen Gesprächen unbemerkt vom Wege ab und in den Untersberg führte. Hier mußte er sein Korn ausschütten, wofür ihm die Säcke mit Gold angefüllt wurden. Dieser Bauer sah den Kaiser mit seinen Helden an einem großen runden Tische in einer weiten prächtigen Halle sitzen. (9)

Der Zwergenstein

Wenn vierundzwanzig Raben dreimal um den Berg herumfliegen, so erwacht ebenfalls der Kaiser, muß aber dann noch so lange im Berg bleiben, bis der berühmte Zwergenstein gefunden ist, vermöge dessen alle Zwerge, die den Untersberg bewohnen, in Menschen verwandelt werden. Alsdann kehrt der Kaiser zu den Lebendigen zurück. (10)

Die Raben

Im Jahre 1713 trieb ein Hirt von Grödig beim Sternenlicht seine Herde nach Hause, da trat ein kleines Männlen aus dem Wunderberge und winkte. Unverzagt folgte ihm der Hirt in das Innere des Berges hinein. Sie kamen in einen weiten erleuchteten Raum. Da saß Kaiser Karl mit anderen Fürsten und Helden um einen Marmortisch und schlummerte. Als der Hirt eintrat, erwachte der Kaiser und fragte: »Fliegen die Raben noch um den Berg?« – »Jawohl, und zwar in Menge«, entgegnete der Hirt, und schwer seufzend der Kaiser: »Dann müssen wir noch hundert Jahre warten!« Sodann war alles verschwunden und zerstoben, der Hirte plötzlich außerhalb des Berges und auf seinen Heimweg entrückt. (11)

Der Geburtstag das Kaisers

An jedem Geburtsfeste des Kaisers findet eine feierliche Prozession der Zwerge auf dem Untersberge statt. Wehe dann demjenigen, der sich auf dem Berge befindet; er würde unrettbar verloren sein, denn die Zwerge lieben es, allein zu sein. (12)

Das goldene Zepter

Wenn es jemandem gelänge, das goldene Zepter, das der Kaiser in der Hand hält, ihm zu entwenden und damit drei Streiche gegen den Berg zu führen, so wäre der Kaiser ebenfalls erlöst. Er würde dann mit seinem Heere aus dem Untersberg herauskommen und den allgemeinen Weltkrieg beginnen. Alsdann bricht der Jüngste Tag an. (13)

Kaiser Friedrich im Untersberge

Kaiser Friedrich Barbarossa war vom Papste in den Bann getan worden; alle Kirchen verschlossen sich ihm, kein Priester fand sich, der ihm die Messe lesen oder gar das heilige Abendmahl spenden wollte.

Der Kaiser kam gegen Salzburg, um Ruhe zu finden. Er fand sie nicht; auf den Walser Feldern traf er mit dem Erzbischof von Salzburg zusammen; es kam zwischen ihnen zu einem heftigen Streit, der damit endete, daß der Erzbischof ihm fluchte und erklärte: »Der Kaiser soll so wenig bei Gott Gnade finden, als der Birnbaum auf dem Walser Felde je wieder Blätter und Blüten treiben wird.« Damit ließ er den Baum vor den Augen des Kaisers kurz über der Erde fällen.

So kam die heilige Osterzeit heran. Der edle Kaiser wollte das heilige Fest nicht stören und der gläubigen Christenheit kein Ärgernis geben, so ritt er denn zur Jagd.

Er legte ein kostbares, von Indien ihm gesandtes Gewand an, nahm ein Fläschchen mit wohlriechendem Öle zu sich und bestieg sein feuriges Roß. Keiner von des Kaisers Leuten kannte jedoch sein Vorhaben.

Die Jagd verlor sich bald tiefer in den Wald, und nur wenige seines Gefolges vermochten dem kaiserlichen Herrn zu folgen. Da, auf einer Lichtung angelangt, nahm Kaiser Friedrich plötzlich ein wunderbares Fingerlein in seine Hand und verschwand vor den Augen seiner Begleiter.

Vergebens durchforschten seine Getreuen die Wälder, durchstöberten die Schlucht, riefen seinen Namen. Er war und blieb verschwunden. Niemand ahnte, wohin er gekommen war.

Seit jener Zeit aber haust er im Untersberge. (14)

Kaiser Friedrich und der Hirtenknabe

Ein Hirte trieb einst bei hereinbrechendem Abend seine Herde, am Fuße des Unterberges entlang, heimwärts. Ein lustiges Stücklein nach dem anderen blies er auf seiner Schwegelpfeife, und eben hatte er wieder eines beendet, als er ausrief: »Kaiser Friedrich, das habe ich dir zu Ehren getan!« – Kaum hatte er diese Worte gesprochen, kam ein Männlein aus dem Berge auf ihn zu und winkte ihm zu folgen. Der Hirte tat es. Als sie eine gute Weile gegangen waren, gelangten sie zu einer eisernen Türe, welche in einen großen, prächtigen Saal führte. Viele tapfere und edle Herren waren da um Friedrich den Rotbart versammelt und dienten ihm. Der Hirte sah alles mit Staunen. Da fragte ihn der Kaiser: »Was soll der Lohn sein für dein Lied?« Und bescheiden antwortete jener: »Ich beanspruche keinen!« Auf dies hin brach Friedrich von einem goldenen Handfaß einen Fuß ab und schenkte ihn dem Hirten. Auf einen Wink des Kaisers führte ihn hierauf ein Diener aus dem Saal durch den ganzen Palast, ihm all die Herrlichkeiten zeigend. Da sah er einen großen Vorrat von Waffen aller Art, mit denen, wie der Diener sagte, der Kaiser einst seine Mannen bewaffnen und kommen werde, um das Recht wiederherzustellen.

Hierauf verließ der Hirte den Untersberg und kehrte in sein Heimatdorf zurück. Den goldenen Fuß aber machte er zu Geld und wurde ein steinreicher Mann. Dabei vergaß er nie der Armen und teilte ihnen von seinem Reichtum mit. Der Segen Gottes waltete auch über ihm und seinem Haus, und nichts fehlte ihnen.

Als er jedoch starb und all seine Habe in die Hände seiner Verwandten überging, welche, so plötzich wohlhabend geworden, dem Hochmutsteufel anheimfielen, da schwand allmählich der mühelos erworbene Reichtum, und sie endeten schließlich als Bettler. (15)

Kaiser Rotbart

Kaiser Rotbart sitzt im Untersberge (bei Salzburg) an einem steinernen Tisch; sein Bart wächst bis zum Jüngsten Tag dreimal um den Tisch herum. Ein Schafhirt fand einst den Eingang in den

Berg, und er sah den Kaiser von Rittern bewacht am Tische schlafen, und der Bart schon zweimal herumgewachsen. Kaiser Rotbart wird den Antichrist schlagen. (16)

Die vier Musikanten

Anno 1661 wanderten vier junge Musikanten fürbaß von Tirol nach Oberösterreich. Ihr Weg führte sie auch am Untersberge vorüber, von dessen Sagen und Wundern sie schon so vieles gehört hatten. Als sie abends zur Brücke in Niederalm gelangt waren, fuhr's dem einen durch den Kopf, und er sagte zu seinen Kameraden: »Wie wär's, wenn wir heute um Mitternacht dem Rotbart ein Ständchen brächten; vielleicht können wir dabei unsere Säcke mit den Schätzen des Wunderberges füllen?«

»Sprich doch nicht so gottlos, Paul!« rief erschrocken der Jüngste.

Die beiden anderen aber erwiderten lachend: »Wir sind dabei, ganz recht! Laßt es uns einmal in der Unterwelt versuchen, weil es uns da heroben so miserabel geht. Aber auch Robert muß von der Partie sein, damit das Quartett vollständig ist.«

Robert, dem Jüngsten, half kein Sträuben; er wurde von seinen Genossen mit Gewalt den Untersberg hinangeführt.

Gerade als es zu Niederalm zwölf schlug, begann das Konzert.

Sie hatten kaum wenige Minuten gespielt, so erschien die Kaisertochter und lud die vier Musikanten ein, ihr zu folgen. Diese taten, wie ihnen geheißen, und folgten ihrer Führerin in den Berg. So gelangten sie in die Kaiserhalle. Daselbst saß der alte Kaiser in seiner gewohnten Weise, umgeben von einem ganzen Hofstaate kleiner, niedlicher, nur etwas altfränkisch gekleideter Herren. Die Prinzessin winkte den erstaunten Musikern, und diese begannen ihr Spiel.

Der Kaiser nickte Beifall, als sie geendet hatten, und mit ihm alle die edlen Herren. Auf ein gegebenes Zeichen eilten kleine, lustige Pagen herbei, beladen mit goldenen Schüsseln und Bechern, und reichten den Musikanten Speise und Trank in Hülle und Fülle. Während des Schmauses, der ihnen gar sehr mundete, warfen sie

Reisende im Salzburger Land (Radierung von Johann Adam Klein, 1819)

wohl auch ihre Blicke im Saale umher und gewahrten große Schätze von Gold und Silber. Als sie ihre Mahlzeit beendet hatten, hieß es wieder: »Spielt, Musikanten!«

Wieder erklangen die Instrumente, und abermals nickte der Kaiser und sein gesamter Hofstaat Beifall.

Nach einer geraumen Zeit wurden die vier Musici endlich huldvollst entlassen und konnten es kaum erwarten, bis sie ihren Lohn, der, wie sie hofften, doch sehr groß ausfallen müsse, erhielten. Allein, wie sehr wurden sie enttäuscht! Als am Ausgange aus dem Berge ihr kleiner Führer von ihnen schied, überreichte er jedem von ihnen einen grünen Zweig und verschwand blitzschnell vor ihren Augen.

Das verdroß sie baß, mit Ausnahme Roberts. Der hielt, noch entzückt über das Gesehene, den Zweig wohl in Ehren, die übrigen drei aber warfen mürrisch die unscheinbare Gabe von sich und schimpften weidlich über den Geiz des Kaisers und seiner Tochter.

So zogen sie verdrossen ihrer Heimat zu. Zu Hause angekommen, übergab Robert seiner jungen Frau den Zweig und erzählte ihr, was er und seine Genossen Wunderbares erlebt.

Noch während er das erzählte, wurde der Zweig in der Hand der jungen Frau schwerer und schwerer, und als er geendet hatte, vermochte sie denselben kaum mehr in der Hand zu halten, so sehr hatte er an Gewicht zugenommen.

Erstaunt untersuchten nun beide den Zweig näher, und siehe da: Das Geäste hatte sich in pures Silber, die Blätter in Gold verwandelt. Das war ein Jubel ohne Ende.

Als aber Roberts Kameraden davon erfuhren, ärgerten sie sich weidlich, wagten sich aber doch nicht mehr nach dem Untersberge zurück, wohl fühlend, daß sie ohnehin für ihren Vorwitz nur gelinde gestraft seien.

Robert führte fortan ein zufriedenes und glückliches Leben, nach dem er sich schon so oft gesehnt hatte. Er ging nicht mehr auf Reisen, und als seine Söhne heranwuchsen, schärfte er ihnen das Wahrwort wohl ein: »Wer das Kleine nicht ehrt, ist des Großen nicht wert.« (17)

Der Weinfuhrmann

Im Jahre 1694 fuhr ein Fuhrmann mit einem mit Wein beladenen Wagen aus Tirol nach Hallein, um dort seine Ladung zu verkaufen. Als er neben St. Leonhard bei der Almbrücke zu Niederalm (einem Dorf nächst dem Wunderberge) fuhr, ging ein Bergmännlein aus dem Untersberge hervor und fragte den Fuhrmann, woher er komme und was er da führe. Auf die Antwort des Fuhrmanns sprach das Bergmännlein: »Fahre mit mir, ich will dir gute Münze dafür geben, und zwar noch mehr, als du in Hallein dafür bekommen wirst.« Der Fuhrmann wollte aber dies nicht tun, sondern erwiderte, daß er den Wein jenem Herrn zuführen müsse, der ihn bestellt habe. Da nun das Bergmännlein wahrnahm, daß der Fuhrmann nicht wollte mitfahren, faßte es plötzlich die Pferde an den Mähnen und sagte: »Fuhrmann! Weil du nicht mitfahren willst, so sollst du nicht wissen, wo du bist; ich will dich so führen, daß du dich nicht mehr auskennen sollst.« Der Fuhrmann war voller

Ängste und wußte sich nicht zu raten und zu helfen; doch besann er sich und hielt es für besser, einer zweifelhaften Sache nachzugeben, als alles zu verlieren. Er ging deswegen mit dem Männlein, und dieses führte die Pferde fleißig beim Zaume gegen den Wunderberg zu. Als sie näher dem Berg zukamen, schien es dem Fuhrmann, als führen sie auf einer ganz neu angelegten Straße, und als sie an dem Berge waren, überfiel ihn der Schlaf. Beim Erwachen sah er ein großes prächtiges Schloß, welches aus rotem und weißem Marmor sehr hoch erbaut und mit Fenstern aus Kristall versehen war, in dessen Mitte ein vortrefflich mit Kupfer gedeckter hoher Turm stand. Außerhalb des Schlosses war eine 30 Klafter hohe und 10 Klafter dicke Mauer und ringsherum ein zwanzig und etliche Klafter tiefer Graben. Das Schloß selbst stand auf einem behauenen und glatt abgeputzten Felsen. Bevor man zu dem Schlosse kommen konnte, mußte man über sieben Aufzugsbrükken und durch mehrere Tore und Schutzgitter. In dieses Schloß mußte nun der Fuhrmann hineinfahren. Sobald ihn aber ein Diener, der eben von einem Fenster des Schlosses herabsah, erblickt hatte, sagte er es sogleich mehreren andern im Schlosse, welche zu den Fenstern liefen und den Fuhrmann freudig winkend begrüßten. Es waren das lauter Bergmännlein. Einige von ihnen kamen vor das Schloß heraus, an der Spitze der Kellermeister, der ein etwas stärkeres Männlein war, mit vielen Schlüsseln und großen Taschen versehen. Sein Bart reichte bis über seinen dicken Bauch hinab und auch seine Haare bis über die Mitte des Leibes. »Willkommen, mein lieber Fuhrmann!« sprach der Kellermeister, »sei nicht traurig und fürchte dich nicht, ich werde dir zu essen und zu trinken geben, was dir gefallen wird.« Aber ungeachtet er dem Fuhrmann die besten Worte gab, so zitterte derselbe doch wie Espenlaub an allen Gliedern vor Angst und Bangigkeit. Nachdem sie in der Mitte des Hofes angekommen waren, erschienen eilends einige Bergmännchen, welche die Pferde ausspannten und sie in den Stall führten, um sie zu füttern; andere aber führten den Fuhrmann in den untern Teil des Schlosses in ein lichtes Gemach, gaben ihm zu essen und zu trinken, soviel er nur genießen konnte, und zwar alles in feinen und sehr wohlgeputzten zinnernen Geschirren. Dem Fuhrmann aber war immer nicht gut zumute, weil er nicht wußte, was für einen Ausgang dieses wunderbare Ereignis für ihn und seinen Wein nehmen werde. Als er genug gegessen und getrunken hatte, luden sie ihn ein, das Schloß zu besichtigen. Der Fuhrmann wäre zwar lieber an seinem Orte geblieben, um auf die Pferde zu schauen; weil er sich aber nicht zu weigern getraute, so ging er mit ihnen. Er wurde über eine Stiege mit 35 messingnen Staffeln in einen mit schönen Tapeten bedeckten Saal geführt, in welchem 20 Schuh hohe und 7 Schuh breite, aber nicht verglaste Fenster waren; darauf in einen prachtvolleren zweiten, welcher mit kostbarem Marmor gepflastert war, dessen Seitenwände wie den Tafelboden klares Gold bedeckte und welcher Fenster vom reinsten Kristall hatte. In der Mitte dieses Saales standen vier 18 Schuh hohe, aus Metall gegossene und fein ausgearbeitete Riesen, welche mit großen goldenen Ketten gefesselt waren. Oben in der Mitte des Tafelbodens befand sich ein zierlich geformtes Bergmännlein mit einer goldenen Krone, welches die Riesen gleichsam geschlossen hielt. Da nun der Fuhrmann diese vier Riesen eine Zeitlang betrachtet hatte, sagte das Bergmännlein zu ihm: »Fuhrmann! Verstehst du nicht, was diese Riesen samt dem Bergmännlein mit der Krone für die künftigen Zeiten bedeuten wollen?« Der Fuhrmann sagte: »Ich weiß es nicht«, und das Bergmännlein meldete davon kein Wort. Ringsum im Saal hingen Kürasse, Harnische, Pickelhauben, Schwerter, unbekannte Geschosse usw., alles mit Gold reich verziert. In diesem Saale standen auch Tische, bei welchen der Fuhrmann aber nicht unterscheiden konnte, ob sie von Holz, aus Stein oder einer anderen Materie wären, doch sah er, daß sie allenthalben mit Gold und Edelsteinen kostbar verziert waren. Aus diesem Saal führten sie den Fuhrmann in einen dritten, der nicht weniger prächtig und schön geziert war. Es standen in ihm überaus schöne Bettgestelle, mit dem feinsten Golde geziert, und oben auf den vier Ecken der Bettgestelle vier Knöpfe, bei welchen der Fuhrmann ebenfalls nicht erkennen konnte, von welcher Materie sie wären; an diesen Knöpfen hingen goldene Ketten. Darauf wurde über eine Stiege hinunter in einen wohlgebauten Keller gegangen, der mit Weinfässern so angefüllt war, daß man kein Ende ersehen konnte. Von diesem Keller mußte er mit ihnen in ein hohes Gewölbe, darinnen eine große Tafel stand. An diese setzte sich ein Bergmännlein, zog einen großen Beutel mit Geld heraus und gab dem Fuhrmann für den mitgebrachten und zugeführten Wein 180 Dutzend Dukaten, und zwar mit dem höflichsten Dank und mit den Worten: »Hebe dein Geld auf und kaufe dir um dasselbe anderen Wein. Du wirst mit diesem Gelde deine Lebenszeit Handel treiben können, und es wird dir alles glücklich gelingen!« Hierauf spannten die Bergmännlein die Pferde wieder ein, machten mit einem rotblauen Steine das eine blinde Pferd sehend und gaben den Stein dem Fuhrmann, um andere blinde Pferde armer Bauern damit zu kurieren. Darauf kehrten alle ins Schloß zurück, aus welchem nur drei schwarzgekleidete Männlein, die grünsamtene Kaskets mit roten Federn auf dem Kopfe trugen, traten und zum Fuhrmann sagten: »Du hast wohlgetan, daß du den Wein, den du mit dir geführt, hier zu verkaufen gegeben hast. Ermahne auch deinen Bruder, daß er verkaufe, womit ihn Gott zum Überflusse gesegnet hat.« Sie begleiteten ihn dann eine ziemliche Strecke Weges und sagten ihm zuletzt: »Da man anfangen wird, weiße und rote Hütlein zu tragen, wird die Not allerorten ihren Anfang nehmen und der Segen Gottes sich wenden nach dem Leben der Menschen.«

Voll Erstaunen und Verwunderung über das Geschehene und Gehörte fuhr der Fuhrmann in Frieden weiter und sah sich plötzlich wieder an dem Orte, an welchem er zuerst mit dem Bergmännlein zusammengekommen war, ohne daß er wußte, wie er aus dem Berg gekommen. Die 180 Dutzend Dukaten verminderten und vermehrten sich bei seinem glücklichen Weinhandel nicht mehr. Er ermahnte oft seine Freunde und Bekannte zur Mitteilung von ihrem Überflusse an Arme, führte einen nachdenkenden und gottesfürchtigen Lebenswandel, und entdeckte das Gesehene nach dem Befehl des Bergmännchens erst bei seinem herannahenden Tode. (18)

Die Erlebnisse des Lazarus Gitschner

Lazarus Gitschner vor dem Eingang zum Untersberg (Hs. 2398, Museum Carolino Augusteum, Salzburg)

Der Besuch im Untersberg

Im Jahre 1529 stand Lazarus Gitschner beim Stadtschreiber zu Reichenhall, 3 Stunden von Salzburg, in Diensten. Dieser beredete einst seinen Herrn und den Stadtpfarrer Martin Elbenberger, dazu noch einen Bürger von Reichenhall, mit ihm den Wunderberg zu besteigen. Als der Tag gekommen war, den sie miteinander bestimmt hatten, wagten sie sich in Gottes Namen fort. Sie kamen zu einer Klamm, der hohe Thron genannt. Allda war eine Schrift mit silbernen Buchstaben in einen Stein gehauen, welche sie lange anschauten und lasen, ohne deren Sinn und Inhalt enträtseln zu können. Nachdem sie noch weiter auf dem Berge herumgestiegen waren, gingen sie wieder nach Hause. Daselbst angekommen, besprachen sie miteinander das Gesehene, und der Herr Pfarrer befahl dem Lazarus Gitschner, er solle den Berg noch einmal besteigen und die Schrift auf dem Papier zurückbringen. Lazarus

Lazarus Gitschner wird von dem Mönch in den Untersberg geführt (Hs. 2389, Fol. 12r, Museum Carolino Augusteum, Salzburg)

bestieg gleich am andern Tage – dies war am letzten unsrer sieben Frauen Tag im Herbst – den Berg und schrieb die Buchstaben genau und deutlich ab, wie sie hier folgen:

S. V. R. G. E. T. S. A. T. V. M.*

Bei dieser Arbeit war es Abend geworden, und da er ohnehin nicht mehr nach Hause gehen konnte, so blieb er bei dieser Klamm über Nacht. Dies geschah an einem Mittwoch. Am Donnerstag frühmorgens, als er erwachte und um sich umzusehen, ein wenig aufwärts ging, sah er plötzlich einen barfüßigen Mönch vor sich stehen, der in einem Buche las und einen Bund Schlüssel auf den Schultern trug. Dieser Mönch sprach zu Lazarus: »Wo bist du gewesen und wo gehst du hin? Bist etwa hungrig?« Da dachte

---

* Surget satum: aufgehen wird, was gesäet worden.

letzterer: Jetzt werde ich Gold bekommen und ein reicher Mann werden, darum erzählte er dem Mönche mit aller Vertraulichkeit seine Meinung und seinen Willen. Da sagte der Mönch zu Lazarus: »Gehe mit mir, es wird dir und deinen Nebenmenschen gut geschehen. Ich werde dir auch zu essen und zu trinken sattsam geben und dir zeigen, was die eingehauenen Buchstaben in dieser Klamm zu bedeuten haben.« Sie gingen hierauf von dem Orte, wo sie geredet hatten, wieder zum hohen Thron, wo der Mönch eine eiserne Pforte öffnete und den Lazarus durch ein Tor führte, wo eine steinerne Bank war. »Hier«, sagte der Mönch, »auf diese Bank lege deinen Hut, denn an eben diesem Ort wirst du wieder herauskommen. Solange du drinnen bist, sprich zu niemandem ein Wort, es mag einer zu dir sagen und dich fragen, was er nur immer will; mit mir aber kannst du reden, was dir beliebt und recht ist, aber merke dir alles wohl, was du sehen und hören wirst.«

Nach diesen Worten schritten beide durch das Tor. Da sah Lazarus einen großen Turm mit einer Uhr, die mit Gold verziert war. Der Mönch sagte: »Siehe, auf welcher Stunde der Zeiger steht.« Und es war 7 Uhr. Sie gingen weiter, und Lazarus sah ein schönes, prächtiges Gebäude mit zwei Glockentürmen, einem Kloster ähnlich. Es stand auf einer schönen, grünen, weiten Wiese, die mit schattigen Obstbäumen voll der vornehmsten Früchte geziert war und von silberreinen Bächlein durchschlängelt wurde, deren eines mit zwei messingnen Röhren zum Gebäude in einen großen marmornen Granter geleitet war.

In diesem Gebäude führte ihn der Mönch in einen prachtvollen Tempel, welcher so groß war, daß Lazarus beim Eingange kaum den Hochaltar sehen konnte, vor welchem beide dann beim hochwürdigsten Gut in größter Andacht beteten. Nach dem Gebete führte ihn der Mönch in einen Kirchenstuhl und sagte: »Lazarus! Bleibe da, bis ich wiederkomme und dich hinwegführe. Betrachte dir alles; diese Kirche hat mehr als zweihundert Altäre und über dreißig Orgeln, ohne die zahlreichen anderen Musikinstrumente.«

Also blieb Lazarus an dieser Stelle, und es kamen alsbald über eine große breite Stiege in seiner Nähe herab alte und junge Mönche, nahe an dreihundert Paare, alle in hölzernen Schuhen. Sie schauten ihn im Vorübergrehen scharf an und gingen vor zum

Lazarus Gitschner im Untersberger Paradiesgarten (Hs. 2398, Fol. 12v, Museum Carolino Augusteum, Salzburg)

Hochaltar, wo sie mit größtem Eifer ihr Chorgebet hielten, wie es in der Domkirche zu Salzburg gewöhnlich ist. Darnach wurde mit allen Glocken zum Gottesdienste geläutet, und diese hatten einen so schönen und lieblichen Ton, wie Lazarus solchen noch nie in seinem Leben gehört hatte. Nun sah er große Scharen Volkes mit schönen, doch nicht übertrieben geputzten Kleidern in die Kirche wallen. Hierauf fingen die Mönche an, an allen Altären Messen zu lesen und am Hochaltare das Hochamt zu halten, und sämtliche Orgeln mit allen übrigen Musikinstrumenten ertönten laut und prächtig, so daß es dem Lazarus nicht anders dünkte, als wäre er leibhaftig im Himmel. Als nun der Gottesdienst vollendet war, ging alles Volk wieder aus der Kirche, und auch die Mönche verließen den Chor und gingen die Stiege hinauf, von wo sie gekommen waren. Über eine Weile kam der Mönch wiederum zum Lazarus und sprach zu ihm: »Jetzt bleibe noch da, man will zum Essen gehen.« Nach zwölf Uhr führte der Mönch den Lazarus über die mehrerwähnte Stiege, die nicht weniger als achtzig aus

Marmor schön und regelmäßig gearbeitete Stufen hatte, in ein großes, zu beiden Seiten mit hohen Fenstern versehenes Vorhaus, von welchem er auf die große weite Wiese hinabsah, auf welcher das Gebäude stand. Mitten durch dieses Vorhaus führte ihn der Mönch ins Refektorium, welches oben gewölbt und mit Fenstergittern wohl verwahrt war. Daselbst standen lange prächtige Tafeln. Zunächst der Türe setzte der Mönch den Lazarus an einen gedeckten Tisch und sagte: »Lazarus, jetzt bleibe da, ich will dir zu essen und zu trinken geben.« Doch während er um das Essen ging, blickte Lazarus zum Fenster hinab und sah ganze Scharen des Volkes über die große Wiese von einem Wald zum andern hin- und hergehen. Unterdessen kam der Mönch mit dem Essen daher, welches aus Fleisch, Kraut, Gerste, einem Laib Brot und einem Becher guten Weines bestand, wie man traktiert wird in dem uralten Stift und Kloster St. Peter in Salzburg. Das Speise- und Trinkgeschirr war wohl geputzt und von feinstem Zinn. Hernach befahl er ihm, Gott für das Essen zu danken und führte ihn alsdann wieder in die Kirche zur Vesper und aus ihr zurück durch das »Mneß« oder Vorhaus in das Refektorium, von welchem er und der Mönch zum Fenster hinaus auf die schöne Wiese hinabsahen, wo wieder viele Leute freundlich und gemeinschaftlich hin- und hergingen. Auf die Frage, wer diese Leute seien, gab der Mönch zur Antwort: »Diese Leute waren Kaiser, Könige, Fürsten, Bischöfe, Prälaten, Ritter, adelige und unadelige Herren und Frauen, Klosterleute, Knechte und Dienstmägde, Reiche und Arme, alles rechtliche Leute, welche für Erhaltung des christlichen Glaubens gestritten haben«; unter ihnen waren auch viele, welche Lazarus selbst noch gekannt hatte, wie Erzbischof Leonhard von Keutschach zu Salzburg, Herzog Albrecht aus Bayern und seine Hausfrau, Prälaten von St. Peter und St. Zeno und noch viele andere, Reiche und Arme. Noch fragte Gitschner: wer derjenige sei, der die goldene Krone auf dem Haupte und das Zepter in der Hand habe? Worauf der Mönch erwiderte: »Das ist unser getreuer Regent Kaiser Karl, der alle übrigen Kaiser und Könige hier unter sich hat, auf dem großen Walserfelde einst ist verzückt worden und jetzt hier erscheint, wie er in der Welt aussah.« Der Kaiser trug einen langen grauen Bart, der ihm das goldene Bruststück an der

Kleidung bedeckte und an Sonn- und Feiertagen in zwei Teile geteilt und mit einem aus kostbaren Perlen gemachten Bande eingebunden wurde. Er hatte ein scharfes, tiefsinniges Angesicht, war mit jedem ohne Unterschied sehr freundlich und ordnete alles mit großer Güte an. Sein zahlreiches Militär konnte Lazarus, trotz allen Schauens, gar nicht beschreiben. Täglich zogen Krieger mit anderen Rüstungen und unter klingendem Spiele auf, und mehrere von ihnen soll man außerhalb des Berges schon gesehen haben, wenn ein großer Krieger unter den Potentaten im Anzuge war. Wo aber der Kaiser, die vielen Menschen und Soldaten ihre Wohnung haben, konnte Gitschner nicht erforschen, da er außer dem Kloster kein anderes Gebäude sah. Auch der Mönch gab ihm hierüber keine Auskunft, sondern vielmehr eine Maulschelle, als er frug, was denn hierorts immerfort bis zu den letzten Zeiten der Welt zu tun sei, indem er sagte: »Das ist mir und dir nicht nötig zu wissen, denn es steht uns nicht zu, den Geheimnissen Gottes aberwitzig nachzuforschen. Es steht dir frei, herauszugehen oder zu bleiben.« Gitschner bat seines Vorwitzes wegen um Verzeihung und erklärte, bleiben zu wollen. Zur Zeit des Chores kamen alle Mönche in schönster Ordnung und beteten und sangen aus Büchern, die aus bloßer Baumrinde verfertigt waren. Nach dem Chore machten alle noch freiwillige geistliche Betrachtungen. Dem Lazarus wurde es nachher erlaubt, in den Büchern zu lesen. Nach der Komplet gingen die Mönche in den hohen Turm, durch welchen Gitschner in den Berg gekommen war und den er wegen seiner Schönheit so sehr bewunderte. Es war eben wieder sieben Uhr, wie bei seiner Hierherkunft. Der Mönch zeigte ihm da zu beiden Seiten zwölf geschlossene, mit Eisen beschlagene Türen und sagte: »Durch diese Türen geht man nach St. Bartholomä in Berchtesgaden, nach Salzburg in die herrliche Domkirche, nach Kirchenthal zur Muttergotteskirche, nach Feldkirchen, nach Gmain zur Gottesmutter, nach Seekirchen, nach Maxglan, St. Michael, St. Gilgen, St. Zeno, Mariaegg in Bayern und nach St. Peter und Paul.« Einst mußte Lazarus mit den Mönchen durch eine dieser Türen gehen. Sie stiegen über eine lange Treppe hinunter, und nachdem sie eine gute Zeit eben fortgegangen waren, sagte der Mönch: »Jetzt gehen wir tief unter einem See.« Darauf kamen sie in eine Kirche, in welcher die Mönche mit größter Andacht Gottesdienst hielten, nach dessen Beendigung alle wieder in den Wunderberg zurückkehrten. In den folgenden Nächten wurden noch mehrere Gotteshäuser besucht, welchen Weg sie jedesmal in kurzer Zeit zurücklegten und dabei sie volle Tageshelle hatten, obgleich keine Sonne zu sehen war. Lazarus erfuhr dabei, daß die zuerst besuchte, ihm ganz unbekannt gewesene Kirche jene zu St. Gilgen sei. Als er nun später aus dem Berge wieder heraus war, besuchte er eigens dieses Gotteshaus, um sich von der Wahrheit zu überzeugen. Er fand es wirklich so; nur konnte er nicht begreifen, wie sie durch das Kirchenpflaster auf- und abwärts gekommen sein möchten. Zum Schlafen hatten die Mönche wenig Zeit, waren aber doch stets munter, wachsam, fröhlich und hielten fest an einer schönen Tagesordnung. Lazarus war sechs Tage bei ihnen, hatte selbst nicht den geringsten Mangel an Essen und Trinken, sah auch die Mönche Speisen und Trank, aber äußerst wenig, zu sich nehmen, konnte indes während dieser Zeit nicht wirklich entnehmen, ob diese Wunderbergsbewohner Geister seien oder nicht, worüber schon so viel gestritten worden ist. Endlich führte der Mönch den Lazarus wieder zu dem Tor, durch welches er hereingekommen war und wo er seinen Hut niedergelegt hatte, und sagte zu ihm: »Jetzt ist es Zeit, daß du wieder nach Hause zurückkehrst«; er hieß ihn dann ein wenig warten, um ihm zur Wegzehrung noch zwei Laiblein Brot zu holen. Als der Mönch mit dem Brote zurückkehrte, blieb er noch eine Weile bei Lazarus stehen und sagte zu ihm: »Mein Lazarus! Du hast jetzt bei uns gar wunderliche Dinge gesehen, die du dir wohl merken und pünktlich aufschreiben sollst.« Alsdann segnete er ihn, ermahnte ihn, gottesfürchtig und treu zu leben, und verbot ihm schließlich, von dem, was er im Wunderberge gesehen und gehört hatte, vor Ablauf von 35 Jahren jemandem etwas zu sagen. Lazarus Gitschner ging darauf voller Erstaunen und Verwunderung über das Gesehene und Gehörte geradewegs nach Hause. Der Herr Stadtpfarrer und der Stadtschreiber stellten ihn zwar wegen seiner langen Abwesenheit und wegen seiner Niedergeschlagenheit und Tiefsinnigkeit zur Rede, er übergab ihnen aber nur die Abschrift der in der Klamm gefundenen Inschrift und war im übrigen durch ganze 35 Jahre still und verschwiegen. Bald nach Ablauf dieser Zeit nahte sich ihm im 65. Lebensjahr sein Ende, vor welchem er das hier Erzählte offenherzig, bei gutem Verstande und in Gegenwart seines Beichtvaters berichtete. Gitschner hinterließ einen ehelichen Sohn Johann (einen zu Bergheim bei Salzburg ansässigen Bauern), der später jedem gern mitteilte, was sein Vater im Untersberge gesehen hatte. (19)

Lazarus Gitschners Mahl im Untersberg (Hs. 2398 Fol. 15 r, Museum Carolino Augusteum, Salzburg)

Das Wunderbrot

Lazarus Gitschner, von welchem in diesem Buche schon einmal die Sprache war, erhielt bekanntlich, als er aus dem Untersberge kam und von seinem kleinen Führer Abschied nahm, von diesem zwei Laiblein Brot als Wegzehrung. Lazarus jedoch aß auf dem Heimweg nichts davon, sondern bewahrte sie auf. Als er zu Hause angekommen war, wollte sein treues Weib aus Freude über die glückliche Rückkunft ihres Gatten ein gutes Mahl zurecht richten und die Nachbarn hierzu laden. Lazarus indes meinte, die Nachbarn könne sie schon laden, für das Mahl aber werde er sorgen.

Ungläubig schüttelte seine Frau den Kopf, denn sie meinte, ihr Mann treibe Scherz. Dem war aber nicht so.

Als nun die Nachbarn beisammen waren, nahm Gitschner eines von den beiden Laiblein und teilte es in so viele Teile, als Gäste anwesend waren. Dann gab er jedem von ihnen ein Stück und kredenzte einen guten alten Apfelmost dazu. Alle aßen und waren voll des Lobes über den guten Geschmack des Brotes, und so wohl und angenehm war es allen im Magen, als hätten sie an der vornehmsten Tafel gespeist. Als die Gäste fort waren, bewahrte Lazarus das zweite Laiblein Brot im Schranke auf und sagte seinem Weibe, sie möge sparsam mit demselben umgehen, damit sie lange Zeit davon hätten.

Gitschner lebte wie zuvor treu seinen Pflichten gegen Gott und den Nächsten; namentlich den Armen war er ein treuer Helfer in der Not. Nahezu das ganze zweite Laiblein Brot hatte er schon an solche verteilt, da klopfte eines Tages eine Bettlerin an die Türe und flehte um Brot, da sie der Hunger so sehr quäle und überdies Krankheit sie unfähig gemacht habe, sich durch Arbeit ihren Unterhalt zu verdienen.

Da sprach Lazarus zu seinem Weibe: »Nicht wahr, Frau, du gibst das letzte Stück der Bettlerin, sie ist krank und bedarf eines Kraftbrotes. Gott möge es segnen, daß sie und ihre Kinder daran genug haben und daß sie gesund werde.«

Gertrud gab mit Freuden das letzte Stücklein hin, wiewohl sie dasselbe für sich hatte aufbewahren wollen.

Die kranke Bettlerin zog innig und dankend weiter; sie aß von dem Brote und wurde gesund.

Tags darauf öffnete Lazarus den Schrank und war überaus erfreut, denn ein ganzes Laiblein Brot lag auf derselben Stelle, wo das frühere gelegen hatte. Er rief sein Weib herbei, und diese war nicht wenig erstaunt ob des Wunders, das hier geschehen. Beide kosteten ein Bröcklein: es war richtig dasselbe Brot, voll Würze und Schmackhaftigkeit. Da dankten sie Gott für seine Gnade und gelobten, von dem Brot guten Gebrauch zu machen. Und das taten sie auch; Hungernde und Arme, Kranke und Bresthafte wurden davon gespeist und geheilt. Dafür erneuerte sich der Segen immer wieder und erbte sich auch fort auf die Kinder der Gitschnerschen

Eheleute. Als aber Johann, der Sohn des Lazarus, zum zweiten Male geheiratet und ein böses Weib ins Haus gebracht hatte, das hartherzig gegen die Armen war und diese herzlos und ohne Gabe vom Hause wies, da war eines Tages der Segen im Schranke verschwunden und das Wunderbrot hörte auf zu sein. (20)

Der Jäger im Untersberg

Im Jahre 1738 befahl der Jäger, der damals auf dem Untersberge seinen Forstbezirk hatte, seinem Knecht und Bruder Michael Holzegger zum Nachsehen auf den Berg zu gehen. Dieser blieb aber vier Wochen aus, so daß alle der festen Meinung waren, er habe sich verstiegen und keinen Rückweg gefunden, oder er sei wohl gar irgendwo vom Berge abgefallen. Da beschloß der Jäger, für ihn in der Wallfahrtskirche auf der Gmain einen Gottesdienst halten zu lassen; aber, o Wunder! – währenddessen kam der Jägerknecht selbst leibhaftig in die Kirche, um Gott für seine Rettung zu danken. Er kniete sich vor das Speisegitter, und als es Zeit zum Opfer war, stand er zuerst auf und ging voran. Nun erkannten ihn erst seine Verwandten und Befreundeten und verwunderten sich gar sehr, daß der mit dem Opfer ging, für dessen arme Seele man den Trauergottesdienst hatte halten lassen. Alles drängte sich zu ihm, um zu hören, wie es ihm ergangen und was sich mit ihm auf dem Berge begeben hätte. Allein der Jägerknecht war ganz verschlossen und tiefsinnig, und es war aus ihm nichts herauszubringen, als daß er im Untersberge gewesen sei und die Leute auf das verwies, was Lazarus Gitschner ohnehin von diesem Berge beschrieben habe.

Als der damals regierende Erzbischof Firmian von diesem wunderbaren Ereignis benachrichtigt wurde, ließ er den Jägerknecht zu sich rufen, um das Wahre von dem Wunderberge zu erfahren. Allein der Jägerknecht gab dem Bischof zur Antwort, er dürfe nicht reden, außer wenn er ihm die gnädigste Erlaubnis erteile, ihm selbst beichten zu dürfen. Dieses Ansuchen wurde ihm ohne Bedenken bewilligt. Nach abgelegter Beichte wurde auch der Bischof sehr nachdenkend und tiefsinnig. Man sah an ihm fortan viel

Traurigkeit, Bestürzung und Liebe zur Einsamkeit, wie er denn in seiner letzten Zeit sich auf einen Landsitz, die Leopoldskrone, begeben hat und dort gestorben ist.

Michael Holzegger begab sich bald darauf nach Wien, wo er sich verehelichte und mehrere Kinder hinterließ. Seine Geschichte ist von seinen Verwandten in Grödig vor geistlicher und weltlicher Obrigkeit eidlich bekräftigt worden. (21)

Dr. Martin Pegius und die Königin von Saba

Nicht lange nach dem Bekanntwerden der Erlebnisse des Lazarus Eigner (Gitschner) im Untersberge machte sich auch der später so unglückliche salzburgerische Rat Dr. Martin Pegius daran, eine Beschreibung des Untersberges zu verfassen. Aus derselben hat uns Dr. Johann Baptist Fickler, kurfürstlich bayrischer Rat, vor seiner Übersiedlung nach Bayern durch volle achtundzwanzig Jahre in salzburgerischen Diensten, in einer handschriftlichen »Salzburgerischen Chronik« Nachfolgendes überliefert:

Dr. Martin Pegius schildert unter anderem auch die Wunder des Untersberges, erzählt gar Seltsames von Bergmännleins und Bergfrauen, von Frau Venus und Gold und Edelsteinen. Das alles wäre sichtbar und von einem großen, Tageshelle ausströmenden Karfunkelstein beleuchtet. Er schreibt des weiteren von schönen Frauen, deren Häupter mit goldenen Kronen geschmückt wären. Namentlich eine zeichne sich vor allen übrigen aus, welche aus dem Geschlechte der Heiligen Drei Könige von Saba, nämlich aus Persien sei.

Diese Königin sei am Sonntag Reminiscere, den 19. Februar, gegen Salzburg zu des Dr. Pegius Ehefrau gekommen und habe von dieser begehrt, sie möge sich auf drei Jahre in den Berg »hinein versprechen«, dann wolle sie ihr so viel geben, daß sie ihr Lebtag reich und eine hochangesehene Frau sein würde. Frau Pegius habe jedoch nicht eingewilligt, sei aber gleichwohl in den Berg gekommen und dort vieler Wunderdinge ansichtig geworden.

Die Königin von Saba – so zweifelsohne der leidige Gottseibeiuns gewesen, wie Dr. Fickler meint – wäre später öfter in die

Behausung der Pegius gekommen und hätte ihr viele Geheimnisse offenbart. So auch am dritten Osterfeiertag, dem 26. März 1581, an welchem Tage Frau Pegius von der Königin erfahren, daß den Bewohnern des Untersberges vor tausend Jahren prophezeit geworden sei, daß ein Mann namens Martinus, der in der Astronomie und Juristerei wohl erfahren, auferstehen und sie durch seine Fürbitte erlösen werde. Zwischen dem 14. und 26. März 1581 habe ihnen Gott einen Engel gesandt, der ihnen verkündete, daß Dr. Martin Pegius derjenige sei, von welchem die Prophezeiung sprach.

Weiters erzählt Dr. Pegius, daß im Untersberge auch Annas und Kaiphas, der Sultan von Ägypten, Herodiades, des Herodes Tochter, die Königin von Sodoma und Gomorrha usw. seien. Von diesen sei Herodiades gleichfalls bei seiner Ehefrau gewesen und habe ihr erzählt, wie es bei der Enthauptung des heiligen Johannes zugegangen sei. Auch des Kaisers Augustus Sohn befinde sich im Berge und habe am 8. April 1581 mit der Königin von Saba seine Ehefrau besucht und viel Wunderbares erzählt. (22)

Begegnungen mit den Untersbergern

Der Spaziergang

Vor sehr langer Zeit unternahmen mehrere Bauern einen kleinen Spaziergang an den nahe liegenden Untersberg. Es war bereits etwas dunkel geworden, als sie hier anlangten. Sie bemerkten oben eine lustige Gesellschaft, die sich mit Kegelscheiben beschäftige. Sie gingen den Berg hinan und waren gesonnen, mit ihnen zu spielen. Oben angelangt, erblickten sie niemanden. Sogleich erinnerten sie sich des hier wohnenden Geistes, und einer von ihnen rief ihn an, er möge sie beschenken. Plötzlich erschien ein grau gekleideter, kleiner Mann mit silberweißem Haare, der einem jeden von ihnen einen ziemlich großen Birkenbuschen gab. Sie nahmen ihn an, aber nur einer bedankte sich. Als sie am Bergabhange stunden, fingen sie an zu murren und warfen ihr unansehnliches Geschenk weg. Bloß der, welcher sich bedankt hatte, behielt es. Er kam nach Hause und warf es hinter den Ofen. Seine Kinder griffen voll Freude darnach und verteilten es. Es war bereits Abend geworden, und die ganze Familie begab sich zur Ruhe, das Geistergeschenk aber lag am Boden, in viele Stücke gerissen. Als der Bauer früh morgens das Bett verließ, und die Sonne ihre ersten Strahlen in seine Stube sandte, erblickte er am Boden etwas Schimmerndes. Er hob es auf, und siehe da, der unansehnliche Birkenbuschen war in Gold verwandelt worden. Voll Freude eilte er zu seinen Mitgenossen und erzählte ihnen, was geschehen war. Vergebens war aber ihr Suchen am Abhange des Unterberges, das Weggeworfene war verschwunden. (23)

Die nächtlichen Wallfahrten der Untersberger zu den Kirchen der Umgebung (Hs. 2398, Fol. 15 v, 16 r, Museum Carolino Augusteum, Salzburg)

Der schweigsame Zug

Unweit Salzburg ist der Paß am »hangenden Stein«. Zur Zeit der Franzosenkriege, wo Salzburg bald diesem, bald jenem Herrn gehörte, wurde der Beamte in tiefer Nacht aus dem Schlafe geweckt; ein Zwergmännchen, dergleichen er nie gesehen, stund am Fenster und forderte ihn auf, die Gitter zu öffnen. Er blickte um sich und gewahrte eine unabsehbare Menge ähnlicher Gestalten. Er wagte nicht, den geforderten Dienst zu verweigern. Und nun begann der Durchmarsch der Untersbergmännchen. Voran zogen Jünglinge, wohl in einer Front von zehn Mann; ihnen folgten Männer, alle nach alter Art gekleidet und bewaffnet. Dann folgten Greise, ihrer Kleidung nach schienen sie Richter oder Räte zu sein, worauf der Zug sich schloß, wie er begonnen. Wohl zwei Stunden dauerte der schweigsame Zug. Der letzte befahl, die Gitter wieder zu schließen. Am frühen Morgen erkundigte sich der Beamte bei den Landleuten des nächsten Dorfes. Einige hatten den Marsch deutlich vernommen. Sofort machte der Beamte seiner Behörde in

Salzburg die Anzeige. Dorthin berufen, blieb er bei seiner Aussage und erklärte, obwohl von militärischer Seite selbst mit körperlicher Züchtigung bedroht, daß er kein Wort davon zurücknehmen könne. – Das bedeutet Krieg, meinten die mit der Sage vertrauten Personen; immer wenn die »Untersbergmandln« sich in Waffen zeigen, oder wenn man aus den Höhlen des Berges Trommelschall und Waffengetöse hört, wird das Land von feindlichen Truppen überschwemmt. (24)

Die Roratemesse

Ein in der katholischen Christenheit allgemein üblicher Gottesdienst ist zur Adventszeit die Frühmesse unter dem Namen »Rorate«. Ein Fräulein aus Salzburg, das nie diese Messe versäumte, erwachte einstens, wie sie glaubte, um fünf Uhr. Eiligst zog sie sich an und eilte zum Dome. Obwohl verwundert, daß die Straßen ganz leer waren, ließ sie sich nicht aufhalten, da sie die Töne der Riesenorgel vernahm, die man selbst bei Tag zwei Plätze weit hört. Sie tritt auf den Domplatz und sieht die hohen Fenster hell erleuchtet, an der Kirche angelangt findet sie aber die Türen geschlossen. Verwundert geht sie hin und her, sie hört deutlich den Schlußgesang des Hochamtes. Plötzlich schlägt es vom Domturme ein Uhr.

Das waren wieder die Bewohner des Untersberges, die namentlich zur Adventszeit ihre Höhlen verlassen und vorzüglich im Dome zu Salzburg und in Seekirchen ihren Gottesdienst feiern. Die Sage spricht von einem unterirdischen Gange, der die Verbindung herstellt. (25)

Kirchfahrten der Untersberger

Die Untersbergmännlein besuchen gar häufig des Nachts nahegelegene Kirchen, um daselbst Messe zu halten und zu hören. So erblickte einstens in der Mitternachtsstunde die Schildwache an der Hauptwache in Salzburg einen langen Zug kleiner Männlein paarweise über den Residenzplatz in die Domkirche ziehen, welche hierauf plötzlich hell erleuchtet wurde und woraus Orgelklang, Musik und Chorgesang ertönte. Verwundert und mit Angst erfüllt sieht die Schildwache diese gespenstische Erscheinung und wagt sich vor Entsetzen nicht aus dem Schilderhause, um die Wache zu rufen. Ungefähr eine halbe Stunde dauert der Gottesdienst, nach dessen Beendigung die Männlein wieder paarweise, mit lautlosen Schritten, wie sie gekommen waren, den sich schnell verfinsternden Dom verlassen. Die Wachablösung findet den zum Tod erschrockenen Posten fast leblos und erfährt nur noch von ihm das Gesehene, worauf er gleich tot zu Boden stürzt. (26)

Das nächtliche Hochamt

Der Landarzt von Anger fuhr in einer sternenhellen Nacht von einem Krankenbesuche in Groß-Gmain nach Hause. Als er an der Kirche von St. Zeno vorüberfuhr, wollte das Pferd plötzlich nicht mehr von der Stelle. Rasch sprang er vom Wagen, um nachzusehen, ob nicht irgendein Hindernis im Wege liege. Da schlägt's eben Mitternacht, sein Blick fällt auf die Kirche, und nicht ohne Entsetzen sieht er diese hell erleuchtet. Orgelton und hellstimmiger Chorgesang tönten aus derselben ihm entgegen und klangen gar wundersam durch die stille Nacht. Das Pferd an einen Baum bindend, näherte er sich neugierig der Kirchenpforte, fand sie aber verschlossen. Da er indes um jeden Preis sehen wollte, was in der Kirche vorging, so kletterte er mühsam zu einem der Kirchenfenster empor und warf einen Blick ins Innere des Gotteshauses. Da sah er denn die ganze Kirche von vielen Hunderten von Lichtern taghell erleuchtet und den Hochaltar glänzend geschmückt mit den prächtigsten Blumen und Blüten. Drei Geistliche standen vor demselben und zelebrierten eben das Hochamt; die Betstühle aber waren dicht besetzt mit Menschen – Männern und Frauen – in den wunderlichsten Gewändern, wie man sie vor vielen hundert Jahren trug. Darunter waren wieder Hunderte von winzig kleinen Männchen, alle mit großen Bärten und in schwarze Kutten gekleidet. Und alle sangen sie zu den mächtigen Klängen der Orgel so schön, daß es den Arzt wunderbar ergriff. Dabei wurde ihm plötzlich so angst und bang, daß er sich mit beiden Händen am Gitter halten mußte, um nicht herabzufallen. Eiligst verließ er seinen Standort, eilte seinem Wägelchen zu und fuhr im Galopp auf und davon. Im selben Moment schlug die Turmuhr eins, und sogleich war die Kirche wieder in Dunkelheit versunken wie zuvor. (27)

Als der Brunnenwärter Seebühler zu Reichenhall einmal nach St. Salvator kam, erzählte ihm die dortige Meßners-Gattin, daß sie und mehrere Nachbarsleute nachts die Kirche hell erleuchtet und voll schwarzer Männchen gesehen haben. Auch hätten sie Orgelspiel und andere Musik vernommen. Die Kirchentüre sei verschlossen gewesen, und alle Versuche, sie mit dem Schlüssel zu öffnen, wären erfolglos geblieben. Das seien die Untersberger gewesen. (28)

Der Totenzug

Im Herbste des Jahres 1860 sahen nächtlicherweile Bauern in der Gern die Untersberger in langem Zuge an ihren Häusern vorbeiziehen, dem Markte Berchtesgaden zu, und hörten sie beten. Es waren unter ihnen eine Menge bekannter Verstorbener, die den Zug mitmachten, auch der Schuster von Tanzbösel, der vor einigen Jahren auf dem Untersberge verunglückte. (29)

*

Josef Klapf war als Steinbrecher am Untersberge beschäftigt. Nach einem mühevoll verbrachten Tage ging er einst in einer mondhellen Sommernacht von Glanegg nach Hause. Als er zum Berge bei der Kugelmühle kam, gingen eine Menge kleiner Leute die Straße hinauf. Er kam an einigen derselben ganz nahe vorbei und sah auch mehrere Bekannte unter ihnen, die, wie er wußte, schon lange gestorben waren. Einer dieser letzten trieb die Neugierde ihn zu fragen, wohin sie denn gingen. Der aber gab ihm eine so derbe Ohrfeige, daß er besinnungslos zu Boden stürzte. Als er aus seiner Betäubung erwachte, waren die Leute verschwunden. Der Steinbrecher ging von Angst und Schreck erfüllt nach Hause und starb bald darauf eines raschen Todes. (30)

Gespenstischer Zug (Hans Weidlitz, um 1530)

Der gespenstische Zug

Der frühere Hofbauer, Georg Gerl, ging einst spätabends von Hallein nach Hause. Er war eben an der ehemaligen Raubritterburg Glanegg vorübergekommen, als er eine Menge Leute ihm entgegenkommen sah. Anfangs der Meinung, es sei vielleicht ein Leichenzug, sah er, nähergekommen, daß es lauter kleine Männchen und Weibchen waren, die zu zweien und dreien nebeneinander gingen. Erst glaubte er, sie beten zu hören. Da aber der Zug kein Ende nehmen wollte, und sie, ohne ihn anzusehen, mit feierlichen Mienen vorüberzogen, überfiel ihn plötzlich Angst, und er beschleunigte seine Schritte. Der geisterhafte Zug endete erst bei der Brücke nächst der Kugelmühle. Als Gerl erschöpft in letzterer angekommen war, um dort zu übernachten, schlug es elf Uhr. Seine Angst wich indes erst, als der Morgen angebrochen. (31)

Die schwarzen und die weißen Untersberger

In einem Dorfe nächst dem Untersberge sah einst eine Frau von der Altane ihres Hauses herab, als plötzlich drei kleine Männchen vor dem Tore standen, welche sie aufforderten, die Türe zu öffnen. Sie verlangten Speise, und gern gab ihnen die Frau, was sie noch hatte, – zwei übrig gebliebene Krapfen. Als sie gegessen, fragten sie nach der Zeche. Die Frau wollte nichts annehmen, indes meinten die Männlein, sie dürften sich nichts schenken lassen, und legten drei alte Münzen unter das Salzfaß. »Willst du wissen« – sagten sie – »wer wir sind?«

»Wohl möchte ich das wissen, wenn es mir nichts schadet!« meinte die Frau.

»Wir sind vom Untersberg und ziehen nach Spanien; uns folgt ein großes Heer. Schließe den Fensterladen, wenn die Schwarzen kommen, kommen aber die Weißen, so magst du immerhin ihn wieder öffnen.«

Hierauf schieden die drei Männlein. Bald darauf rückte auch schon ein langer Zug von kleineren Kriegern, der eine volle Stunde währte, heran. Derselbe war in Scharen abgeteilt, an der Spitze jeder Schar ein Führer, vier Rössel (kleine Pferde mit Reitern) trabten immer nebeneinander, weiße und schwarze, je nach den weißen oder schwarzen Farben. Alle trugen Lanzen und Schwerter. Den Schluß machte ein großer, schwarzer Hund. (32)

Die verschwundenen Männlein

Der Bernerbauer am See gewahrte einmal frühmorgens drei Untersberger, die am Brünnlein bei der Seebühelbrücke unterhalb des Wegkreuzes tranken, schlich sich leise hinzu und wollte sie fangen; aber als er sie zu packen meinte, hatte der Bauer nichts in Händen. Die Männlein waren verschwunden. (33)

Die sieben Holzknechte

Der alte Seebühler erzählt: Vor vielen, vielen Jahren trafen zufällig in der Früh um vier Uhr auf dem Untersberge sieben Holzknechte mit drei Reichenhallern zusammen, die samt und sonders nach Salzburg wollten. Eine Weile waren sie schon gegangen, als ihnen plötzlich auf dem schmalen Weg ein langer Zug schwarzer Männchen, Paar an Paar, wohl an die vierhundert, entgegenkam. Alle waren gleich gekleidet, zwei Trommelschläger und zwei Pfeifer schritten voran.

Ohne sich um irgend etwas zu kümmern, weder rechts noch links schauend, marschierten die Männlein an den Erstaunten vorüber und verschwanden um die nächste Felsenecke, ohne daß es möglich war, von ihnen die geringste Spur zu entdecken.

Bald darauf aber brach ein großer Krieg aus. (34)

Kriegsgeschrei

Zuweilen tönt aus den Tiefen des Untersberges kriegerische Musik und Waffengeklirr, besonders bei herannahenden Kriegen. Wilde Ritter und Knappen auf feurigen Rossen, in glühenden Panzern und flammenden Waffen durchstürmen um Mitternacht die benachbarte Gegend und kehren mit Tagesgrauen wieder in den Berg zurück, dessen eherne Pforte zwischen den emporragenden, durchklüfteten Felsstücken (Öfen) beim Hallturm hinter den Trümmern der Burg Plain dem Wanderer nur selten sichtbar wird. (35)

*

Im Jahre 1807 wurde der Pförtner des Engpasses Lueg in der Nacht durch einen gewaltigen Lärm geweckt. Als er zum Fenster hinaussah, erblickte er eine unzählbare Schar von Untersbergmännlein gegen den Paß anrücken, welche stürmisch Durchlaß begehrten. Auf die pflichtgemäße Weigerung des Pförtners hätten sie tobend die Pforte gesprengt und seien durchgezogen. Der Pförtner wen-

Die Zollburg Lueg (Ferdinand Runk/Friedrich Frisch, um 1805/10)

dete sich wegen dieses Vorganges an einen benachbarten Pfarrherrn mit der Bitte um Rat, ob er darüber an seine Vorgesetzten berichten oder ihn verschweigen solle. Man vermutet, es möchte ihm zu letzterem geraten worden sein. (36)

Das entrückte Brautpaar

Einst zogen ein reiches Brautpaar samt kleinem Gefolge aus einem Dorfe in ein anderes naheliegendes, um dort bei den Eltern der Braut das Hochzeitsfest zu feiern. Lustig und fröhlich, unter Begleitung einiger Musiker, zogen sie die Straße entlang und kamen zum Untersberg. Nachdem sie hier angelangt waren, fing einer aus der Gesellschaft an zu erzählen, daß in dieser Gegend ein Kaiser mit einem bedeutenden Heere verschwunden sei und daß seit jener Zeit hier Geister erscheinen, welche die in dieser Gegend Wandernden beschenken. Sogleich fing der Bräutigam an, den Geist zu rufen und zu bitten, er möge sie mit etwas beschenken. Auf einmal öffnete sich der Berg, und ein in grau gekleideter, kleiner Mann mit silberweißen Haaren erschien, der ihnen eine Türe in das Innere zeigte. Die ganze Gesellschaft folgte ihm nach, und sie kamen in eine Reihe schöner Zimmer, in deren einem eine Tafel gedeckt war und Speisen und Getränke aufgetragen standen. Die ermüdeten Brautleute und ihr Gefolge setzten sich zu Tische und ließen es sich schmecken. Nach dem Mahle bedurften aber alle des Schlafes, weil sie etwas zu viel getrunken hatten. Beim Tische sitzend entschlummerten alle ruhig. Als sie erwachten, führte sie der Berggeist hinaus. Bei Tage kamen sie an die Erdoberfläche, allein sonderbar, alles hatte sich ihnen während dieser Zeit ganz verändert. Die in dieser Gegend Wohnenden verstanden ihre Sprache nicht, überhaupt schien es ihnen, als seien sie in einem ganz fremden Lande. Nach mehreren Tagen kamen sie in ein Dorf. Sie fragten, wie es hieße, und sie erhielten den Namen ihres Heimatortes zur Antwort. Aber auch hier schienen sie nicht zu Hause zu sein. Sie suchten ihre Wohnhäuser und fanden sie nicht; denn an deren Stelle standen ganz andere, neugebaute Häuser. Sie begaben sich zum Pfarrer und erzählten ihm alles, was geschehen war. Dieser schlug seine Bücher auf und fand wirklich, daß vor hundert Jahren ein junges Brautpaar nebst einigen Menschen im Untersberge verschwunden sei. (37)

Das Bergmännlein beim Tanz

Es zeigten alte Leute mit Wahrhaftigkeit an, daß vor etlichen Jahren zu Glaß im Dorf, eine Stunde vor dem Wunderberg und eine Stunde von der Stadt Salzburg, Hochzeit gehalten wurde, zu welcher gegen Abend ein Bergmännlein aus dem Wunderberge gekommen. Es ermahnte alle Gäste, in Ehren fröhlich und lustig zu sein, und verlangte, mittanzen zu dürfen, was ihm auch nicht verweigert wurde. Also machte es mit einer und der anderen ehrbaren Jungfrau allzeit drei Tänze, und zwar mit besonderer Zierlichkeit, so daß die Hochzeitsgäste mit Verwunderung und Freude zuschauten. Nach dem Tanz bedankte es sich und schenkte einem jeden der Brautleute drei Geldstücke von einer unbekannten Geldmünze, deren jedes man zu vier Kreuzer im Werte hielt, und ermahnte sie dabei, in Frieden und Eintracht zu hausen, christlich zu leben und bei einem frommen Wandel ihre Kinder zum Guten zu erziehen. Diese Münze sollten sie zu ihrem Geld legen und stets seiner gedenken, so würden sie selten in Not kommen; sie sollten aber dabei nicht hoffärtig werden, sondern mit ihrem Überfluß ihren Nachbarn helfen.

Dieses Bergmännlein blieb bei ihnen bis zur Nachtzeit und nahm von jedermann Trank und Speis, die man ihm darreichte, aber nur etwas. Alsdann bedankte es sich und begehrte einen Hochzeitsmann, der es über den Fluß Salzach gegen den Berg zu schiffen sollte. Bei der Hochzeit war ein Schiffmann, namens Johann Ständl, der machte sich eilfertig auf, und sie gingen miteinander zur Überfahrt. Während derselben begehrte der Schiffmann seinen Lohn: das Bergmännlein gab ihm in Demut drei Pfennige. Diesen schlechten Lohn verschmähte der Fährmann sehr, aber das Männlein gab ihm zur Antwort, er sollte sich das nicht verdrießen lassen, sondern die drei Pfennige wohl behalten, so würde er an seiner Habschaft nicht Mangel leiden, wo er anders dem Übermut Einhalt tue. Zugleich gab es dem Fährmann ein kleines Steinlein mit den Worten: »Wenn du dieses an den Hals hängst, so wirst du in dem Wasser nicht zugrunde gehen können.« Und dies bewährte sich noch in demselben Jahre. Zuletzt ermahnte es ihn zu einem frommen und demütigen Lebenswandel und ging schnell von dannen. (38)

Der Untersberger

In der Nähe des Untersberges, gegen Bayern zu, liegt ein schönes Bauerngut, das von einem Hügel herab weit ins Land hineinsieht.

Gegen Ende des vorigen Jahrhunderts lebte auf demselben in Friede und Eintracht ein junges Ehepaar, das sich seines Daseins in Ehren freute, fleißig zur Arbeit sah und von Gott auch sichtbar gesegnet war; denn reiche Ernte trugen Wiesen und Felder unter seinen Händen.

Doch nicht immer sollte es so bleiben. Treuhart, so der Name des Bauern, traf eines Tages mit Wildschützen zusammen, die ihn überredeten, mit ihnen dem Waidwerke zu frönen. Von der Stunde an wurde ihm die Jagd zur Leidenschaft und ein böser Geist zog ein in das bisher so glückliche und friedliche Gehöfte. Treuhart vernachlässigte die Arbeit, das früher so blühende Anwesen verfiel bald sichtbar, der Reichtum schwand dahin wie Rauch und mit ihm das Glück der Bäuerin; denn ihr Mann war ein wüster Geselle geworden, der den Namen Gottes nicht mehr über seine Lippen brachte und entsetzlich fluchte, wie nie zuvor.

Eines Tages, bei einbrechender Nacht, erscholl wieder der Lockruf von Treuharts Jagdgenossen. Kaum hatte er ihn vernommen, als er auch schon nach der Büchse griff und hinauseilte in den Wald, trotz der Bitten seiner Frau, die ihn um alles beschwor, heute daheim zu bleiben.

Bald war er bei den Jagdgenossen angelangt, bemerkte aber zu seinem Erstaunen, daß er sich unter ihm völlig Unbekannten befinde. Allein im nächsten Augenblicke erschollen die Jagdhörner, und fort ging's durch dick und dünn.

Tag um Tag, Woche um Woche verfloß, Treuhart kehrte nicht wieder. Mehr als ein Monat war seit seinem Verschwinden schon verflossen, da kam an einem Herbsttage ein Fremder auf den Hof und fragte nach dem Bauern. Die tiefbekümmerte Frau erzählte ihm mit Tränen in den Augen, was geschehen. Der Fremde tröstete sie und sprach: »Sei guten Mutes! Dein Mann wird wohl noch wiederkehren; vielleicht hält ihn nur der Untersberger zurück. Ich will dir indessen einen Knecht schicken, der dir das Hauswesen besorgen hilft.«

Die Arme wußte nicht, was sie bei diesen Worten denken sollte. Als indes der Fremde fort war, fühlte sie sich so eigentümlich wohl: ein Schimmer von Hoffnung, ihren Mann wiederzusehen, war in ihre Brust eingekehrt.

Wenige Tage darauf kam der verheißene Knecht und übernahm sofort die Leitung der ganzen Wirtschaft. Im nächsten Frühjahr standen Felder und Wiesen im herrlichsten Schmuck, wie von

Gottes Segen überschüttet; der Herbst füllte Scheunen und Haus wie nie zuvor.

Ein Jahr war seit dem Verschwinden Treuharts verflossen, da trat der Oberknecht vor die Bäuerin hin und meldete der nicht wenig Erstaunten, seine Zeit sei um, und er müsse zurück in seine Heimat; sie bedürfe seiner Hilfe ohnedies nicht mehr, denn der Herr des Hofes, ihr Gatte, sei bereits auf dem Heimwege begriffen. Dies sei ihm heute nacht von jemandem gemeldet worden.

Und so war es auch.

Gegen Abend kam Treuhart auf den Hof zugeschritten. Mit dem Ausrufe: »Er ist es!« stürzte ihm sein treues Weib entgegen und hing an seinem Halse.

Am andern Tage stand er frühzeitig auf, durchschritt mit spähendem Blick das ganze Haus, den Stall und ordnete alles an, wie er sonst es getan. Es war, als hätte er das Haus nicht einen Tag verlassen und wäre nicht mit seinen wilden Jagdgenossen hinausgezogen.

Niemals hat man indes von ihm erfahren, wo er jenes Jahr über gewesen. Das Gerücht aber erzählte: »Er war in der Lehre und Buße bei dem Untersberger. (39)

Prophezeiungen und Schicksal

Salzburg vom Mönchsberg aus gesehen (Johann Fischbach, um 1852)

Der See unter der Domkirche

Die Domkirche zu Salzburg steht auf ungeheuren Gewölben, Mauern und Pfeilern, die tief in die Erde hinabreichen. Da unten liegt auch ein See, den die Sonne noch nie beschienen und der nur bewegt wird, wenn ein Erdbeben ihn erschüttert. Stadt und Domkirche können daher auch nie durch ein Erdbeben zugrunde gehen, weil sich dessen Gewalt allemal im Wasser bricht. (40)

Der Blick in die Zukunft

Um Mitternacht begab sich einmal ein Salzburger Zimmermann von einer Hochzeit aus Hallein nach Hause. Als er in die Nähe von Niederalm kam, sah er die dortige Kirche hell erleuchtet und vernahm Orgelton und Gesang, als ob ein festtäglicher Gottesdienst abgehalten würde. Der Zimmermann dachte: »Da muß unsereiner doch auch wissen, was geschieht!« und ging schnurgerade auf die Kirchentür los. Diese war offen, so daß er ungehindert eintreten konnte. Drinnen wurde ein feierliches Amt gehalten, der Geistliche sang gerade das »Ite, missa est!« Als sich der verspätete Hochzeitsgast aber die Leute anschaute, wurde ihm doch etwas sonderbar zumute, es waren lauter kleine Männlein, jedes einen bloßen glitzernden Säbel in der Hand. Und gerade neben ihm stand ein Zimmermann, die schön geschliffene Axt über der Schulter. Dieser trat jetzt heran und sagte zum Salzburger: »Ist recht, daß du kommst! Ich bin der einzige Zimmermann von der ganzen Armee und müßte sonst auch beim Einzug allein gehen. Da hast du eine Axt, wir wollen zwei Mann hoch einmarschieren!« Nun ging es fast im Sturmschritt dem Untersberge zu. Sie kamen an eine hohe Felswand, in der ein großes gewölbtes Tor geöffnet wurde; da gingen sie hinein. Während sie durch eine weite Halle fürbaß schritten, kamen zwei Männlein mit langen eisgrauen Bärten auf den Zimmermann zu und führten ihn vom Zuge hinweg in eine geräumige Höhle, die ziemlich hell war, obgleich nirgends ein Licht brannte. Sie gaben ihm Buch und Feder in die Hand und sprachen: »Auf diesen Pergamentblättern wird alles, was im Laufe der Zeiten sich ereignen wird, aufgezeichnet. Schau das Buch an, die Hälfte ist bereits angefüllt! Es sind bald tausend Jahr, seit die erste Zeile eingezeichnet worden. Vieles von dem, was da schwarz auf weiß steht, ist schon in Erfüllung gegangen; vieles steht noch bevor. Einschreiben aber kann nur einer, der zu guter Stunde von außen zu uns hereinkommt. Also schreibe, so gut du kannst, folgendes: ›Darauf wird ein schrecklicher Krieg ausbrechen, so schnell und unerwartet, daß der Bauer vom Acker mit der Pflugschar und die Bäuerin vom Herd weg mit dem Küchelspitz ins Gefecht stürzen. Das dauert jedoch nicht lange; dann kehrt der Bauer zurück, seine Zugtiere vorwärts zu treiben, und die Bäuerin, um alle ihre Kücheln zum Mittagessen zu backen. Wer während dieses Krieges auf die Flucht geht, der braucht nicht mehr als einen einzigen Brotlaib mitzunehmen. Dies begibt sich im Jahre ...‹« Aber da hörte der Zimmermann laute Trompetenstöße aus der Ferne, und die beiden Männlein eilten hinweg.

Der Zimmermann steckte das Buch in die Tasche und machte sich aus dem Staube. Wie er einige Schritte vorwärts getan hatte, erblickte er einen Streifen blauen Himmels, und bald stand er an der Öffnung, vor sich die grüne Gegend im Morgensonnenschein. Er griff auf dem Heimweg nach seinem Buch, aber da zog er eine Handvoll Spinnengewebe heraus. (41)

Die Endzeit

Das Herannahen der schlimmen Zeit, das ist des Weltunterganges, erkennt man an der Tracht des Menschen und ihren Werken. Sobald die Leute anfangen, rote Hüte zu tragen und in der Luft mit Eisen zu bauen, wird die Treue unter den Menschen verschwinden. Wenn sich die Männer wie der Krauthahn – so heißt der gefleckte Salamander, der auch noch Moltwurm genannt wird –, also in grelle Farben kleiden und die Frauen wie Schmetterlinge daherkommen, dann naht die Zeit der Unruhe, des Streites und der Verwirrung unter den Menschen.

Die Zeiten, sagen andere, werden immer schlimmer, bis die Welt zugrunde geht. Wann aber das stattfindet, weiß niemand; nur an gewissen Zeichen ist es erkennbar, ob dieser Tag bald erscheinen werde.

Der Untergang der Welt ist dann nahe, wenn die Leute Straßen aus Eisen machen, wenn sie Weg und Steg mit Eisen belegen und damit doch nicht zustande kommen. Ein fürchterlicher Krieg wird dann ausbrechen, wobei Österreich in große Not und Gefahr geraten wird. Das geschieht aber erst, wenn der Wunderbaum auf der Welser Heide dreimal grün und dreimal dürr geworden ist. Ist dann für die Österreicher die Gefahr am größten, dann öffnet sich der Wunderberg bei Salzburg, und Karl der Große kommt mit seiner ganzen Macht daraus hervor und hilft ihnen zum Siege. (42)

Die Prophezeiung

Es wird nach und nach alles Volk durch verschiedene herbeigekommene Übel und Landesplagen so bedrängt werden, daß einer dem andern in nichts mehr wird helfen können; und da man 1800 wird schreiben, wird die deutsche Treue und Redlichkeit beinahe vollends begraben sein. Der Vater wird zum Sohn und der Sohn zum Vater kein Zuvertrauen mehr haben, und so wird der Freund den andern betrügen, übervorteilen und um seine Sache zu bringen wissen. Es wird auch um selbe Zeit große Not an Geld sein, und doch werden die Leute nicht genug ausstudieren können, wie sie sich vornehm, üppig und prächtig genug kleiden sollen. Da man anfangen wird, schwarze und grüne Hütlein mit aufwärts gebogenen Krempen zu tragen, wird die Magd ihre Frau an Putz weit übertreffen, und jeder wird trachten, mehr scheinen zu wollen, als er ist. Der gemeine Mann wird sich mit seinem Nachbarn vereinigen, selbst aus ihrem eigenen Kupfergeschirr Geld zu prägen.

Auch wird die Teuerung in allen nur erdenklichen Bedürftigkeiten einen schrecklichen Grad erreichen, und man wird nicht mehr wissen, wie man alles Notwendige auf ehrliche Manier erwerben und herbeischaffen kann. Uneinigkeiten und Mißtrauen werden auch die großen Herren in der Welt beherrschen. Sie werden einander selbst mit List und Falschheit begegnen und daher wegen beständiger Kriege und Zwistigkeiten immer mehr bedrücken und mißmutig machen müssen.

Daraus kann man entnehmen, was für schreckliche Verwirrung entstehen und was für Drangsale über die Länder kommen werden.« (43)

Die Endschlacht auf dem Walserfeld

Es wird eine Zeit anbrechen, in welcher es zwischen den Menschen ob des Glaubens zu großem Hader und Zwist kommen wird.

Auf dem Walserfelde nächst dem Untersberge wird eine Schlacht geschlagen werden, in der es schrecklich hergehen und kein Erbarmen sein wird auf beiden Seiten der Streitenden. Brüderliche Liebe wird keiner mehr kennen, weshalb das Schwert entscheiden und Unglauben und Irrtum ausrotten wird. (44)

*

Unter den Völkern wird einst große Uneinigkeit entstehen. Die Herren werden sich gegenseitig bekämpfen und ein Blutbad unter ihren Völkern anrichten, wie es nie gesehen ward und mehr gesehen wird. Der Bauer wird aus seiner Pflugschar Waffen schmieden und gegen seine Brüder zu Felde ziehen, der Fuhrmann wird von seinem Wagen weg mit seiner Peitsche in den Kampf gehen, der Pflugheber mit seiner Reitel, die Weiber mit Hacken und Gabeln, die Handwerker mit ihrem Werkzeug, der friedliche Künstler mit dem Schwerte, der Holzknecht mit seiner Hacke in die Schlacht rennen und morden ohn' Erbarmen. (45)

*

Wenn Unglaube und selbstsüchtige Gewalt den Höhepunkt erreicht, dann werden die Völker sich wie im Wirbelwinde aneinander drängen, um auf der weiten Ebene von Wals eine Völkerschlacht zu schlagen. Kaiser Friedrich wird mit seinen Getreuen aus dem Untersberge hervorbrechen und der guten Sache zum Siege verhelfen. (46)

*

Sobald die Zeiten erfüllt sind, kommt Lucifer von seinen Ketten los und reißt die ganze Welt mit sich in Wut fort. (47)

Ein furchtbarer Krieg wird so schnell und unvermutet losbrechen, daß der Bauer vom Acker weg mit der Pflugschar, und die Bäuerin vom Herde weg mit dem Küchelspitz ins Gefecht stürzen werden. Dieses dauert jedoch nicht lange; der Bauer wird zurückkehren und seine Zugtiere vorwärts treiben und die Bäuerin die noch unfertigen Kücheln aus dem brodelnden Schmalze zum Mittagsmahle fertig backen. (48)

*

Dieser Krieg wird so plötzlich kommen und vorübergehen, daß, wenn jemand zwei Brotlaibe auf die Flucht mitpackt und es fällt ihm einer davon zur Erde, er sich ja nicht mehr Zeit nehmen soll, denselben aufzuheben, sondern mit einem einzigen davonlaufen soll; es wird ihm dieser Eßvorrat auch hinlänglich genügen. (49)

*

Es werden so viele Mannsleute bei dieser Schlacht daraufgehen, daß die Weibsleute um einen Stuhl raufen, worauf jemals ein Mann gesessen. (50)

Der Bauernknecht und das Bergmännlein

Zu einem Bauersknechte am Untersberge kam im Jahre 1847, zu welcher Zeit auch der dürre Birnbaum auf dem Walserfelde wieder zu grünen begann, eines Tages ein Bergmännlein und forderte ihn auf, ihm zu folgen. Der Knecht willfahrte nicht ohne Furcht diesem Verlangen. Das Männchen aber führte ihn auf einen Felsen, von dem aus er, abwärts schauend, das ganze Tal mit Soldaten überfüllt sah. Sofort stiegen sie nach einer anderen, höheren Stelle und von dieser aus sah der Knecht das Tal voll Blut. Endlich erstiegen sie einen dritten und höheren Punkt. Was der Knecht von hier aus sah, trieb ihm die Haare zu Berge. Er vertraute es aber keinem Menschen an und blieb von der Stunde an traurig und niedergeschlagen. (51)

Gedenktafel für den Birnbaum auf dem Walserfeld (Foto)

Die Gerechtigkeit

Auf dem Grabe Heinrichs II. im Dome zu Bamberg ist die Figur der Gerechtigkeit in Stein gehauen zu sehen, mit einer Waage in der Hand, deren Zünglein nicht genau die Mitte hält. Sobald sich dasselbe aber dereinst richtig stellt, bricht das Weltende an, und Kaiser Karl geht mit seinen Mannen aus dem Untersberge hervor. (52)

Der Wunderbaum

Nächst Salzburg steht ein kleines Dorf, Wals genannt. Um dasselbe befindet sich eine Heide, die Walserheide. In der Mitte derselben steht ein Baum, von dem man folgendes erzählt: Diesen Baum – es ist ein Holzbirnbaum –, der noch nie geblüht und daher auch nie Früchte getragen, versuchte man in früheren Zeiten vergeblich zu entfernen. Er wuchs immer wieder nach, und so wuchs er nach und nach zu jenem großen stattlichen Baume heran, wie ihn jetzt jedermann sehen kann. Nun wollen die Leute wissen, wenn er blühe und Früchte bringe, werde ein gewaltiger Krieg entstehen und Kaiser Karl, welcher im Untersberge schläft, werde erscheinen und den Österreichern hilfreich zur Seite stehen. Im Jahre 1847, nach andern 1849, blühte auf einmal der Baum, und im Herbste trug er reichlich Früchte. Dieses Ereignis setzte die ganze Stadt in Bewegung; alles was nur konnte, eilte hinaus auf die Heide, um das Wunder zu sehen. Die Leute hoben sich die kleinen Holzbirnen so lange auf, als es nur möglich war, und hielten sie hoch in Ehren. (53)

Kaiser Karls letzte Schlacht

Wenn über Deutschland die höchste Not hereinbricht, erwacht Kaiser Karl zu neuem Leben, sammelt sein Gefolge und zieht an der Spitze desselben aus dem Untersberge hin zum großen Walserfelde. Dort angekommen, hängt er sein Wappenschild an einen dürren Ast des Birnbaums, der oft verflucht und abgehauen wurde, doch immer wieder nachwuchs. Darauf erschallt sein Heerruf durch Deutschlands weite Gauen, und alle treuen Deutschen eilten, sich unter seinem Schilde zu sammeln. Aber auch alle Feinde Deutschlands und viele seiner eigenen Söhne werden sich zusammenrotten, mit großer Heeresmacht den Kaiser angreifen und ihn und seinen Anhang zu vertilgen suchen. Damit wird eine schreckliche dreitägige Schlacht entbrennen, zu der alle Männer, Weiber und Kinder zulaufen und mitmorden werden. Die Erschlagenen werden Hügel bilden, das Erdreich wird nicht mehr das vergossene Blut einzusaugen vermögen, es wird den Streitern in die Schuhe laufen und des Rasens und Mordens wird kein Ende, bis am Abend des dritten Tages alle fremden und einheimischen Feinde Deutschlands gedemütigt, erschlagen und vernichtet sind. Über das blutige Walserfeld wird vom Hohenstaufen noch die Sonne ihre scheidenden Strahlen entsenden, wenn von dem großen Wahlplatze der Kaiser mit seinem Heere gegen Salzburg zieht, dessen alte Burg einst Zeuge war seiner Verzückung und Zeuge ist seines Sieges und seiner Herrlichkeit. Die Tore der Stadt werden zu enge sein, um die Scharen der Streiter einzulassen, die Räume derselben zu klein, sie zu beherbergen. Am kommenden Morgen aber wird der Kaiser mit allen Bischöfen, Fürsten und Edlen der Wunderhalle und seinen tapferen Heerscharen im hohen Dome zu Salzburg ein feierliches Dank- und Lobamt halten, den ewigen Frieden verkündigen und seinen Nachfolger, als Ersten des neuen Kaisergeschlechts, erwählen. (54)

Der Birnbaum auf dem Walserfeld

Bei Salzburg auf dem sogenannten Walserfeld soll dermaleinst eine schreckliche Schlacht geschehen, wo alles hinzulaufen und ein so furchtbares Blutbad sein wird, daß den Streitenden das Blut vom Fußboden in die Schuhe rinnt. Da werden die bösen von den guten Menschen erschlagen werden. Auf diesem Walserfeld steht ein ausgedorrter Birnbaum zum Angedenken dieser letzten Schlacht; schon dreimal wurde er umgehauen, aber seine Wurzel

Die letzte Schlacht auf dem Walserfeld

schlug immer aus, daß er wiederum anfing zu grünen und ein vollkommener Baum ward. Viele Jahre bleibt er noch dürr stehen, wann er aber zu grünen anhebt, wird die greuliche Schlacht bald eintreten, und wann er Früchte trägt, wird sie anheben. Dann wird der Bayernfürst seinen Wappenschild daran aufhängen und niemand wissen, was es zu bedeuten hat. (55)

*

Im Schatten des Birnbaumes auf dem Walserfelde werden sich einst jene wenigen Schweizer sammeln, welche sich aus der großen Schlacht, die bei Hall geschlagen werden wird, gerettet haben werden. Ihr Häuflein wird so klein sein, daß sie unter einer Linde an der Volderer Brücke, nach anderen sogar unter einem Holunderstrauch Platz haben werden. Wenn sie auf dem Walserfelde angekommen sind, währt es nicht mehr lange, so wird man auf der Innbrücke den Schweizerstier brüllen hören. (56)

*

Der Küblerbauer Georg bei Reichenhall erzählte für gewiß, daß Kaiser Karl, wenn er die Schlacht auf dem Walserfelde wird gewonnen haben, auf einem dreifüßigen Schimmel mit der Siegesfahne davonreiten wird. (57)

Der Mann mit dem blutigen Barte

Hoch oben am Flatschenberge lebte um das Jahr 1590 ein über 70 Jahre alter Bauersmann, namens Hans Ziller, und war gar fromm und gottesfürchtig. Als dieser eines Tages, glaublich an einem Donnerstage, im Monate August um sieben Uhr früh in die Waldner-Äze bei Adnet ging, um Holz zu schlagen, kam er an eine große tiefe Grube, welche bis dahin weder mit Steinen, noch mit anderem Materiale konnte ausgefüllt werden, und sah darin einen überaus großen, ganz weiß gekleideten Mann mit einem in der Mitte geteilten, langen blutigen Barte stehen. Voll Schrecken ließ der Bauer die Hacke fallen und starrte die sonderbare Gestalt an. Als er sich endlich derselben näherte, fing sie mit drei Stimmen zugleich folgendermaßen zu sprechen an: »Wenn sich die Welt nicht bekehrt, wenn sich die Welt nicht bekehrt, es sei dann, es bekehre sich die Welt und tue Buße, sonst werden alle Friedhöfe der ganzen Christenheit zwischen heute und einem Jahre durchgraben werden, wie dieser Friedhof (womit sie die Waldner-Äze meinte, welche von Scharmäusen ganz durchwühlt war).

Zugleich befahl diese Gestalt dem Bauer, er solle das Gehörte der Geistlichkeit anzeigen, aber nicht vor drei Tagen, täte er dies nicht, so werde ihm nichts mehr wohl geraten, noch gelingen, worauf dieselbe vor seinen Augen verschwand.

So berichtete genannter Bauer in Gegenwart von mehreren Zeugen dem Pfarrer zu Kuchl mit der Versicherung, daß alles Erzählte vollkommen wahr sei und er sich jederzeit getraue, dies selbst in Gegenwart des Erzbischofs zu bestätigen. (58)

Die Glückszeichen

Auf dem Wege, der vom Sonnberg, der nördlich vom Jochberg bei Hollersbach liegt, zu dem Gute Grubnig führt, zeigt man sich heute noch einen Stein, auf dem man die Spuren eines Fußabdrukkes einer Wildfrau deutlich sieht. Es heißt, daß an dem Tage, an dem der Fußstapfen auf demselben verschwindet, der Plattensee in der Krimmel ausbrechen wird und daß die ganze Gegend überschwemmt wird. Es ist daher nicht verwunderlich, daß jeder sich hütet, auf den Stein, auf dem der Fußstapfen der Wildfrau zu sehen ist, zu treten, weil dadurch das Verschwinden der Fußstapfen gefördert wird und das Unglück für die Gegend heraufbeschworen wird. Auch auf der Bramberger Sonnenseite, beim Steinlehen, sieht man, in einen Kreis gestellt, drei oder vier Steine, die deutlich Fußstapfen zeigen, in die ein zarter Frauenfuß hineinpaßt, und auf dem Gamssteig von Bramberg nach dem Thurnberg sind solche Fußstapfen zu sehen. Sie gelten als Glückszeichen und rühren von Wildfrauen her, die mit ihrem Tritt unter Anrufung des Berggeistes die Felsen öffnen konnten. Ängstlich trachtet das Volk, diese Fußstapfen vor der Zerstörung zu bewahren, denn solange die Fußstapfen bleiben, hat keinerlei böse Macht Gewalt über die ganze Gegend. (59)

In der Christnacht reden die Tiere

Ein Bauer in Zederhaus sagte einst zu seinem Knechte in der Christnacht: »Du Rüapl, geah in den Ochsenstall und los (höre), was die Viecha reden.« Nach einem alten Volksglauben sollen nämlich in der Christnacht zur mitternächtigen Stunde die Tiere miteinander reden.

Der Rüapl geht in den Stall und horcht, da hört er, wie einer von den beiden Ochsen zu dem andern sagt: »Du Rigl, steah auf und los, was i dir sag!« – »Was hast denn so Wichtiges?« meint der andere der beiden Ochsen. »Ja, recht was Trauriges ist's! Weißt, übermorgen müssen wir den Bauern in den Friedhof ziehen.« Dies erzählte der Knecht am nächsten Tage beim Mittagessen, worauf der Bauer so erschrak, daß er an einem Stück Fleisch, das er gerade in Eile zu sich nahm, erstickte. So war das Gespräch der Tiere in der Christnacht Wahrheit geworden. (60)

Der Ewige Jude

Der Ewige Jude geht übers Gebirge

Meine Großmutter stand in ihren Mädchenjahren beim Tauernwirt im Hospiz am Radstädter Tauern im Dienst. Eines Tages kam nun ein eisgraues Männchen die Paßstraße gezogen und bat um ein Nachtquartier. Am Abend aber, bei einem Glas Wein, wurde der schweigsame Gast plötzlich gesprächig. »Jetzt«, so sagte das Männchen, »gehe ich das zweite Mal über den Tauern. Als ich das erste Mal über dieses Gebirge zog, lag hier noch alles in tiefster Wildnis, und nur ein schmaler Pfad führte über diesen Gebirgspaß. Nun ich das zweite Mal darüber gehe, ist alles voll Leben, und eine schöne breite Straße führt über das Tauerngebirge. Wenn ich zum dritten Male über den Tauern ziehen werde, dann wird diese Gegend wieder öde und verlassen sein, denn die Menschen werden sich einen Weg durch das Gebirge bahnen. Wenn das geschieht, dann ist das Ende der Welt nicht mehr ferne.« So sprach das greise Männlein und zog andern Tags weiter. Es mag wohl der Ewige Jude gewesen sein. (61)

Ahasverus

Ahasverus, der zu ewiger, ruheloser Wanderung verdammte Jude, war auch dreimal über die Alpen (Tauerngebiet) gezogen. Da er sie das erste Mal durchwanderte, hatte er üppig grünende Weinberge gefunden; als er das zweite Mal kam, waren an deren Stelle mächtige Tannenwälder getreten, und als er endlich zum dritten Male seine Schritte hierher lenkte, trat sein Fuß auf Schnee und Eis. (62)

Der Antichrist

Der Antichrist wird erscheinen, wenn die Stunde des Weltuntergangs geschlagen haben wird. Nach einer Sage wird er von einem alten Weibe geboren, eine andere erzählt seine Entstehung auf folgende sonderbare Weise:

Ein siebenjähriger Hahn wird ein Ei in einen Moorgrund legen; daraus bildet sich ein greulicher Lindwurm oder Drache. Anfangs wird er die Klüfte des Untersberges zu seinem Aufenthalte erwählen; dann aber wird er plötzlich wütend unter einer Haselstaude hervorstürzen, Dörfer und Städte verwüsten, Menschen und Tiere vergiften. Da, wenn das Elend das Höhenmaß erreicht hat, wird ein Mädchen anbetend vor dem Lindwurm in die Knie sinken und den Furchtbaren um Schonung anflehen. Kaum dies geschehen,

Der Höllensturz des Antichrist (Inkunabel, um 1480)

verwandelt sich das Ungeheuer in einen bildschönen Jüngling, dem keine Jungfrau widerstehen wird können, den alle Männer fürchten und sich ihm zugesellen werden. Mit diesem seinem Anhang, der von Minute zu Minute größer werden wird, zieht er von Land zu Land. Endlich wird er verlangen, daß die Menschheit Gott im Himmel und die Religion verleugne. Wer ihm willig gehorcht, wird sein begünstigter Genosse, wer sich aber weigert, die Zielscheibe seiner Wut und Verfolgung sein.

Aber nicht von allzulanger Dauer wird seine Herrschaft sein, denn ein Tag bricht an, an dem der Himmel sich öffnen und Elias an der Spitze der himmlischen Heerscharen wider ihn zum Kampfe ausziehen wird. Der Antichrist wird unterliegen und in das Meer gestürzt werden. Darauf wird das Weltgericht seinen Anfang nehmen. (63)

Kriege und Notzeiten

Im Jahre 1817

Es hat bisweilen trübe Zeiten gegeben, in denen oft meilenweit kein Mensch sich satt zu Bette legen konnte. So war es auch anno siebzehn. Aber in diesem Jahre flog der Drache, wie alte Leute erzählen, und das war die tröstliche Vorbedeutung einer segensreichen Zukunft. Da gingen einst der Pfennigbauer und der Bäckermüller aus Siezenheim bei der Nacht von Salzburg nach Hause. Mit einem Male verbreitete sich eine Helle, sie schauten in die Höhe und sahen eine pudelförmige feurige Gestalt mit langem flammendem Schweife durch die Luft gegen den Untersberg fahren. Daselbst verschwand die Erscheinung mit Knallen und Krachen, als ob der ganze Berg in Trümmer stürzte. Vom nämlichen Schauspiele hörte man im benachbarten Bayern, wo man es ebenfalls beobachtet hatte. (64)

Die Erscheinung

Ein anderes Märchen tauchte 1854 auf, als das Volk durch die damaligen teuren Zeiten mit Kummer und Sorge erfüllt wurde. Hinab durch das Unterinntal bis hinaus in die bayerische Ebene und in die Gegend von Salzburg hörte man gar häufig erzählen: Irgendwo – wahrscheinlich im getreidereichen Bayerland – hat es sich begeben, daß man tief in der Nacht in einem Dorfe von einer nahen Dreschtenne her plötzlich alle Stämpfe in vollstem Gang hörte. Das war ein Poltern und Klappern, als ob alles Getreide von der ganzen Welt in aller Eile sollte ausgedroschen werden. Die Gendarmen wurden auf diesen Vorgang aufmerksam gemacht. Sie gingen an die Stelle hin, wie sie aber dort anlangten, wurde alles wieder ganz ruhig. Die Dreschtenne war gesperrt, keine lebende Seele war zu bemerken. Die Gendarmen gingen suchend und spähend um das Gebäude herum und guckten fleißig in jeden Winkel und durch jedes Ritzlein. Auf einmal wurde die Türe von innen geöffnet, ein großmächtiger Mann trat heraus und fragte die Gendarmen nach ihrem Begehren. Diese gaben erschrocken zur Antwort: Man habe da auf's anhäbigste dreschen gehört, sie wären gekommen, um nachzusehen; hier sei nun aber alles wieder in Ruhe – was denn das wohl bedeute? – Die große seltsame Gestalt erwiderte:

»Wir dreschen den Armen Brot,
Den Wucherern den Tod!«

Darauf war die Erscheinung verschwunden. (65)

Die weiße Frau nach der Schlacht bei Mühldorf

Im Schlosse zu Hohensalzburg zeigte sich zu verschiedenen Zeiten die weiße Frau. Das erste Mal war dies der Fall am Abende der Schlacht bei Mühldorf. Das Erzstift war treu zu Österreich gestanden und hatte die Blüte seines Adels in die Schlacht geschickt. Am Abende lagen an hundertfünfzig salzburgische Ritter und Edle tot auf der Wahlstadt. Da sahen denn viele auf Hohensalzburg die weiße Frau still und traurig durch die Zimmer, Hallen und Gänge schreiten. (66)

St. Leonhard und der Vogel Phönix

An der Nordwestseite der Umfassungsmauer von St. Leonhard war lange Zeit ein seltsames Bild aufgemalt zu sehen. Es stellte einen buntschillernden fremden Vogel dar, wohl einen Papagei, der auf einem »Kloben« (Fanggerät) saß, als könnte er nicht weiterfliegen.

In einem Lungauischen Volkslied heißt es darüber:

»Der Vogel Phönix ist auf dem Kloben gesessen
Und hat daselbst sein G'wändl vergessen.«

Der schwarze Tod (Federzeichnung von Daniel Lindmayer, 1592)

Der Sage nach soll dieses Bild eine Erinnerung an die schreckliche Zeit der Türken darstellen, die auf ihren Raubzügen bekanntlich weit muraufwärts gekommen sind. Vielleicht sind sie vor St. Leonhard gelegen und mit blutigen Köpfen von dieser Wehrkirche wiederum abgezogen. (67)

Die große Pest

Einst wütete im Salzburgischen eine große Pest. Die Gegenden wurden von Tag zu Tag öder und menschenleerer, und nur aus wenigen Häusern stieg blauer Rauch auf aus den Kaminen. Die meisten Wohnungen waren ausgestorben; die Leute, welche dem grausamen Verderben noch nicht zum Opfer gefallen waren, schlichen Gespenstern gleich umher, abgezehrt von Furcht und Herzeleid, zerfallen mit sich und der Welt.

Da hörte eines Tages ein katzgraues Männchen auf einem Baum einen Vogel, der also rief:

»Eßt's Kranawit und Bibernell,
Dann sterbt Ihr nicht so schnell!«

Der Alte teilte dies schnell den anderen mit, welche jetzt nichts anderes mehr aßen als Kranawitbeeren und Pimpernell. Von dem Augenblicke an war die Macht der Pest gebrochen, und kein Mensch starb mehr an derselben. (68)

Der Geist bei Hofgastein

Vor vielen Jahren ward auch die Gastein von der Pest arg heimgesucht. Zu Hunderten starben die Leute dahin, ohne daß ein Doktor imstande gewesen wäre, zu helfen. Da vernahmen eines Tages – die Not hatte schon keine Grenzen mehr, die Verzweiflung den Höhepunkt erreicht – einige der von der schrecklichen Krankheit verschont Gebliebenen die Stimme des Geistes bei Hofgastein:

«Eßt Biganell
Sterbt's nit so schnell!
Eßt Baldrian,
Kommt's all davon!«

Die diese Worte hörten, verbreiteten sie sogleich im Tale; man suchte eifrigst nach den Wurzeln der genannten Pflanzen und siehe da, die wenigen, welche noch übrig geblieben waren und davon genossen, wurden dadurch vom Tode befreit. (69)

Die »Maultaschlin«

Von der Tiroler Herzogin Margarethe Maultasch, im Volke kurzhin die »Maultaschlin« genannt, wird im Lungau manche Sage erzählt. Sie tritt in den alten Berichten als gewaltige Kriegsheldin auf, die alles, was sich ihr nicht unterwarf, vernichtete und zerstörte. So wird erzählt, daß sie mit ihren Kriegsscharen in den Lungau eingedrungen sei und dort arg gehaust habe. Sämtliche Burgen und Schlösser habe sie belagert und die meisten davon zerstört. Wenn man irgendeine alte zerfallene Burg erblickt, so

St. Leonhard im Lungau, um 1835/40

heißt es: »Das hat die Maultaschlin getan.« Von Kärnten aus drang sie der Sage nach mit ihren Kriegsscharen, der alten Römerstraße folgend, von der Höhe des Aineck herab in den Lungau ein, zerstörte die am Fuße dieses Berges gelegene Burg Aineck und wandte sich dann, dem Murflusse folgend, talaufwärts vor die am Eingange der Täler Mur und Zederhaus gelegene Burg Oberweißburg, die sie ebenfalls dem Erdboden gleichmachte. Dann zog sie nach Moosham und Mauterndorf. Diese Burgen soll sie ebenfalls belagert haben, doch von ihnen, da sie diese nicht einzunehmen imstande war, wieder abgezogen sein. Auch kam es bei den sogenannten »Drei Kreuzen«, die auf einem Hügel bei Steindorf, eine halbe Stunde von Mauterndorf entfernt stehen, zwischen ihr und ihren Gegnern zu einem Treffen, das für die Maultasch siegreich ausfiel. Nachdem sie auch das nahegelegene Schloß Pichl zerstört hatte, stand ihr der Weg nach Osten gegen Steiermark hin offen. Sie zog nun mit ihren Kriegern vor die am Eingange des Lessachtales gelegene Burg Thurnschall, welche sie ebenfalls in einen

Schutthaufen verwandelte. Beim Verlassen des Lessachtales stellten sich ihr die tapferen Wöltinger entgegen, welche der Maultasch eine Schlappe beibrachten, so daß sie eiligst über Tamsweg gegen Seethal abzog. Auf dem Wege dorthin stürmte sie die Burg Schloßberg, die ihr ebenfalls zum Opfer fiel. Hier aber soll sie vom Tod ereilt worden sein und auf einem Hügel neben der Straße in der Nähe der Ruine Schloßberg begraben liegen. Die tapferen Wöltinger aber erhielten von ihrem Landesherrn für die Besiegung der Maultasch das Privilegium, bei allen Aufzügen den Samson als Symbol der Stärke und Tapferkeit mitführen zu dürfen. (70)

*

Auf einem ihrer abenteuerlichen Züge kam Margarethe auch über den Tauern nach Radstadt und verlangte Einlaß in dasselbe, sowie Proviant für ihre Scharen. Die Bürger verweigerten ihr indes beides, und sie mußte unverrichteterdinge wieder abziehen. Der Ort am Burgerberge, wo sie mit ihren Söldnern lagerte, hat noch heute den Namen die »Taschen«. Ehe sie abzog, nahm sie einigermaßen Rache für das widerspenstige Benehmen der Radstädter Bürgerschaft und ließ die Häuser vor dem oberen Tore, welche gleichsam als Vorstadt galten, in Brand stecken. (71)

Von Zauberern und Leuten, die mehr können

Der Zauberer-Jackl

Der berüchtigste Hexenmeister Salzburgs im 17. Jahrhundert war der Zauberer-Jackl. Er war ein sehr geheimnisvoller Mensch, der überall und nirgends sich aufhielt und von dem man nicht wußte, wohin er ging und woher er kam. Durch seine Zauberkünste war er überall bekannt und genannt, und es wurde von ihm im Volke gar wunderliches Zeug erzählt. Viele wollten des öfteren gesehen haben, daß er aus einem Scheite Späne schnitt, die sich sofort in Mäuse verwandelten, weshalb ihm der Name »Mäusemacher« beigelegt wurde. Auch verstand er eine Salbe zu bereiten, deren Gebrauch ihn auf 24 Stunden in einen Wolf verwandelte. Er hatte auch mit den anderen Zauberern und Hexen des Landes einen Bund geschlossen, der alle unter seiner Führung vereinigte. Die Aufnahme in diesen Bund geschah hauptsächlich bei den nächtlichen Zusammenkünften der Zauberer und Hexen auf dem Speiereck, wo Hexentänze und andere teuflische Lustbarkeiten abgehalten wurden. Sie geschah durch den »Gangerl« unter Beistand eines »Stiefgöthen« (Teufel, Kasperl, Jaggl usw.) in Form einer Taufe, bei welcher demjenigen, welcher in den Zauber- oder Hexenbund aufgenommen wurde, die alte Taufe vom »Hirn« weggerieben (»abgeripelt«, abgekratzt) wurde, wobei er auch einen Namen, meist von Tieren, als: »Kräratz«, »Hirschenhorn«, »Kröte«, »Hasenfuß« usw. erhielt. Besonders hatte es der Jackl auf die jungen Leute – Hirtenbuben usw. – abgesehen, die er seine Zauberkünste lehrte. Im Jahre 1678 sollen in Salzburg nicht weniger als 114 Zauberleute von 11 bis 20 Jahren, meist Anhänger des Jackl, hingerichtet worden sein.

Als der Zauberer-Jackl aber eines Tages auf dem Wege von Tamsweg einem hochwürdigen Kapuzinerpater begegnete und diesen fragte, wie man die himmlische Glückseligkeit erlangen könne, da redete der fromme Pater ihm so fest ins Gewissen, daß er, von innerer Reue erfaßt, sich selbst als Zauberer dem Pfleger von Moosham überlieferte und später als solcher auch hingerichtet wurde. (72)

Der Mäusemacher

Der Zauberer-Jackl hatte es besonders auf die jungen Leute abgesehen, die er seine Künste lehrte. Ein also unterrichteter Knabe saß einmal nahe dem Wege, der nach Moosham führte. Er hielt ein Stäbchen in den Händen und schnitt davon Späne ab, von denen sich jeder in ein kleines Mäuschen verwandelte. Da kam der Gerichtsscherge des nahen Pflegegerichts zu Moosham unversehens des Weges und sah dem sonderbaren Treiben des Knaben zu. Als dieser des Schergen ansichtig wurde, erschrak er und wollte eilends entfliehen. Doch der Gerichtsscherge hielt den Knaben an und befragte ihn nach seinem seltsamen Tun, das er vorhin bei ihm beobachtet hatte. Der Knabe versuchte anfangs zu leugnen, aber durch das scharfe Auftreten des Gerichtsboten eingeschüchtert, erwiderte er voll Angst: »Ich kann nichts, aber die andern können viel, sie sind meine Lehrmeister.« Und er nannte all die Zauberer, so den Zauberer-Jackl, die vier Wölfe, die Staudinger-Hexe und viele andere. Der Knabe erzählte auch von der von den Zauberern zubereiteten Salbe, welche sie auf 24 Stunden in Wölfe verwandeln könne. Auch ihn hätten die Wölfe einst mit einer Hexensalbe bestrichen, wodurch er in einen Wolf umgewandelt wurde; als solcher habe er einmal Jagd auf Pferdefüllen gemacht, und da habe ihm eines mit dem Hinterfuße das Kinn entzweigeschlagen; davon rühre die an ihm sichtbare Hasenscharte her, sie sei das untrügliche Kennzeichen aller Zauberer und Hexen.

Auf die Aussage des Knaben hin wurden alle der Zauberei verdächtigen Personen eingefangen und nach Moosham geliefert, um nach einem schrecklichen Hexenprozesse auf dem Passeggen hingerichtet zu werden. (73)

Der Zauberer-Jackl und die Bäuerinnen

Es war im Sommer in der Mahdzeit, als die Fanningberger Bauern in den unterhalb des Moserkopfes (nördlich von Mauterndorf) gelegenen Langwiesen (Berg- und Almwiesen) mit Mähen und Heuen beschäftigt waren. Dorthin pflegen auch heute noch die Fanningberger Bäuerinnen ihren Leuten das Mittagessen zu tragen. – Um eine solche Zeit ging der Zauberer-Jackl einmal auf den Fannigberg hinauf. Da begegnete ihm eine Bäuerin mit Essen. Der Jackl rief sie an und sagte: »Geh, hast nit an Biss'n übrig für mi, i wa voll Hunga!« – »A, waschta nit, i hab nix für di, dos Ess'n g'hecht (gehört) en Leut'n in da Wies'n drob'n!« sagte die Bäuerin und ging weiter. Nicht lange darnach kam eine zweite Bäuerin daher, und der Jackl wiederholte seine Bitte. Die Bäuerin langte darauf in den Eßkorb hinein und sagte: »No, da hast a poa Krapf'n, mehr kann i da nit geb'n, sist homb die Leut z'weaning.« Der Jackl bedankte sich dafür, und die Bäuerin ging wieder weiter. Der zweiten Bäuerin folgte eine dritte nach. Wie diese des Jackls ansichtig wurde, rief sie ihm zu: »Jo, da Jackl ist a do! Geah mit, kannst mit ins ess'n!« Dies ließ sich der Jackl nicht zweimal sagen und ging mit. Droben auf der Wiese breitete die Bäuerin auf dem Boden ein Tuch aus und stellte das Essen darauf. Die Mahdleute setzten sich in der Runde herum und der Jackl mit. Nach dem Essen sagte der Jackl zu den Leuten: »So, teats amol a bißl Heudöhn [schlummern] hiatz.« Die Leute legten sich daraufhin seitwärts ins Gras und hielten ein Schlummerstündchen. Unterdessen nahm der Jackl ein paar Stäbchen in die Hand und schlug damit vor sich auf den Boden ins Heu, daß die Heubüschl nur so herumflogen. Und merkwürdig! Alles Heu flog in die Heuschupfe hinein. Als das ganze Heu wohlgeborgen in der Schupfe lag, ging der Jackl zum naheliegenden Bächlein hinüber und machte sich dort zu schaffen. Gleich darauf fing es an zu regnen. Sobald die Leute den Regen spürten, wurden sie wach, und da sahen sie mit Staunen, daß die ganze Wiese schon geheut war und das Heu sich wohlgeborgen in der Schupfe befand. In den Nachbarwiesen aber hatten sie noch das meiste zum Heuen als der Regen kam. So hat sich der Jackl fürs Essen bedankt. (74)

Schloß Werfen

Die Wetterglocken

Der berühmte »Zabera Jaggl« soll sich oft bitter beklagt haben über die Hindernisse, welche ihm einige Glocken, die sogenannten Wetterglocken, bereiteten, wenn er mit einem Wetter im Anzug war. »Wenn ich mit dem Wetter durch den Paß Lueg fahren will«, soll er gesagt haben, »so läßt mich der Werfner Schloßhund (die große Schloßglocke in der Festung Werfen, die in früherer Zeit bei drohendem Ungewitter geläutet worden sein soll, was aber dann auf Bitten der Abtenauer unterblieb, da sonst alle Ungewitter über Abtenau gefahren wären) oft nicht vorbei; ich muß dann draußen bleiben oder über die Abtenau fahren. Schläft aber der Schloßhund und komme ich dort glücklich vorbei und fahr' ich dann durch die Fritz (Tal und Bach zwischen Dorfwerfen und Bischofshofen rechts in die Salzach mündend), so kommt mir schon bei der Höllbrücke der große Altenmarkter Hund (große Kirchenglocke) entgegen und läßt mich nicht über die Kreisten (steile Böschung der Wasserscheide zwischen Enns und Fritz gegen letztere hin bei Stat. Eben) hinauf, ja oft nicht einmal in die Oberfritz (Fritztal von der Höllbrücke aufwärts gegen Filzmoos) hinein. Will ich dann ausweichen und übern Gasthofberg nach St. Martin fahren, dann geht's erst recht los; mit dem Gasthofhund (große Hausglocke) fangen alle kleinen Gasthofberghündlein (kleine Hausglocken) zu belfern an, und ich muß meinen Zorn auf den Höllberg auslassen, oder ich muß zurück und übers Brunnhäusl (Gasthaus an der Mündung des Baches von St. Martin in die Fritz) nach St. Martin hinein. Schlüpfe ich aber bei der Höllbrücke glücklich durch und fahre ich durch die Oberfritz gegen Filzmoos, so kommen mir gleich die kleinen Filzmooser-Bellerl (zwei kleine Glocken auf dem Kirchturm zu Filzmoos; bis sie bei Gelegenheit der Anschaffung eines neuen Kirchengeläuts als Wetterglocken von zwei Bauern angekauft wurden) entgegen und lassen mich nicht weiter fahren. Was will ich tun? In den Neuberg hinein lassen mich die Neuberger »Schepperl« (kleine Hausglocken im Neuberg, dem obersten Fritztale) nicht, zum Rückzug bin ich zu müde, und in der Fritz lassen mich die »Bauernbelferl« (kleine Hausglocken in der Oberfritz) nicht einmal niedersitzen auf den »bockstickeln« Leiten. Das »Burenhelferl« (Hausglocke des »Buren«, eines Bauern an der Grenze zwischen Altenmarkt und Filzmoos) ist da gar ein arges. Ich muß also todmüde noch auf die Berge hinaufsteigen und über die Gsengplatte oder über den Roßbrand oder, wenn's gut geht, über den Wurmeck (niedriger aber breiter Bergrücken zwischen Fritz und Wandling in Filzmoos) hinfahren und dort an unschuldigen Weiden und Wäldern meinen Zorn auslassen und an Forst und Vieh mich rächen, bis ich endlich am Dachstein mich niederlassen und ausruhen kann.« (75)

Die vier Wölfe

So hießen die vier Brüder, von denen die Sage erzählt, daß sie einst in Moosheim (Lungau) viel Unheil angerichtet haben sollen. Jeder derselben hatte seinen Spitznamen. Den einen hieß man den »Börger«, weil er am liebsten in den Bergen sein Umwesen trieb und höchst selten herab ins Tal kam; den andern den »grindraudigen Thoma«, weil er mit einem bösartigen Aussatze behaftet war; den dritten ob seiner schmucken und stattlichen Gestalt den »Schönmayr«, den vierten endlich, der sich durch besondere Beleibtheit auszeichnete, die »Stocknudel«. Alle vier waren überaus verwegene Wildschützen und brachten den größten Teil ihres Lebens im Wildbanne zu. Um sich vor Verfolgung zu sichern, streuten sie im Volke aus, daß sie Zauberer seien und über den Teufel selbst Macht hätten. Da sie es endlich gar zu arg trieben, wurde einmal von Moosheim aus eine allgemeine Jagd nach ihnen gemacht. Der Vicedom von Moosheim stellte sich an die Spitze der großen Jagdgesellschaft. Da man wußte, daß die vier Brüder eine Salbe besäßen, die sie, wenn sie sich damit bestrichen, in Wölfe verwandelte, und davon auch häufig Gebrauch machten, so wartete man einen Zeitpunkt ab, wo dies der Fall war. Als man davon Anzeige erhielt, setzte sich der Jagdzug in Bewegung. Der Berg wurde mit Treibern umstellt und in immer engeren Kreisen gegen die Höhe getrieben, woselbst der gestrenge Herr Vicedom mit den anderen Schützen, den Hahn der Büchse gespannt, der vier Brüder harrten. Enger und enger zog sich die Kette der Treiber zusammen, näher und näher kamen die vier Wölfe dem Schußbereiche der Jäger, so daß sie sich schon verloren glaubten; da, im Momente äußerster Not, schlossen sie rasch einen Pakt mit dem Teufel, der sie flugs in vier Baumstrünke verwandelte. Kein Mensch ahnte in den vier Baumklötzen die gesuchten Brüder. Der Herr Vicedom, der die Treibjagd noch nicht so nahe wähnte, machte sich's oben – es war just Mittag – bequem, legte die Kugelbüchse beiseite, nahm eine Rolle Tabak und schnitt ihn auf jenem Baumstrunk, in welchem der »Börger« steckte. Der wollte vor Angst fast vergehen: denn, »wenn der Gnädige« – so gab er in seinem peinlichen Verhöre später an – »den Tabak mit einem Messer geschnitten hätte, auf dessen Klinge das Kreuzeszeichen eingegraben war, so konnte die teuflische Verblendung nicht bestehen.« Aber es ging für diesmal gut ab, die Wölfe kamen glücklich davon und krochen später wieder in ihre Leiber.

Bald darauf wurden aber alle vier an der Sandbrücke gefangen und als Zauberer ungefähr um die Mitte des vorigen Jahrhunderts auf dem Passeggen hingerichtet. (76)

Der Hennabua

Ein ganz arger Zauberer war auch der »Hennabua«. Der konnte sich in die verschiedensten Tiere, Gegenstände usw. verwandeln. So konnte man nie wissen, mit wem man es zu tun habe. Den Namen »Hennabua« erhielt er durch folgende Begebenheit:

Es war ein ungemein strenger Winter. Der Schnee lag mannshoch. Der »Hennabua« saß als unbekannter Hüterbub mitten unter Raurisern in einem Wirtshaus. Man redete von dem und jenem, und da kam die Rede auf die Ausdauer beim Gehen. Der Fremde sagte: »Heut hätt's grad recht viel Schnee zum Bucheben gehn. I wett, daß ich, wann i neban an Weg geh, eher nach Bucheben kimm als oana von enk, der nachn Weg geht.« Es kam nun zu einer Wette. Der Fremde watete im tiefen Schnee, der Rauriser ging dem Weg nach. Als er »zaunmüad« nach Bucheben kam, war der Fremde schon dort. Als man aber Nachschau hielt, wo der Fremde eigentlich ging, sah man im tiefen Schnee nur die Spur von Hühnerfüßen. In Wirklichkeit waren es aber Teufelskrallen. Oft wurde der »Hennabua« von Gendarmen verfolgt, aber nie konnte man ihn »dawischen« (erwischen). Er verwandelte sich das eine Mal in eine Torsäule, ein andermal in eine Wagendeichsel, dann wieder in eine Maus, in einen Mühlkübel usw. und hielt so seine Verfolger zum Narren. (77)

Der Hennabua entführt ein Roß

Der Lengtalbauer zu Goldegg hörte, daß der Hennabua wieder ins Land gekommen, und da er fürchtete, dieser könnte ihm leicht sein Roß stehlen, so nahm er sich vor, es fest einzuspengen (festbinden mit einer Spange, Querholz). Gerade als er damit beschäftigt war, kommt der Hennabua und fragt ihn, was er da tue. »Der Hennabua is wieder im Land und kunnt ma leicht mei Roß stehlen«, erwiderte der Bauer. »Gut! Wegen dem Einspengen! Da stehl ich dir leicht eins«, meinte der Hennabua, den der Bauer nicht erkannte. »Er kunnt ja net! Was muaßt er denn da toa!« rief der Bauer. »So tat i«, sagt der Hennabua, und kroch zwischen den Spengen hinein, ließ das Roß vom Barren ab, nahm einen Schopf Heu, wendete das Pferd, dabei stets wiederholend: »so tat i«, und kroch wieder unter den Spengen mit den Worten: »so tat i«, heraus; da duckte sich schon das Pferd und schob sich auch unter den Spengen durch; kaum hatte es sich aufgerichtet, schwang sich der Fremde auf den Rücken desselben und rief davonsprengend: »Kennst iatza den Hennabuam?« (78)

Die Verwandlung

Der Hennabua, der sich dem Teufel verschrieben hatte, war ein großer Zauberer. Eines Tages kam er zu der Schönrain-Bäuerin (zu Schwarzach) und bat, sie möchte ihm »a Muas« kochen. Die Bäuerin, welche ihn kannte, schickte unterdessen nach den Gendarmen und ließ sagen, daß der von ihnen gesuchte Hennabua bei ihr sei. Er hatte soeben zu essen begonnen, als er die Gendarmen kommen sah; nun schüttete er rasch das Muas in sein kleines Hütchen, eilte über die Treppe in das Unterdach und verwandelte sich dort in eine Wagendeichsel. Vergebens suchten die anderen den ganzen Raum durch, der Hennabua war nirgends zu finden, und sie verließen ärgerlich das Haus. Kaum waren sie fort, erschien der Hennabua wieder auf der Treppe, stieg herab und sagte: »Bald hätten mir die Toifeln 's Muas ausg'schütt, so haben's mi hin und her draht (gedreht) und g'schüttelt.« (79)

Der Rester

Der gefürchtetste Zauberer war der Rester, der wie kein zweiter das »Verticken« (verzaubern) verstand. Die Kühe zu verticken, daß sie keine Milch mehr gaben, den Leuten den »Gsund« zu nehmen, den Tieren den »Krank« zu wünschen u. a. m. waren für ihn nur Kleinigkeiten. Ein Roßknecht, der mit dem Saumschimmel heimfuhr, begegnete dem Rester, als er gerade auf einem Schlitten einen Sack Getreide zog. »Leg ma mein Sack auf«, bat der Rester. »Han eh scho zviel aufglegt, da Buga schwitzt eh scho.« – »Is's a grecht«, gab der Rester zur Antwort und zog seinen Schlitten voran, aber so schnell, daß er lang vor dem Roßknecht in Landsteg ankam. Er ging dem Roßknecht ein kurzes Stück entgegen, strich dem Roß mit der Hand über den Rücken und sagte: »A schöns Rossei hast da, richtig a schöns Rossei.« Und verschwunden war er. Gleich darauf spreizte der Schimmel die Beine, begann fürchterlich zu schnaufen und fiel tot zu Boden. Der Rester hatte das Roß »vertickt«. (80)

*

Der Beinbruchdoktor Reinacher von St. Johann hatte eine Alm in Großarl. Der Hirt davon, der gern etwas wilderte, saß einmal auf einem Schrofen und spähte nach Gemsen. Da sah er einen Mann gegen das Kar zu gehen, wo die Kälber der Alm grasten, und wie er einem Kalb mit der Hand über den Rücken fuhr. Im selben Augenblick hält das Kalb den Kopf empor, spreizt die Beine und steckt die Zunge heraus, der fremde Mann zieht sein Messer und schneidet ihm die Zunge ab. Der Hirt springt, so rasch er konnte, ins Kar herab und findet, daß es der gefürchtete Rester war. Er droht ihm, es dem Bauern zu sagen, und sucht nach dem Kalbe, das aber spurlos verschwunden war. »Wenn du etwas sagst«, erwiderte der Rester, »wirst du deine Gesundheit verlieren.« Der Hirt gestand es aber im Herbst seinem Herrn, da begann er zu kränkeln und starb bald darauf. Der Rester hatte ihn vertickt. (81)

Der Rester-Lotter ist einmal zur Filzenalm betteln gekommen. Die Sennin gab ihm nur ganz wenig, so daß er darüber ärgerlich war. Als er wegging und beim Schweinestall vorüber kam, nieste er gegen diesen hin, was der Halter-Lois deutlich gesehen hat. Am nächsten Morgen waren drei »Jungschweine« (Ferkel) tot, sie waren vertickt. Der Halter-Lois nahm einen eisernen Türriegel, machte ihn glühend und fuhr damit der Sau über den Rücken. Diese blieb ganz unbeschädigt, aber als der Rester wieder an der Hütte vorbei ging, da sah man, daß sein Gesicht »voller Pletzen« (Schorfen, Flecken) war. (82)

Fließendes Wasser löst Zauber

Beim Judenhof zu Goldegg hatten sich Zigeuner gelagert; unter ihnen war ein junges hübsches Weib. Der Werfer (einer der Knechte) »tratzte« (neckte) sie, die anderen warnten ihn und sagten: »Die tut dir etwas an, und du mußt ihr nachlaufen.« – »Oho, i werd doch der Narrin net nachlaufen«, meinte der Knecht. Dies war um die Zeit der Vormahd (Sonnwendzeit), und sie begannen zu mähen. Der Werfer mähte bis neun Uhr, dann sagte er zu den anderen: »Pfüat Gott, i muaß richti der Narrin nachlaufen«, ging heim und zog seine Sonntagskleider an. Da bat die Bäuerin, er möge ihr noch einen Dienst erweisen, nämlich auf die Wiese hinter dem Hause zu gehen, aber nicht über das Brückchen, sondern durch den Wassergraben zu waten. Er tat es, und als er drüben stand, dachte er, es würden ihn doch alle auslachen, wenn er der Zigeunerin nachliefe, und kehrte zu seiner Arbeit zurück.

Das fließende Wasser hatte den Zauber gelöst. (83)

Der Zauberspiegel

Alljährlich kam einer nach Edwein und hat ein hölzernes Trögl unter den Röhrbrunnen gesetzt und hat dann den Sand, der mit dem Wasser hineinlief, mitgenommen, denn da war Gold darin. Ein Bauer sah das öfter und dachte, das kann ich auch tun; mit dem goldhaltigen Sande ging er dann nach Salzburg. Da ruft ihm aus einem der Fenster ein Mann zu, er solle zu ihm heraufkommen. Als er oben war, sagte er zum Bauern: »Du, meinen Sand nimmst mir nimmer heraus, sonst erschieß ich dich.« Dann ließ er ihn in einen Spiegel schauen, da drinnen erblickte der Bauer seine Alm, seine Kühe und den Hüter. Dann sagte der Mann: »Jetzt erschieß ich deine Glockenkuh, damit du siehst, daß ich auch dich erschießen kann«, und schoß mit der Pistole nach dem Spiegel. Als der Bauer heimkam, hörte er, daß zur selben Stunde, als jener geschossen, seine Kuh »ag'walkt« (abgestürzt) war. (84)

Beim Schinderhannes

Der Jörgbauer in Rauris erzählt: »Mein'm Ahnl ist das Vieh zweimal vertickt (verzaubert) worden. Einmal kam der Hirt von der Alm und sagte: »Ich kann mir nimmermehr helfen, die Kühe grasen nicht mehr, aber wenn sie einen dürren Zaunstecken erwischen, dann kauen sie daran. Milch geben sie auch keine mehr.« Darauf ging mein Ahnl nach Zell am See zum Schinderhannes, der stellt ein Glas mit Wasser vor ihn und ließ mein Ahnl hineinschauen. Da sah er nur sein Haus und seinen Hof daheim, und über dem First des Daches ging ein Weibsbild, das aus einem »Sechterl« (kleines Holzgefäß) Wasser auf den Hof goß. Er kannte nun die Hexe, welche die Kühe vertickt hatte.« (85)

Der gebannte Dieb

Mein Urahnl«, erzählt Rubert Leiner, der Jörgbauer aus Rauris, »hat einstmals drei Säcke Weizen auf das oberste Weizenfeld zum Säen getragen. Nachdem er zwei Säcke voll ausgesät hatte, war es Abend geworden, und er ließ den dritten gefüllt auf dem Felde stehen. Der Knecht aber meinte: ›Wollen wir ihn nicht hinabtragen, daß ihn niemand stiehlt?‹ Der Urahn aber sagte: ›Es ist himmelschönes Wetter, laß ihn liegen, es stiehlt ihn niemand.‹ Als dann anderen Tags früh der Knecht hinauf kam, fand er einen

Zell am See (Anton Palzer, 1804)

Mann auf dem Felde, der den Sack Weizen auf dem Rücken hatte. Schnell sprang der Knecht zum Bauern hinab und sagte: ›Bauer, komm rasch, oben steht einer, der hat deinen Weizen auf dem Rücken.‹ – ›Nun muß ich wohl »gach« (jäh, sofort) hinauf‹, erwiderte der Bauer und stieg hinan. Auf dem Felde aber sagte er zu dem Diebe: ›Gib den Sack nun herab, du weißt jetzt, daß du nicht wiederkommen darfst.‹ Der Bauer hatte ihn »anbannt« (angebannt).« (86)

Die gebannten Gemsen

Ein Bauer ging mit seinen drei Buben über den Tauern. Bei der Fraganter Scharten sahen sie drei Gemsen. »Du«, sagten die Buben, »wenn wir doch drang (dicht) dabei wären.« – »Na«, meinte der Bauer, »weil ihr schon so fürwitzig (neugierig) seid, so gehen wir halt hin.« Die Gemsen blieben »bockstarr« stehen, so daß die Buben ihnen mit der Hand über den Rücken streichen konnten, denn der Bauer hatte sie gebannt. Nachdem die Buben sie genug besehen, hat der Bauer den Bann gelöst, und die Gemsen gingen langsam davon. (87)

Radzauber

In Zell am See konnte mitten im Markt ein Vierspänner nicht mehr vom Fleck fahren. Die Pferde legten sich mit aller Kraft in die Stränge – umsonst. Da wurde der Fuhrmann zornig und schlug bei einem Rad eine Speiche ab. Leicht zogen die Pferde nun den Wagen weiter. Zur gleichen Zeit aber wurde in Rauris einem Bauern das Schienbein abgeschlagen. Er war es, der den Vierspänner bannte. (88)

Der g'fahnte Schüler

In den Balkankriegen des vergangenen Jahrhunderts kämpften auch Lungauer Bauernsöhne unter Österreichs Fahnen, unter ihnen ein Urban-Sohn von Neggerndorf und ein Greiln-Sohn vom Mitterberg. Da kam eines Tages die Kunde, daß sämtliche Lungauer verschollen seien. Ungefähr nach Jahresfrist kam der Greiln-Sohn jedoch ganz unerwartet nach Hause. Die Freude seiner Eltern war groß, doch das Benehmen des Heimgekehrten war sehr merkwürdig. Er kannte sich nirgends im elterlichen Besitz aus und fand auch in der Umgebung weder Weg noch Steg, so daß bei allen allgemach der Verdacht aufstieg, daß er nicht derjenige sei, für den er sich ausgab. Diesen Verdacht schien auch der vermeintliche Greiln-Sohn bemerkt zu haben, denn eines Tages war er spurlos

Das gebannte Pferdefuhrwerk (J. Nypoort, 2. Hälfte des 17. Jahrhunderts)

verschwunden. Es hieß, er sei einer von den »g'fahnten Schülern« gewesen, den nun der Teufel geholt habe. »G'fahnte Schüler« wurden Menschen genannt, welche mit dem Teufel einen Bund geschlossen hatten, damit er ihnen die Schätze der Welt offenbare, wofür sie ihm ihre Seele verschrieben. (89)

Theophrastus Paracelsus und Doktor Faust

Theophrasts Herkunft

Theophrastus Paracelsus wird in der Sage als ein Kind sündhafter Liebe bezeichnet. Sein Vater soll ein vornehmer Edelmann, seine Mutter eine arme, aber ungemein liebenswürdige Schweizerin gewesen sein.

In der Zeit, da sie ihn unter ihrem Herzen trug, hatte sie über die Gebühr viel zu leiden. Wenn sie mit Leuten im Gespräche beisammen stand, so fing das Kind in ihrem Leibe laut zu schreien an und gab keine Ruhe, bis sie nach Hause ging. Als endlich die Stunde der Geburt herangekommen war, mußte man das Leben der Mutter opfern, um das des Kindes zu retten. (90)

Der verdächtige Theophrastus

Unter allen Alchimisten und Goldmachern ist einer von den berühmtesten gewesen, Philippus Theophrastus Bombast von Hohenheim, Paracelsus genannt, ein geborner Edelmann aus der Schweiz, dessen Vater aber hernach in dem Herzogtum Karten sich häuslich niedergelassen. Dieser Mann ist zwar ein berühmter Philosoph, D. Medicinae und vortrefflicher Alchimist gewesen, aber er wird nicht ohne Ursach von vielen zum höchsten getadelt und eines gottlosen Wandels, wo nicht gar der Zauberei verdächtig gehalten.

Wie aber des Paracelsi Werke beschaffen, wie sie fast das gemeine natürliche Vermögen übertreffen und der lästernden Zungen Gebissenheit übersteigen, das gibt seine Grabschrift, so ihm von dem durchl. und hochwürd. Bischof, Fürsten von Salzburg, zum Zeugnis seiner guten Verdienste gegeben worden, genugsam, es sei der Mißgunst lieb oder leid, an den Tag. Selbige lautet auf deutsch also:

Grabschrift Paracelsi, welche man zu Salzburg im Spital zu St. Sebastian an der Kirchenmauer aufgerichtet und in Stein gehauen sieht:

Hier liegt begraben Philippus Theophrastus, der fürtreffliche Doktor in der Arznei, welcher die harten Wunden, den Aussatz, das Podagra, die Wassersucht und andere unheilbare Leibesseuchen mit verwunderlicher Kunst vertrieben und seine Güter den Armen vermacht und ausgeteilet. Im Jahr 1541, den 24. Tag des Herbstmonats [September] hat er das Leben mit dem Tod verwechselt.

Es ist zwar ein köstlich Ding um eine solche Grabschrift, wenn das geführte Leben des Verstorbenen damit übereinstimmet. Man kann aber dergleichen Zeugnis nicht für unfehlbar annehmen, denn mancher steht mit güldenen Buchstaben aufs allerprächtigste bei einem Grabmal angeschrieben und doch hergegen bei Gott im schwarzen Register der verdammten Übeltäter. Helmontius rechtfertige sich vor selbsten, ehe er die gestrittene [bestrittene] Aufrichtigkeit eines andern versichere.

Vielleicht hat Gott dem Theophrasto die Gnade verliehen, daß er sich noch vor seinem Ende bekehret und rechtschaffene Früchte getan, dahero man ihm etwan nach seinem Tode die Grabschrift setzen lassen. So nun diesem gleich also wäre, kann doch sein böses Leben darum nicht lobenswert sein. Helmont mag von ihm halten, was er wolle, so wird er dennoch mich nimmer bereden, so daß seine schwarzen Rabenfedern weiß sein.

Wo findet man mehr abergläubische Possen als eben in des Paracelsi Schriften? In seinem Buch von der geheimen Philosophie. Die Krankheiten könne man durch Charaktere heilen, welche durch den Goldtrunk, nach Quintessenz vom Spießglas zu kurieren. Scheuet er sich doch nicht, ausdrücklich zu setzen: Man soll eine Hand, Fuß oder ander Glied, das bresthaft ist und schmerzet, gleich bilden oder auch ein Bildnis des gesamten Leibes formieren und hernach selbiges Bildnis pflastern und salben, nicht den Patienten selbsten. Imgleichen da der Mensch durch Zauberei die Sprache, Gehör oder seine männliche Kraft verloren, müsse man des ganzen Menschen Ebenbild von Wachs machen, mit starkem Glauben und tiefer Einbildung, und selbiges Wachsbild gebührlichermaßen kurieren. Welches ja die rechte Weise und Gewohnheit der alten Zaubervetteln ist. (91)

Theophrastus und der Kaiser

In schwerer Krankheit lag der Kaiser einst darnieder. Keiner von allen den Ärzten, die an sein Lager berufen worden waren, hatte ihm Hilfe gebracht. Da dachte man schließlich noch an Theophrastus Paracelsus, den berühmten Wunderdoktor von Salzburg, und beschied ihn zum Monarchen.

Theophrastus folgte sogleich dem Rufe. Da er nun in die Vorzimmer des Kaisers kam, wollten ihn die Hofdiener nicht zu dem hohen Kranken lassen, weil sein Rock allzu ärmlich war. Sie brachten daher einen neuen, kostbaren Talar und zogen ihm diesen aus. Hierauf erst geleiteten sie ihn zum Kaiser. Theophrastus blieb vor dem Lager desselben stehen, ohne ein Wort zu sprechen; auch der Kaiser schwieg. Dies Schweigen währte geraume Zeit. Endlich hub der Fürst klagend an: »Was habt Ihr mir da für einen Arzt gebracht? Er spricht ja kein Wort und tut gar nichts, mein Leiden zu lindern.« Theophrastus aber sagte hierauf: »Ich habe gemeint, dies müsse der neue Talar tun, da deine Diener glaubten, meine Kunst müsse mit meinem alten Rock, den sie mir gegen diesen ausgetauscht, Schaden gelitten haben!« (92)

Theophrastus und der Teufel

Da Theophrastus noch in Innsbruck studierte, ging er häufig hinaus spazieren in des Waldes Einsamkeit. So tat er es auch an eines Sonntags Morgen. Kaum im Walde angelangt, hörte er plötzlich seinen Namen nennen, ohne aber jemanden zu sehen, wiewohl die Stimme aus der nächsten Nähe zu kommen schien.

»Wer ruft nach mir?« – »Ich!« antwortete es. »Erlöse mich aus dieser Tanne, in welcher ich eingeschlossen bin.«

»Wer ist der Ich?«

»Man nennt mich mit Unrecht den Bösen«, entgegnete die Stimme, »wie du dich überzeugen kannst, wenn du mich befreist.«

Theophrastus Bombastus von Hohenheim, genannt Paracelcus (A. Hirschvogel, 1540)

»Wie kann ich das?«

»Schau nur rechts an der alten Tanne hinauf, so wirst du ein rundes Zäpflein mit drei Kreuzen gewahren, hinter welches mich ein Geisterbanner eingezwängt hat. Ich kann es von innen nicht herausstoßen.«

»Was soll mein Lohn sein, wenn ich dich befreie?«

»Was verlangst du?«

»Fürs erste eine Arznei, mit der ich jede Krankheit zu heilen vermag; fürs zweite eine Tinktur, mit der ich alles in Gold zu verwandeln imstande bin, was immer ich will.«

»Beides sollst du haben!«

»Wer steht mir aber dafür, daß du Wort hältst?«

»Ich, so wahr ich der Teufel bin!«

»Gut denn! Ich will dich befreien, wenn ich das Zäpflein herausziehen kann.«

Darauf nahm Theophrastus ein Taschenmesser, lockerte damit das Zäpflein und zog es endlich nach langem Bemühen heraus. Dann trat er zurück und harrte nun, die Augen fest auf die Öffnung gerichtet, was sich jetzt ereignen würde. Da kroch langsam eine schwarze Spinne hervor, die sich am Stamme hinab auf das Moos ließ. Kaum hatte sie jedoch den Boden berührt, so war sie verschwunden, und vor Theophrastus stand, aus der Erde emporgestiegen, ein hagerer Mann mit grinsender Teufelsfratze, dessen roter Mantel die Hahnenfüße nur schlecht verbarg.

»Komm mit mir!« rief der Teufel mit Katzenfreundlichkeit dem Theophrastus zu, brach sich eine Haselrute, schlug damit an den nächsten Felsen, der über die Tannen hervorragte, und sprach: »Warte hier, gleich bin ich wieder da!« Unter den Schlägen der Haselrute hatte sich das Gestein gespalten, und im nächsten Augenblicke war der Teufel in der Kluft verschwunden. Nach wenigen Minuten schon trat er wieder hervor, in jeder Hand ein Fläschchen haltend. Diese reichte er seinem Befreier mit den Worten: »Das gelbe ist die Goldtinktur, das weiße die Arznei.« Dann fügte er die Frage hinzu: »Gehst du mit nach Innsbruck? Ich muß mir dort den Geisterbanner holen, der gewiß nicht denkt, daß ich so rasch losgekommen bin.«

Dem Doktor aber tat es um den Geisterbanner leid, und er dachte nach, wie er ihn denn retten könne. Warnen konnte er ihn nicht, denn er wußte nicht, wie er heiße und wo er wohne; und dann wäre ja auch der Teufel viel flinker als er gewesen. Da kam ihm ein guter Gedanke: er wollte den Teufel bei seiner Eitelkeit packen. Als sie nun beide wieder zur Tanne zurückkamen, in welcher der Teufel früher gesteckt, hub Theophrastus an: »Der Geisterbanner muß aber gar ein mächtiger Mann sein, da er imstande war, den Teufel selbst in ein so kleines Löchlein hineinzuzwängen. Aus freien Stücken wäret Ihr wohl nimmer imstande gewesen, Euch zu einer so kleinen Spinne zusammenzuziehen?«

»Mein Lieber, du irrst! Dem Teufel ist gar viel möglich, wovon ihr Menschen keinen Begriff habt. Was gilt's, ich verwandle mich aus freien Stücken vor deinen Augen sofort wieder in eine Spinne und krieche wieder in das Löchlein hinein.«

»Ja, wenn das wäre, dann gäbe ich gleich meine beiden Fläschchen wieder her, denn solch ein für mich unbegreifliches Kunststück zu sehen, wäre mir kein Opfer zu groß.«

»So sieh zu und staune!« rief der Teufel, verschwand, ward wieder zur Spinne und krabbelte den Stamm der Tanne hinauf in das Löchlein. Kaum war er jedoch drinnen, als Theophrastus rasch das Zäpflein wieder hineinsteckte und es mit aller Gewalt hineintrieb; sodann machte er drei neue Kreuzeszeichen darüber und verließ eiligen Schrittes den Wald. Draußen auf der sonnigen, blumenübersäten Wiese angekommen, sprach er: »Jetzt möchte ich aber doch sehen, ob mich der Teufel nicht betrogen hat!« Er öffnete das gelbe Fläschchen und ließ daraus ein Tröpfchen fallen, und siehe da: es ward immer schwerer in seiner Hand, pures Gold. Freudig erstaunt darüber, machte er das Fläschchen eilig wieder zu und dachte bei sich: »Das eine ist gut, das andere will ich jetzt auch probieren, und zwar an dem armen Gemsenjäger, der in jener Hütte dort todkrank darniederliegt.« Einige Tropfen reichten hin, den Kranken gesund zu machen. Da war der Theophrastus über die Maßen erfreut über den Erfolg seiner Klugheit.

Der Teufel aber rief vergeblich nach Freiheit; er steckt vermutlich noch heute in der Tanne, ohne Hoffnung, jemals loszukommen; denn der Wald darf der Schneelawinen wegen nie abgeholzt werden. Theophrastus Paracelsus aber wurde der berühmteste Arzt seines Jahrhunderts. (93)

Doktor Theophrastus und der Haselwurm

Einst brachte ein Bauer dem berühmten Doktor Theophrastus einen seltsamen Wurm und machte ihm diesen zum Geschenk. Derselbe hatte die Größe eines Wickelkindes und schillerte in allen Farben des Regenbogens. Theophrastus, der sogleich erkannte, daß es ein Haselwurm sei, empfand über dieses Geschenk größere Freude, als wenn ihm ein ganzes Königreich geboten worden wäre. Er befahl seinem Diener, den Wurm sofort aufs beste zu bereiten, jedoch sich beileibe nicht zu unterfangen, davon zu kosten, wenn ihm sein Leben lieb wäre. Dann schwang er sich aufs

Lindwurm

Roß, sprengte zur Stadt hinaus und über die Felder, so wie er es allabendlich zu tun gewohnt war.

Der Diener machte sich indes rasch an die Zubereitung des Wurmes, um seines Herrn Befehl pünktlichst zu erfüllen. Allein, je länger er seiner Arbeit oblag, desto größer wurde sein Verlangen, von dem Wurme zu kosten. Immer heftiger trat die Versuchung an ihn heran, bis er endlich nicht mehr zu widerstehen vermochte und unterlag. Er kostete also. Kaum hatte er aber den Bissen geschluckt, als urplötzlich eine wunderbare Umwandlung mit ihm vorging. Es wurde auf einmal helle in seinem Inneren, und alles, was er zu wissen verlangte, trat klar vor seine Seele. So dachte er im Augenblick: »Wo mag wohl jetzt mein Herr weilen?« – und sofort sah er ihn – wie das kam, war ihm unerklärlich – draußen auf einem Felde neben einer Gruppe stattlicher Linden vom Pferde springen und einige schöne Blumen pflücken, die eben am Wege standen.

Als Theophrastus wieder heimkam, trat ihm sein Diener entgegen und meinte, die Blumen gewahrend, geschwätzig wie eine

Elster: »O gnädiger Herr! Diesen Strauß herrlicher Blumen habt ihr gewiß draußen auf dem Felde neben den stattlichen Linden gesammelt?«

Da der Doktor diese Frage vernommen, wußte er sogleich, was geschehen sei. Purpurröte des Zornes überflog sein Gesicht, und mit donnerähnlicher Stimme fuhr er den Diener an: »Du hast vom Haselwurm gegessen?«

Den also Ertappten überkam entsetzliche Angst, und fast versagten seine Füße ihm den Dienst. »Ich sehe wohl« – fuhr der Doktor fort – »du bist dir deiner Schuld bewußt!« – und seine Wut erreichte ihren Höhepunkt. Das Schwert, seiner selbst nicht mehr mächtig, aus der Scheide reißend, streckte er mit einem wuchtigen Hiebe den Diener zu Boden. Darauf ging er in die Küche, woselbst der Haselwurm bereits angerichtet seiner harrte, verzehrte ihn und wurde so der allwissende Doktor, dessen Ruhm alsbald keine Grenzen mehr kannte. (94)

Die Sprache der Vögel und der Blumen

Der Wunderdoktor Theophrastus ritt einmal mit seinem Diener, der bereits vom Haselwurme gekostet hatte, hinaus vor die Tore der Stadt. Die Elstern schwatzten auf den Bäumen, der Diener lachte über sie. Dem Herrn entging letzteres wohl nicht, allein er ließ nicht merken, daß ihm das Lachen des Dieners aufgefallen wäre.

So ritten sie weiter und kamen an einem Hofe vorüber; eine Bruthenne führte eben ihre Jungen aus, und da sie das Trappen der Pferde vernahm, gluckte sie laut und rief den Jungen zu, sie mögen rasch entfliehen. Da sich aber ihrer Flucht ein Gatter entgegenstellte, so schrie sie in ihrer Herzensangst: »Kinder, wer von euch nicht darüber fliegen kann, der schliefe durch!« – Das gefiel Theophrasts Diener ungemein, und er lachte herzlich darüber, weit mehr noch als vordem über die Elstern. Auch jetzt tat der Doktor nichts dergleichen, als hätte er des Dieners Lachen gehört.

Bald kamen beide Reiter an eine Wiese, auf der es gar lustig und lebendig herging. Als die Blümlein und Kräuter den Doktor erblickten, warfen sie sich gar stolz in die Brust und rühmten jedes seine guten Eigenschaften: der Fieberklee, daß er gut sei gegen das Fieber, der Baldrian seine Macht gegen Krämpfe, die Kamille, daß sie den Kopfschmerz, die Minze das Leibschneiden und der Löwenzahn die Brust heile; der Salbei galt als bestes Mittel für die Zähne, der Steinklee als wirksam für den Magen, ebenso das Tausendgüldenkraut und der Calmus.

Mit einem Male sprang ein winzig kleines Blümlein von roter Farbe in die Höhe und schrie mit seinem fadendünnen Stimmchen, daß es in den Ohren gellte:

»I bin gut für d'Ruhr,
Für d'rot und für d'weiß!«

Das Blümlein, das noch nicht in einen vornehmen Zirkel gekommen war, sprach deshalb seiner alten Gewohnheit nach recht bäuerlich derb, und darüber mußte eben der Diener so überlaut lachen, daß er sich kaum zu halten wußte; denn noch nie war ihm dergleichen vorgekommen. Jetzt hatte aber auch Theophrasts Geduld ein Ende, er wußte, wie viel es geschlagen hatte, und der nächste Augenblick bereits sah den Diener nicht mehr unter den Lebenden. (95)

Der fliegende Schimmel

Zu Baden im Aargau fand um das Jahr 1514 eine Versammlung der Gesandten der dreizehn Kantone und der zugewandten Orte statt, welche im dortigen Herrengarten bewirtet wurden. Um die nämliche Zeit kam Steucheler, der Stadtpfeifer, in St. Gallen unter das Multertor auf der Brücke, woselbst er auf den Bänken vornehme Bürger traf, unter ihnen auch den berühmten Theophrastus Paracelsus, der zur selben Zeit bei seinem Freunde, Doctor Bartholomä Schobinger, im Partnerhofe zu Gaste weilte. Der Pfeifer stand bei ihnen stille und meinte endlich: »Jetzt werden sich die Herren Gesandten zu Baden im Herrengarten lustig machen; denn ich habe vernommen, die angeordnete Gastung finde heute statt. Wäre ich jetzt dort, wollte ich mir mit meiner Zwerchpfeife ein gutes Stück Geld erwerben.« Da sagte Theophrastus zu ihm: »Hast du wirklich Lust, das Trinkgeld zu verdienen, so gehe nach Hause und zieh dein bestes Gewand an, nimm deine Pfeife zu dir und komme wieder hierher; ich will dir alsdann ein Pferd geben, auf dem du in einer halben Stunde in Baden sein sollst.«

»Ich weiß wohl«, erwiderte der Pfeifer, »daß Ihr mehr könnt als andere Leute; d'rum will ich heim und meine Pfeife holen.«

Mit diesen Worten eilte er in seine Behausung, wechselte die Kleider, nahm die Pfeife zu sich und kehrte wieder zu Theophrastus zurück. »Herr Doktor«, sagte er, »jetzt bin ich geputzt! Wo ist nun der Gaul, auf dem ich binnen jetzt und einer halben Stunde in Baden sein soll?«

»Gehe hinaus zur Schießhütte«, entgegnete ihm der Wunderdoktor, »dort wirst du einen Schimmel gesattelt angebunden finden. Hüte dich aber, ein Wort zu reden, bis du zu Baden absitzest!«

Der Steucheler ging hin, fand den Schimmel wirklich, schwang sich hinauf und sauste im nächsten Augenblicke schon durch die Lüfte, daß ihm Hören und Sehen verging. Nach einer halben Stunde ließ sich das Tier zu Baden an der Schloßhalde zu Boden und verschwand spurlos. Sobald der Pfeifer festen Boden unter seinen Füßen verspürte, ging er alsogleich in den Herrengarten und fing vor den Heren Eidgenossen auf seiner Pfeife meisterlich zu spielen an.

Da ihn der Ehrengesandte von St. Gallen jetzt erblickte, rief dieser: »Ja, Steucheler, bist du auch da? Welcher Teufel hat dich denn hierher getragen?«

»Ja, Herr«, entgegnete der Gefragte, »der lebendige Teufel und kein anderer!«

Und nun erzählte er, wie alles gekommen, schloß aber mit den Worten: »Gott behüte mich und meine arme Seele! Auf dem Schimmel begehre ich mein Lebtag nicht mehr zu reiten!«

Der gelehrte Pfarrer, Bartholomäus Anhorn, ein 86jähriger Greis, erzählte dieses Abenteuer im Jahre 1638 dem Bürgermeister Georg Huber. Er hatte es in seiner Jugend von dem Steucheler selbst erfahren, der damals schon ziemlich alt gewesen war. (96)

Das Lebenselixier

Theophrastus Paracelsus besaß das Lebenselixier. An drei Personen hatte er die Wunderkraft desselben erprobt, und sämtliche erreichten das hundertste Jahr. Einige Tropfen davon machten die halberloschenen Lebensgeister wieder jugendlich aufflammen, und einem Menschen, in der Vollkraft seiner Jugend eingeflößt, vernichteten sie im Körper plötzlich alle krankhaften Materien.

Über die Wirkung des Elixiers sagt die Sage weiter: Eine wohltuende Wärme durchdringt die Adern, der Blick wird scharf und hell, ein kühner, starker Geist scheint die ganze Körpermaschine plötzlich, wie mit einem Zauberschlage, verwandelt und vergeistigt zu haben. Das Elixier widersteht jedem, auch dem tödlichsten Gifte, die größten körperlichen Anstrengungen und Schwelgereien können seine Götterkraft nicht schwächen. Paracelsus selbst entbehrte monatelang allen Schlafes und tagelang aller Nahrung, genoß dann wieder geistige Getränke im höchsten Überflusse. Trotzdem blieb sein Körper rüstig und stark, kein Geist im unendlichen Reiche der Wissenschaft gleich lebhaft wirkend und schaffend. Nur äußerer, tödlicher Gewalt vermag die Tinktur nicht zu widerstehen, und ein Dolchstoß übt auf den Körper seine natürliche Wirkung.

Erasmus Palmer, ein junger Arzt und Famulus Theophrasts erzählte nun einst seiner Braut, Agatha Schnellerin, von den wunderbaren Wirkungen des Lebenselixiers und erweckte dadurch eine solche Begierde nach demselben in des Mädchens Brust, daß es seine fernere Liebe zu ihm von dem Besitze des Elixiers abhängig machte.

Am nächsten Tage, es war am 24. September 1541, wurde Theophrastus erdolcht in seinem Bette aufgefunden, sein Famulus war verschwunden. Auf ihn fiel sofort der Verdacht, den Mord verübt zu haben, und nach langem Suchen fand man ihn bei seiner Geliebten, welche soeben das Fläschchen mit der Lebenstinktur zur Hälfte geleert hatte.

Erasmus wurde ergriffen und nach kurzem Prozesse zum Tode verurteilt. Am Morgen jenes Tages, an welchem er den schweren Gang zum Hochgerichte machen sollte, fand man ihn tot im Kerker. Reue, Gram und Gewissensbisse hatten ihm das Herz gebrochen.

Agatha war in das Kloster der Benediktinerinnen am Nonnberg getreten. Jahre vergingen für sie im bittersten Grame, aber die wunderbare Kraft des Elixiers spottete der Verheerungen, die dieser an einem Menschenleben übt. So wandelte die Beklagenswerte fast ein volles Jahrhundert, einem weiblichen Ahasverus gleich, ruhelos in den Gängen des Stiftes Nonnberg umher, bis sie endlich ihre Schuld gesühnt hatte und der Allbarmherzige sie mit ihrem Geliebten vereinte. (97)

Vermutungen über den Tod des Paracelsus

Als Theophrastus Paracelsus gewahr wurde, daß er von seinem eigenen Apotheker Gift empfangen hatte und rettungslos verloren sei, da es zu spät war, die tödliche Wirkung desselben zu hintertreiben, wollte er wenigstens nicht ungerächt aus der Welt scheiden. Er malte sich also das Bild des Apothekers an eine Wand seines Zimmers, nahm eine Pistole, richtete deren Lauf genau auf das Konterfei und drückte los. Zur selben Minute stürzte auch der Apotheker tot zusammen. So rächte sich Paracelsus sterbend an seinem Mörder. (98)

*

Des Doktors Theophrastus Wirken hatte in Salzbürg viele Neider gefunden. Gar oft trachtete man ihm nach dem Leben, immer aber vergeblich. Da faßten seine Feinde den Entschluß, ihn mittels Gift in ein besseres Jenseits zu befördern: Es gelang ihnen auch wirklich, dem Theophrastus Diamantenkörner beizubringen. Wie er dieselben in seinem Körper wirken fühlte, hieß er seinen Diener fortgehen und sich vor Sonnenaufgang nicht blicken lassen. Dann fing er zwei Spinnen und ließ sie in seinen Magen hinab, damit sie ihm die Diamantenkörner heraufzögen. Schon hatten die beiden Tierchen beinahe diese bis in den Mund gebracht, und die nächste Minute wäre Theophrastus gerettet gewesen, da öffnete der Diener die

Der Residenzplatz in Salzburg (Stahlstich von Georg Pezolt, um 1840)

Türe, das Geräusch erschreckte die Spinnen, sie ließen die Körner wieder in den Magen hinabfallen, und Theophrastus war nunmehr unrettbar dem Tode verfallen. (99)

Paracelsus war einstmals mit einem anderen Kollegen zu einem Gastmahle geladen worden; daselbst waren aber auch seine Widersacher und Neider erschienen, diese hatten seinen Tod beschlossen. Als der gelahrte Doktor den Heimweg antrat, ward er von Dienern der anderen Doktoren und gedungenen Mordgesellen ergriffen und von einer Berghöhe in eine Schlucht gestürzt, so daß er sich das Genick brach. Auf andere Weise war ihm ja nicht beizukommen gewesen; so mußte er denn eines gewaltsamen und erbärmlichen Todes sterben. (100)

*

Eine letzte Sage endlich erzählt, daß Theophrastus Paracelsus von Hohenheim nicht viel über ein Jahr in Salzburg lebte. Er fiel einer Verschwörung, welche die übrigen Ärzte gegen ihn angezettelt hatten, zum Opfer. Bei einem Gelage im Wirtshause zur rostigen Pechpfanne im Kai wurde er nämlich während einer fingierten Rauferei über zwei Stiegen herabgeworfen, erhielt einen Schlag auf den Schädel und noch andere Wunden, denen er bald darauf auch erlag. (101)

*

Da Theophrastus fühlte, daß all seine Kunst nicht imstande sei, wider den Tod siegreich anzukämpfen, rief er seinen Diener, gab ihm ein Schächtelchen voll Pulver und sprach: »Sobald mein Leib kalt geworden, zerhackst du ihn, so klein du kannst, bestreust den Brei mit diesem Pulver, gibst alles sodann in ein Gefäß und verschließest dasselbe sorgfältig. Ganz besonders lasse dir aber das ans Herz gelegt sein: Öffne das Gefäß ja nicht vor Ablauf von neun Monaten.« Der Diener versprach zu tun, wie ihm befohlen, und Theophrastus starb beruhigt. Getreulich vollführte nunmehr der Diener, was ihm aufgetragen war, und bewahrte sorgfältig das Gefäß. Allein die Neugierde lockte ihn unwiderstehlich, und ohne die neun Monte abzuwarten, öffnete er schon nach sieben Monaten das Gefäß. Da zappelte in demselben ein kleines Kind, das aber in Folge Zutritts der Luft sofort starb. Hätte der Einfaltspinsel es über sich gebracht, die vollen neun Monate abzuwarten, wäre Theophrastus sicherlich wieder jung und frisch ins Leben gekommen. (102)

Der untreue Diener

Theophrastus lag auf dem Totenbett und sprach also zu seinem Famulus: »Was meinst du, ob ich diesmal wieder aufstehe? Aber, sage mir aufrichtig, denn du weißt, daß ich in allen Dingen entschlossen bin und keine Furcht kenne. Also werd' ich auch nicht zittern, wenn es einmal Ende sein muß, denn ich habe von der Welt Reichtümer und Ehren immer dafür gehalten, daß sie nicht ewig bei unsereinem von Fleisch und Bein bleiben können, und was die anderen irdischen Freuden betrifft, so hab' ich mir nie viel daraus gemacht; wie du auch wissen magst, daß ich nie nach Weibergunst habe streben wollen.« Der Famulus tat sich Gewalt an, um bei diesen Worten ernsthaft zu bleiben, denn er hatte den Schalk im Nacken und wußte gar wohl, warum sein Herr der Frauengunst aus dem Wege ging; auch sah er, daß der Wunderdoktor sich selbst nicht mehr kurieren könne, und dachte schon daran, die vielen Tinkturen des Meisters zu erben, durch deren Verkauf er sich zeitlebens ein schönes Stück Geld werde erwerben können. Deshalb freute er sich heimlich auf seines Herrn Tod, stellte sich aber jetzt vor ihm sehr betrübt und gab ihm zur Antwort: »Herr, ihr seht so frisch und gesund aus wie irgendeiner und seid dicker als jemals; ich möchte darauf wetten: Ihr werdet noch lange leben, wofür ich Gott und alle Heiligen stündlich anrufe.« Theophrastus, der durch seine Frage eigentlich nur die Würdigung seines Dieners prüfen wollte, erkannte nun dessen falsche Gesinnung, ließ aber nichts merken, sondern befahl ihm, eine Phiole vom Gesimse herabzulangen, worin ein Elixier enthalten sei, das das Zipperlein unfehlbar heile; die Phiole übergab er dem Famulus mit dem Auftrag, schnurstracks auf die Salzachbrücke zu gehen und sie dort, über den Fluß haltend, zu zerschlagen, damit das Elixier in den Fluß rönne, denn es hätte noch andere Eigenschaften, die, um nicht Schaden anzurichten, nicht jedermann kennen dürfte. Der Famulus gelobte alles zu vollführen und ging. Als er aber kaum vor der Türe war, dachte er in seiner Untreue: »Das ist ein rechter Neidhart, der gerne möchte, daß seine kostbaren Medikamente keinem anderen als ihm Geld einbringen sollen, deshalb will er sie lieber vernichten; denn das glaube ein Dümmerer, daß das Elixier noch eine unbekannte schädliche Kraft berge. Ist er aber nur erst tot, so kann ich die Leute wohl ebenso zu meinem Vorteil mit dieser Tinktur kurieren als er.« So verschloß er die Phiole in seiner Kammer und ging dann zum Meister, ihn belügend, daß dessen Auftrag vollzogen sei. »Ich danke dir«, sprach Theophrastus sanft, »aber sage mir auch, was du gesehen hast, als die Tinktur ins

Wasser rann.« – »Gesehen? Nichts, lieber Meister!« antwortete verblüfft der Famulus. Da hob sich Theophrastus zürnend vom Sterbebett auf. »Dann belogst du mich. Geh also augenblicklich wieder hin und tue wie ich dir befahl, sonst geschieht dir ein großes Unglück!« Darüber erschrak der Famulus so sehr, daß er sich nicht lange besann, sondern die Phiole nahm und zur Brücke ging. Dort tat er genau das, wie ihm sein Meister befohlen, denn die große Angst hatte ihn ganz rechtschaffen gemacht. Mit einem Stein zerschlug er die Phiole, und die Tinktur rann in die Salzach. In demselben Augenblick schimmerte die ganze Oberfläche des Flusses wie gediegenes Gold, und der Famulus sah mit Schrecken, welch herben Verlust er erlitten, denn das Elixier hatte die geheime Kraft, alles in Gold zu verwandeln. Er raufte sich verzweifelt das Haar, aber was half's, der Goldschimmer verschwand allmählich von den Wellen, und die Goldkörner sanken zu Boden. In der Hoffnung, noch so eine kostbare Phiole zu finden, rannte er heim. Als er in die Krankenstube trat, mit kreideweißem Gesicht, merkte Theophrastus gleich, daß sein Diener die Falschheit eingebüßt habe und fing derb an zu lachen. »Herr, Herr!« schrie der Famulus und wollte Auskunft, aber der Meister sprach: »Ich sagte dir, es wäre dir ein Unglück, die geheime Kraft der Tinktur zu kennen; jawohl, ein Unglück wär's, wüßt' ich sie in einer Hand wie die deine ist!« Aber der Famulus faßte sich rasch und erwiderte heuchlerisch: »Herr, ich bekenne reumütig meine Unwürdigkeit; doch wer ist würdig auf Erden? Darum, wenn ihr noch mehrere solcher Phiolen habt, so sagt mir, welche es sind, damit ich hingehe und sie alle vertilge.« – »Es war die einzige, du Narr«, sprach der Meister, »glaubst du, man braut ein Goldelixier eimerweis?« Und er lachte wieder laut über der Welt Torheit und lachte in einem fort, bis ihm der Atem ausging. Er wurde stattlich begraben, wie es sich für einen in geheimen Wissenschaften so tief gelehrten Mann geziemt. Die Salzach aber führt seit jener Begebenheit Gold im Sande...
(103)

Dr. Faust im Weinkeller

Dr. Faust besucht den Weinkeller des Bischofs von Salzburg

Als einst die Fastnachtszeit herangekommen war, in der die Menschen bekanntlich stets zu allerlei Kurzweil und Scherzen aufgelegt sind, berief Dr. Faust etliche Studenten, seine vertrauten Brüder und Freunde, traktierte sie aufs beste und pokulierte mit ihnen bis spät in die Nacht hinein. Wiewohl nun das Getränke ausgezeichnet war und nichts zu wünschen übrig ließ, gelüstete es Fausten dennoch, zur Kurzweil eine Fahrt zu machen. Da er gar wohl wußte, daß der Keller des Bischofs von Salzburg gar trefflich bestellt und voll der edelsten Weine sei, so wählte er diesen als Endziel der Fahrt. Er teilte diesen Entschluß seinen Freunden mit und lud sie ein, die Kellerfahrt mitzumachen, da ihrer die besten Weine harrten und er für alle Gefahr einstände.

Des waren die Studenten, welche wußten, daß es Faust mit ihnen gut meinte, wohl zufrieden. Dr. Faust führte sie nun in seinen Garten hinab, nahm eine Leiter, setzte auf jede Sprosse derselben einen seiner Freunde und fuhr also mit ihnen durch die Luft davon.

Nach Mitternacht langten sie im bischöflichen Keller zu Salzburg an. Hier schlugen sie Licht und begannen der Reihe nach, alle Weine zu kosten. So mochten sie ungefähr eine Stunde getrunken und manches Glas unter Scherzen und Singen auf das Wohl des Bischofs geleert haben, als sich plötzlich die Tür des Kellers öffnete und der Kellermeister, der in der Absicht kam, für sich und seine Gesellen noch einen Schlaftrunk zu holen, eintrat. Nicht wenig erstaunt über den Kreis munterer Zecher, den er so unerwartet hier unten traf, überkam ihn im nächsten Momente Furcht und Entsetzen; schien es ihm doch unerklärlich, wie die Gesellschaft hier hereingekommen sei. Aber er faßte sich sofort und begann gewaltig zu donnern und zu schelten: »Ihr Diebe, wartet, der verdiente Lohn soll euch nicht ausbleiben!« Schon hatte er sich gewandt, um Leute herbeizuholen, als Dr. Faust ihm entgegentrat. Der Lärm, den jener machte, verdroß ihn baß und erfüllte ihn mit um so größerem Ärger, als er sah, daß seine Spießgesellen anfingen, gar kleinmütig zu werden. Er ermahnte sie daher zu eiligem Aufbruch, befahl ihnen, es möge sich jeder noch eine Flasche vom Besten mitnehmen und die Leiter ergreifen. Er selbst aber nahm den Kellermeister bei den Haaren und fuhr mit ihm und seinen Freunden flugs davon. Mit Windeseile ging es in die Höhe, wie später der Kellermeister aussagte, dann g'radaus fort über einen großen Wald hin. Da erspähte Dr. Faust eine mächtige Tanne und setzte auf diese den vor Angst und Schreck fast heulenden Kellermeister, der schon sein letztes Stündlein gekommen glaubte. Zum Glück für ihn kam es anders. Faust und seine Genossen fuhren weiter, er aber blieb zurück. Da saß er denn hoch oben, auf dem Gipfel der Tanne, und wußte nicht, wo ein und aus. Weit und breit war kein Mensch zu sehen. Wiederholt versuchte er, vom Baume herabzukommen; allein vergebens! Die Äste bogen sich unter seiner Last, so daß er in wahrer Lebensgefahr schwebte. So verhielt er sich denn ruhig und harrte in Geduld, bis der Morgen anbrach. Halb erstarrt vor Kälte, begann er nun so lange und so laut zu rufen, bis ihn endlich zwei Bauern hörten, die unter ihm vorübergingen, um in der Stadt Butter und Schmalz zu verkaufen. Nicht wenig erstaunt erblickten sie ihn in so hoher Stellung; da er ihnen aber reichen Lohn versprach, wenn sie ihn retteten, so liefen sie, so eilig sie nur konnten, der Stadt zu und meldeten daselbst, was sie gesehen. Zuletzt kamen sie sogar an den Hof; anfänglich glaubte kein Mensch ihren Worten. Da man aber den Kellermeister nirgends fand, so hielt man schließlich ihre Meldung doch für richtig, und alsbald zog eine große Menge Volkes hinaus zu der von den Bauern bezeichneten Stelle und war da nicht wenig verwundert, den Vermißten richtig auf dem Wipfel der höchsten Tanne sitzen zu sehen. Nach langer Müh' und Plage und nicht ohne neuerliche Gefahr für des armen Kellermeisters Leben wurde dieser endlich herabgebracht. Gott aus dem tiefsten Herzensgrunde dankend, erzählte er sodann die Erlebnisse der letzten Nacht; allein so sehr man ihn auch mit Fragen bestürmte, die Namen der Weindiebe konnte er nicht nennen, ebensowenig denjenigen, der ihm zu dem keineswegs ersehnten Vergnügen einer unfreiwilligen Luftfahrt verholfen hatte. Erst später wurde es offenbar, daß dies Dr. Faust gewesen sei.

Der Kellermeister verzichtete von der Zeit aber auf den Schlaftrunk und war nach dem Ave-Läuten nicht um alles Gold der Erde mehr zu bewegen, in den Keller zu gehen. (104)

Faust und der Teufel

Der Klöckstand auf der Leidalm erinnert auch an ein Erscheinen des Teufels. Dorthin kam eines Tages ein hagerer, bleicher Mann in vornehmer schwarzer Kleidung, begleitet von einem widrigen Gesellen in rotem Wams und mit einem Spitzhute. Es war der Doktor Faust mit dem Teufel. Drei Hirten vergnügten sich eben mit dem frohen Knallen ihrer langen Peitschen, was man im Volke Klöcken nennt. Doktor Faust wollte nun auch dieses Spiel versuchen, doch streifte er mit der Peitsche jedesmal an einen vorstehenden Felsen. Da mußte der Teufel auf Befehl seines Herrn den Stein hinwegräumen, worauf Faust mit Vergnügen die Peitsche knallen ließ. Seitdem ist aber dieser Ort nicht mehr ganz geheuer und heißt der Klöckstand. (105)

Faust und der Teufel

Von merkwürdigen und unheimlichen Begebenheiten

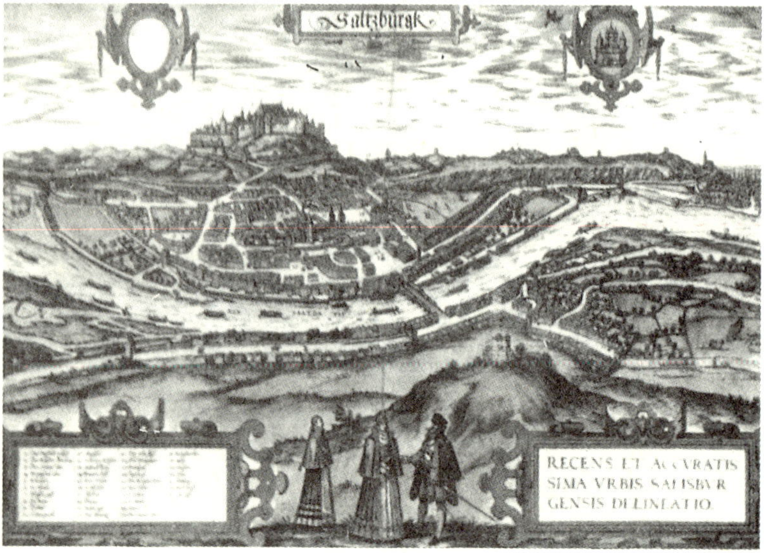

Ansicht von Salzburg (kolorierter Kupferstich, um 1572)

Das Erdbeben in Salzburg

In Salzburg war einst ein starkes Erdbeben. Die heftigsten Stöße erschütterten die Erde. Einer derselben war so stark, daß das Gewölbe der Domkirche der Länge nach auseinander barst und man vom Inneren der Kirche aus den blauen Himmel schauen konnte. Glücklicherweise fügte der nächste Stoß alles wieder so gut zusammen, daß man auch nicht die geringste Spur mehr gewahren konnte. (106)

Salzburg, ein See

Das ganze Salzburger Gebiet soll in uralten Zeiten ein großer See gewesen sein, als dessen letztes Überbleibsel der Zellersee bezeichnet wird. Damals bestand auch zwischen Eschenau und Embach eine große Überfahrt. Noch heute sieht man im Paß Lueg eine Höhle, bis zu deren Höhe der Wasserspiegel reichte, ehe er seinen Abfluß durch die »Öfen« fand. In diesen stauten sich die Wasser, wie etwa die Holzscheiter vor einer Trift im Rechen. Die vielen Tausende von kleinen Tierchen aber, die beim Abfluß in die Felsspalten gezwängt wurden, versteinerten daselbst. (107)

Leonhard von Keutschachs Epitaph

An der Südfront der Schloßkapelle auf der Feste Hohensalzburg findet sich ein Epitaphium folgenden Inhalts: »Hie gibt Erzbischove leonhart zu Salzburg, geborn v. Keutschach, den Segn über das Stifft Salzburger Landt. A. D. 1515.« Der Sage nach gründet sich dieses Monument auf eine Vision, welche Leonhard gehabt haben soll. Er wohnte fast stets auf Hohensalzburg. Eines Tages nun, als er mit Plänen für des Landes Wohl beschäftigt im Gemache auf- und abging, sah er plötzlich seine eigene Gestalt am Fenster stehen, wie sie segnend die Hand über das Erzstift ausstreckte. Darnach sei dieses Denkmal gefertigt worden. (108)

Das goldene Kreuz am Platzl

Das goldene Kreuz am Platzl (Haus des Herrn Kaufmanns Zeller) hat folgenden Ursprung: Einst starb die Besitzerin dieses Hauses und wurde zu St. Sebastian begraben. Sie war aber nur scheintot, erwachte im Grabe und kam mit Hilfe des Totengräbers, der, wie man sagt, an ihren Kleidern und Kleinoden, die sie an sich trug, sich zu schaffen gemacht hatte, zum Leben und an das Tageslicht. Als die Bewohner des Hauses die wiederkehrende Frau die Gasse herabkommen sahen, glaubten sie, ihren Geist zu sehen. Die Frau

St. Sebastian in Salzburg (Kupferstich nach Franz Anton Danreiter, um 1735)

aber ließ zum ewigen Gedächtnis ihrer Rettung ein goldenes Kreuz auf der Seite ihres Hauses befestigen, die sie bei der Rückkehr aus dem Grabe zuerst wieder erblickt hatte. (109)

Die wiedererweckte Scheintote

Auf dem linken Seitenaltar der schönen, im Jahre 1507 erbauten Pfarrkirche stellt das Altarblatt die Geburt Christi dar und wird als Werk des Martin Pruggnaler von Bramberg gerühmt. Dieses Gemälde ist insofern merkwürdig, als unten eine aus dem Grabe emporsteigende Mutter, mit einem Säugling im Arme, ihren Blick dankend zur Familie aufrichtet. Nach der Sage ist es die Gattin eines Pflegers zu Klammstein, die einst in Geburtsnöten scheinbar verschieden und in die für sie bereitete Gruft, welche man noch einige Zeit unverschlossen gelassen hat, gesenkt worden ist. In dem dunklen Grabe aber erwachte sie wieder plötzlich aus dem todähnlichen Schlafe zum Leben; sie wurde zufällig von Menschen bemerkt und gerettet, worauf sie glücklich einen Sohn gebar. Zum frommen Andenken hat der Pfleger das Altarblatt mit der Geschichte malen lassen. (110)

Die Begegnung mit den Holzmandln

Zwei Jäger gingen einst zur Hahnpfalz [Balz] auf den Untersberg. Sie übernachteten am Steingraben in der Holzknechthütte, die mit trockenem Moos und dürrem Buchenlaub angefüllt war. Vor dem Einschlafen bemerkten sie auf einmal ein grüngekleidetes Männchen mit roten Aufschlägen vor der Hütte, welches einen sogenannten Nebelstecher (Kegelhut) auf dem Kopfe hatte. Es nickte mit demselben und sie hörten es deutlich folgende Worte singen:

»Kann sein, ös schießt's an Hahn;
Kann sein, nöt a!
Kann sein, ös kemmt's no hoam;
Kann sein, nöt a!«

Damit war das Holzmandl, denn ein solches war's, verschwunden. Die beiden Jäger hatten aber keine Ursache, sich über großes Weidmannsglück zu freuen; denn der eine verstieg sich und kam erst zwei Tage später elendig nach Hause, der andere aber verschlief sich. (111)

Die Botschaft

Zum Mooswirt kommt einmal spätabends ein Mädchen, bittet um Nachtherberge und trägt sich als Dienstmagd an. Die gutmütige Frau bemerkt zwar, daß sie zur harten Stallarbeit zu zart und fein gebaut sei, nimmt sie aber doch auf wiederholtes Bitten in Dienst. Treu, folgsam und freundlich ist das Mädchen von früh bis spät auf den Beinen, und unter ihrer sorgsamen Pflege nimmt das Vieh zusehends zu, im Haus ist alles in schönster Ordnung und blendend rein, im Garten blüht es und duftet, das Feld steht reich voll Ähren, so daß die Frau die Stunde segnet, in welcher das Mädchen in ihren Dienst trat. So bleibt es mehrere Jahre, bis einmal ein Holzhauer, der vom Untersberge zurückkehrt, beim Wirtshause stillhält, die Magd herausrufen läßt und zu ihr sagt: »Als ich heute hoch oben am Berge Holz fällte, hörte ich auf einmal aus einer Steinkluft rufen: ›Du Bauer, sage der Magd beim Mooswirt, daß ihr Vetter gestorben ist.‹« Kaum hat die Dirne die Kunde vernommen, so macht sie sich, ohne Abschied zu nehmen, auf und eilt dem Untersberge zu. Niemand sah das Mädchen seitdem wieder, aber die Wirtsleute haben sie nie vergessen, ihren Namen immer segnend genannt. (112)

Die enterische (unheimliche) Kirche

Von Brandstatt bei Unterberg, am Ende der Gasteiner Klamm, erblickt man hoch oben über dem Wächterhause eine nur schwer zugängliche Felsenhöhle, welche vom Volke die enterische oder Heidenkirche genannt wird. Sie gilt für den Wohnsitz alter heidnischer Götter, welche sich zu gewissen Zeiten des Jahres in goldene Bildsäulen verwandeln. Diese werden aber nur von demjenigen erblickt, der sich in den Besitz der vorgeschriebenen Zaubermittel zu setzen verstanden hat. Ein Besuch der Höhle bleibt immer sehr gefährlich, da ihr Eingang von unsichtbaren Geistern bewacht wird.

Nach anderen Behauptungen hielten in dieser Felsenhöhle die ersten Christen des Tales insgeheim aus Furcht vor den Heiden ihren Gottesdienst ab. (113)

Die laufenden Stiefel

In der Nähe des Dorfes Harrbach bei Hofgastein sah man zum öfteren in mondhellen Nächten zwei Stiefel herumlaufen, wozu der Teufel mit einem schwarzen Roßschädel aus einem da befindlichen Stadl wieherte. Der Harrbacher Schuster zerbrach sich vergeblich darüber den Kopf, wer wohl die Stiefel gemacht haben könnte. Ein alter Bauer aber, der einmal die tanzenden Stiefel sah, bemerkte auch eine Gestalt, welche dieselben anhatte, und erkannte in ihr einen Harrbacher Bauernburschen, der längst verstorben, solange er aber gelebt, ein rechter Schlemmer und Gottverächter gewesen war. (114)

Bergscheide am Radstätter Tauern (Gemälde von Anton Schiffer)

Das Kind mit den zwei Hörnern

Anno 1257 wurde zu Radstadt ein Knäblein geboren, das zwei Hörner am Kopfe trug. Vierzehn Tage, ehe es zur Welt kam, hat man schon dessen Weinen vernommen, was – wie das Volk behauptet – ohne Zweifel den bald darauf zwischen Erzbischof Philipp und Ulrich um das Erzbistum zum Ausbruche gelangten Krieg, sowie die bei der genannten Stadt stattgefundene Schlacht vorangezeigt hat. (115)

Das zweigeteilte Bauernhaus

Ungefähr eine Viertelstunde oberhalb des Rettenbaches liegt ein zur Ortschaft Paßthurm gehöriges Bauernlehen, Dietstein genannt. Dieses ganz hölzerne Gebäude war im Innern durch eine hölzerne Wand in zwei gleiche Hälften abgesondert, besaß zwei Türen, zwei Küchen, zwei Stuben mit Kammern, kurz alles doppelt. Der Sage nach sollen zwei Brüder zur Zeit der Reformation dieses Gütlein besessen haben, von denen der eine sich zum katholischen, der andere zum protestantischen Glauben bekannte. Deshalb ward auch die Wand durch die Mitte des Hauses gezogen, damit keiner der Brüder den anderen in seinem Glauben beirrte.

Da in dortiger Gegend meist das Luthertum der »Dietsteinglaube« hieß, mag jenes wohl vorzugsweise von dem Dietsteinlehen aus sich verbreitet haben. (116)

Böse Absichten

Zwischen Salzburg und dem vier Stunden davon entfernten Neumarkt stehen zwei schöne Schlösser: Sieghartstein, eine Viertelstunde vor Neumarkt, und Seewalchen am Wallersee; im ersten hauste Ritter Leonhard von Dachsberg, mit welchem Virgil der Erste, der sich 1451 von Sieghartstein einschrieb, unter Erzbischof Friedrich Hauptmann in Salzburg und 1533 gestorben war, in großer Fehde gestanden hatte. Diese war ob einer Hirschdecke entbrannt und der Ritter von Dachsberg, welcher wider Fug und Recht einen Hirschen erlegt hatte, befahl seinen Knechten: »Grabet in Teufels Namen die Haut ein, damit's niemandem bekannt werde!«

Es blieb aber nicht verborgen und kam schließlich zwischen beiden soweit, daß einer dem anderen auf ganz unerhörte Weise nach dem Leben strebte. Virgil Überracker ließ einen sehr schweren, engen, eisernen Ring machen, mit langen Spitzen und einem Schlosse versehen; diesen Ring wollte er dem Dachsberger anschlagen lassen, wenn er seiner habhaft würde, und sodann den Schlüssel in den tiefen See werfen, damit der Dachsberger für sein ganzes Leben hindurch den Ring hätte tragen müssen.

Der Dachsberger wieder ließ sich auf seinem Schlosse eine Keuche errichten, welche oben, unten und in der Mitte mit eisernen Spitzen versehen war; in diese wollte er den Virgil Überracker werfen lassen. Sobald er ihn einmal in derselben gewußt hätte, wäre die Türe nicht wieder geöffnet worden und der Gefangene den grausamsten Qualen des Hungertodes preisgegeben gewesen.

Zum Glücke blieb es auf beiden Seiten nur bei der bösen Absicht, denn keinem gelang es, den anderen zu fangen. (117)

Die schwarze Kugel

Auf der Krapflalm in Kaprun gab es einst eine böse Zeit; die Melker, in deren Obhut das Vieh daselbst gestanden war, hatten nichts zu lachen, denn jede Woche hieß es: »Heute ist schon wieder eine Kuh hin und noch dazu die schönste, wie immer!« Keine einzige aber stand im Gehege herum, sondern alle wurden auf der Weide vom plötzlichen Tode dahingerafft. Das Kurioseste jedoch an der ganzen Geschichte war, daß jedes Stück Vieh, das tot aufgefunden wurde, einen schwarzen Eisenring um den Hals hatte. Da sagten die Melker zueinander: »Buben! Gott behüte und besegne uns! Das geht nicht mit richtigen Dingen zu!« – und schickten nach Hundsdorf um einen Franziskaner, damit dieser dem Teufelsspuk ein Ende machte. Der machte sich sofort mit dem Mesner auf den Weg nach der Alm, doch durfte während des ganzen Aufstiegs kein Wort gesprochen werden.

Oben angekommen, machte der Pater auf einem freien Platz einen großen Kreis, trat in denselben und forderte den Mesner und die Melker auf, das gleiche zu tun. Diese taten, wie ihnen geheißen, und nun begann der Franziskaner die Beschwörungsformel aus einem Buche zu rezitieren. Nachdem er so eine Weile gelesen hatte, kam aus dem nahen Walde auf einmal eine große, schwarze Kugel zum Vorschein, rollte zu Tal und fiel drunten über das »Wändgeschröf« hinab, ohne daß sie später aufgefunden werden konnte. Von diesem Tag an blieb das Vieh verschont. Auf der Kugel aber wollten die Melker den leibhaftigen Gottseibeiuns sitzen gesehen haben. (118)

Die wunderbare Rettung

Im Februar 1904 waren sieben Bauernknechte zu Tweng in Salzburg am Fuße eines Berges (des kleinen Gurpetschek in der Purnbaueralpe) damit beschäftigt, Streu herbeizuschaffen. Plötzlich sauste eine Lawine aus der Höhe auf sie hernieder. Als die sieben Leute die Lawine vor sich sahen, schrien alle auf einmal: »In Gottes Namen.« In demselben Augenblicke wurden sechs davon etwa 150 Meter weit fortgerissen, und einer wurde an Ort und Stelle vom Schnee verschüttet. Wunderbarerweise kam keiner der Arbeiter ums Leben; alle vermochten sich aus dem Schnee herauszuarbeiten. Niemand hätte vermutet, daß sie mit dem Leben davonkommen würden; denn die Lawine hätte sogar Bäume entwurzelt. (119)

Die Lichterscheinung

Ein alter Mann erzählte mir vor zirka 40 Jahren: In einer Samstagnacht ging er einmal seine Auserwählte besuchen, da sah er ziemlich weit vor sich ein Licht, und als er zum Walde kam, kam er ganz nahe an dasselbe, bis es an einem großen Baum stehenblieb, und kurz darauf längs des Baums hinauf sich vergrößerte, und am Wipfel unter starkem Knall verschwand.

Es wurde damals auch von schwarzen Hunden mehr erzählt, die neben einen oft hergelaufen, sich oft vergrößerten, dann auf einmal verschwanden. Jetzt sind mir solche Vorkommnisse aus neuerer Zeit nicht mehr bekannt. Und habe es selbst nicht erlebt. (120)

Der Ritt durch den babylonischen Turm

In der Maria Pfarrkirche in Lungau befindet sich in der linken Ecke oberhalb des Taufbeckens ein Denkstein, einen Helm mit geschlossenem Visier, einen Schild und den Fuß eines großen Raubvogels mit ausgestrecktem Gewäffe darstellend. Ebendaselbst befand sich früher anstelle des Taufsteines der Grabstein eines Ritters, »Chonnrat der Tannhäuser«, welcher nunmehr an der Außenseite der Kirchenmauer angebracht ist. Davon erzählt die Sage folgendes:

Ein Ritter, der sich schwer vergangen, wurde zum Tode verurteilt, wiewohl er behauptete, unschuldig zu sein. Da indes die Richter ihrer Sache dennoch nicht ganz sicher waren, so sollte das Gottesurteil entscheiden. Es wurde ihm demnach aufgetragen, um die Mitternachtsstunde den babylonischen Turm auf seinem Schlachtrosse zu durchreiten; derselbe maß zwölf Stunden im Umkreise und drei Stunden im Durchmesser, war von lauter greulichen Bestien, verbannten Seelen in Gestalt von Tigern, Krokodilen, Lindwürmern, Molchen, Drachen, riesigen Schlangen, Geiern, Adlern und – dem schrecklichen Vogel Greif bewohnt. Im tiefsten Innern hauste der Meister aller Quälgeister, der leibhaftige Groß-Luzifer in schrecklicher Gestalt; seinem Willen beugten sich alle Bewohner des Höllenpfuhls und waren ängstlich seines Winkes gewärtig, mit dem Geheule der wilden Jagd durch den weiten Turm rasen zu müssen. Nur in der Stunde vor Mitternacht ruhten sie von der dreiundzwanzigstündigen fürchterlichen Jagd, um mit dem zwölften Glockenschlage wieder von vorne zu beginnen. Wenn es daher jemand wagte, in diesen Höllenpfuhl hinabzusteigen, so mußte er dies, wollte er nicht unrettbar verloren sein, in der Ruhestunde tun. So tat's denn auch der Ritter. Punkt elf Uhr begann er seinen unheimlichen Ritt; pfeilschnell trug ihn sein Roß durch das Tor in den inneren Raum des Turmes, den er im Sturmgebrause durchmaß. Nichts regte sich. Links und rechts am Wege reihte sich Ungeheuer an Ungeheuer, noch im Schlafe befangen, aus dem erst das Mitternachtshorn sie erwecken sollte. Schon sieht der Ritter das Ausgangstor vor sich, nur noch zwei Minuten, und er ist geborgen, da plötzlich ertönt des Hornes Schall, und im Nu sind alle Bestien entfesselt. In letzter Kraftanstrengung geißelt der Ritter sein Streitroß auf – vergebens; hinter sich vernimmt er bereits mit Entsetzen das Rasen des wilden Heeres. Heran kriechen Drache, Lindwurm und Molch, noch entkommt ihnen der Reiter auf seinem mutigen Roß – da, fast am Ziele des schrecklichen Rittes, braust es durch die Lüfte, und in die Lenden des Rosses krallt sich der schrecklichste der Raubvögel, der Vogel Greif. Wild bäumt sich das arme Tier auf im fürchterlichen Schmerze, das andere Geschmeiße naht mit Sturmeseile, und sicher wäre der Ritter verloren gewesen, hätte nicht Gott ihm Mut und Geistesgegenwart gegeben. Behende riß er das Schwert aus der Scheide und trennte mit gewaltigem Hiebe die eingekrallten Pranken vom Leibe des Untiers; in letzter Kraftanstrengung holte das Roß zum mächtigen Sprunge aus und stand im nächsten Augenblicke mit dem Ritter gerettet im Freien. (121)

Der letzte Bär im Lungau

Es war in der ersten Hälfte des 18. Jahrhunderts, als der Besitzer des Poschengutes in Unternberg sein Vieh von der Weide heimwärts zum Stalle trieb. Als das Vieh im Stalle beisammen war, ging der Bauer hinein, um zu überzählen, ob ihm kein Stück fehle. Da wurde er zu seinem nicht geringen Schrecken eines mächtigen Bären ansichtig, der sich mitten unter der Viehherde befand und fortwährend begehrliche Blicke warf, scheinbar mit sich zu Rate gehend, welches Stück ihm als fetter Leckerbissen zur Abendmahlzeit am besten bekommen dürfte. Voll Entsetzen rannte der Bauer aus dem Stalle, holte sich aus dem etwas abseits liegenden Hause seinen Kugelstutzen und eilte damit zum Stalle, um das gefährliche Tier zu erlegen. Wie ihm beikommen? Durch die Stalltüre traute er sich nicht, weil ihn der Bär anfallen und zerreißen konnte. Da kam ihm ein guter Gedanke! Er stieg auf das Bretterdach des Stalles und hob einige Schindeln ab, so daß er in den Stall hineinsehen konnte. Dann zielte er nach dem Bären. Der Schuß fiel, und zu Tode getroffen lag die furchtbare Bestie in ihrem Blute. Den zottigen Bärenkopf nagelte derBauer nachher über dem Einfahrtstor seiner Scheune auf; später kam der Bärenkopf nach Schloß Moosham.

Bär in der Höhle

Nach einer anderen Sage soll der letzte Bär im Lignitztal erlegt worden sein. Sein Kopf war lange Zeit am Stalle des Wielandbauern angenagelt zu sehen. (122)

Der Meistersprung

Als die St.-Leonhard-Kirche, dieses erhabene Werk der gotischen Baukunst, vollendet war und in die Täler des Lungaues niedergrüßte, da stieg der Baumeister auf die Spitze des Turmes und sprach also: »Nun ist dieses Gott und dem heiligen Leonhard zur Ehre erbaute Gotteshaus vollendet und zum Zeichen, daß kein Fehl noch Tadel an ihm ist, stürze ich mich von der Höhe des Turmes, und es wird mir nichts geschehen.« Getan, wie gesagt! Ehe die erschrockenen Zuschauer es verhindern konnten, hatte der Verwegene auch schon den Turm erklettert und den gewaltigen Sprung in die Tiefe getan. Doch, o Wunder! Völlig unversehrt erhob er sich am Fuße des Turmes! Nur den kleinen Finger hatte er sich verrenkt – ein Zeichen, daß ein Nagel am Dachsparren krumm eingeschlagen war. (123)

Unterirdische Gänge

Eines Tages fuhr beim Suppanbauer zu Pichl der Knecht mit einem Paar Ochsen aufs Feld, um zu ackern. Da geschah es, daß das Gespann in dem oberhalb des Schlosses gelegenen Feld mitsamt dem Pfluge einbrach und in eine Grube stürzte, die sich plötzlich aufgetan hatte. Mit vieler Mühe brachten die herbeigeeilten Hausleute die Tiere samt dem Pflug wiederum aufs ebene Land und füllte sodann die Öffnung mit Erde und Steinen. Zuvor konne man noch sehen, wie von ihr ein langer, unterirdischer Gang weiterführte, groß genug, daß ein erwachsener Mann darin gehen konnte. (124)

*

Nach einer anderen Sage soll Schloß Pichl durch einen zweiten unterirdischen Gang auch mit dem Schlößchen Niederrain nördlich von Mariapfarr verbunden gewesen sein. Unweit des Schlößchens Niederrain, auf dem Wege, welcher nach Mariapfarr führt, befindet sich eine Stelle, die, wenn man darauftritt, einen dumpfen Ton gibt, als wenn sich darunter ein hohler Raum befände. Dies soll die Stelle sein, von wo der unterirdische Gang unter dem Wege hindurch nach Schloß Pichl führt. Auch wird erzählt, daß im Schloß Pichl ehemals ledernes Geld in Gebrauch gewesen sei und man solches auch gefunden habe. (125)

Das verlorene Kind

Ein Kind des Suppanbauern in Pichl, dessen Gehöft in der Nähe des Schlosses liegt, hatte sich einmal in die unterirdischen Räume des Schlosses verirrt und konnte den Ausweg nicht mehr finden. Als man nun die Abwesenheit des Kindes gewahrte, machte man sich alsogleich auf die Suche. Alle Räume des Schlosses wurden durchstöbert, doch fand man nirgends eine Spur. Man glaubte nun, ein böser Geist habe das Kind verzaubert und halte es im Schlosse festgebannt. Da verfiel eines von den Hausleuten des Suppanbauern auf die Idee, den Haushund namens »Vieräugl« (Hund, dessen Fell über den Augen zwei helle Flecken aufweist) mit auf die Suche zu nehmen. Nach dem Volksglauben können nämlich die bösen Geister einem vieräugigen Hunde nichts anhaben und müssen bei seinem Nahen weichen. Und siehe da, der Hund drang in das Innere des Schlosses ein, und in einem unbekannten, bisher nicht betretenen Raume wurde das Kind zur Freude aller Leute unversehrt aufgefunden. (126)

Die Wunderglocke zu Filzmoos

Die große Filzmooser Kirchenglocke (1703 angekauft) soll anfänglich einen viel schöneren Klang gehabt haben als die große Altenmarkter Glocke. Deshalb gönnten sie die Altenmarkter den Filzmoosern nicht und wollten sie um jeden Preis für sich haben. Als sie aber mit dieser Glocke über die Höll hinauffahren wollten, konnten sie dieselbe nicht mit zwölf Pferden hinaufbringen und spannten deshalb noch sechs Paar Ochsen vor. Aber alles umsonst. So mußten sie denn die Glocke den Filzmoosern wohl oder übel überlassen. Im Unmut darüber schlugen sie aber Nägel in die Glocke, so daß sie Sprünge erhielt und ihren schönen Ton einbüßte. Sie klang von nun an »wie ein zerbrochenes Häfen«. (127)

Die Glocke zu Velm

Der Glocke in der Kirche zu Velm wird eine große Wunderkraft zugeschrieben. Vor Jahren kam vom Schergenberg herab ein großer Stein ins Rollen und nahm seinen Weg direkt auf die Kirche zu, die unfehlbar schwer beschädigt worden wäre. Da läutete plötzlich die Glocke zum Morgengebet, und der Stein blieb dicht vor der Kirche liegen. (128)

Das Meeräugel

In der Nähe der ersten Hütte auf der Hofalm, welche gegenwärtig dem Pilzbauer gehört, im Quellengebiete der warmen Mandling, findet sich ein rundes Erdloch, das etwa zwei Klafter im Durchmesser hat und mit eisigkaltem Wasser gefüllt ist. Aus diesem Loch fließt ein Bach, silberhell und rein. Nach der Sage soll dieses Erdloch unergründlich und mit dem Meere in Verbindung sein, woher auch sein Name »Meeräugel« stammt.

Mehrere beherzte Burschen wollten einst die Tiefe desselben ergründen, nahmen eine große Weberspule voll Spagat und banden an das eine Ende desselben einen schweren Stein, den sie dann in das »Meeräugel« warfen. Die Spule entleerte sich allmählig des Spagats, von der Tiefe herauf aber ertönte plötzlich eine Stimme:

»Willst du mi dagründ'n (ergründen),
So will i di schlünd'n« (verschlucken)

Die Burschen hatten dies kaum vernommen, als sie auch schon erschreckt die Spule fallen ließen und so rasch als möglich das Weite suchten. Seitdem hat es niemand mehr gewagt, das Meeräugel, das auch mit dem hinteren Gosausee in Verbindung stehen soll, zu ergründen. (129)

Die »Freud am End«

Auf der Höhe des Radstädter Tauern hebt sich an der Westseite der Straße in einem Kar eine hohe kahle Felswand. Sie wird die »Freud am End« genannt. Einst ging ein Hirte des Nachts von seiner Liebsten, einer Sennerin, heim zu seiner Behausung. Er hatte sich verspätet, geriet nun in der Dunkelheit in die hohe Felswand über dem Kar und stürzte zu Tode. Seit dieser Zeit heißt die Gegend die »Freud am End«. (130)

Von Toten und Wiedergängern

Wolf Dietrich von Raitenau (Domenico Custodis, 1597)

Wolf Dietrich

Wolf Dietrich von Raitenau, ein Fürst von den seltensten Geistesanlagen, der berühmteste und bedeutendste unter den Erzbischöfen Salzburgs, lebt noch heute im Andenken des Volkes fort. Seiner Baulust dankt die Stadt die herrlichsten monumentalen Bauten. Als er nach jahrelanger Gefangenschaft auf der Feste Hohensalzburg endlich einging in das Reich des ewigen Friedens, ließ er sich in dem von ihm gegründeten Friedhofe zu St. Sebastian, in der Gabrielskapelle »in Mitte seines Volkes, das er im Leben so sehr liebte und im Herzen trug«, begraben.

Bald darauf verbreitete sich die Sage, Wolf Dietrich sei eigentlich nicht tot, sondern sitze in seiner Gruft unterhalb der Gabrielskapelle aufrecht da, Baupläne und Stiftsbriefe in der Hand haltend. Diese Sage behauptete sich bis in die letzten Jahrzehnte.

Eine andere Sage, an welche noch jetzt vielfach geglaubt wird, meldet, Wolf Dietrich sei keines natürlichen Todes, er sei an Gift gestorben. Zwei erzbischöfliche Soldaten hätten ihm dasselbe beigebracht und seien dafür hingerichtet worden. (131)

Die Friedhofsfahrt

Die Burschen von Unternberg verabredeten einmal, in einer Sonnnwendnacht mit einem Karren in den Friedhof zu fahren, in dem es von Geistern spuke. Sie hatten in ihrer Wette versprochen, zur Geisterstunde, also zwischen 12 und 1 Uhr nachts, dreimal um Kirche und Friedhof zu fahren. Als diese Zeit anbrach, nahmen die Burschen den bereitgestellten Karren und begaben sich damit in den Friedhof. Einer von ihnen setzte sich mit einem Schlegel in der Hand in den Karren. Mit diesem wollte er den Geistern, die ihm zu nahe kämen, auf die Finger klopfen. Während die anderen Burschen vorne am Karren zogen, blieb einer zurück und schob von hinten an. So zogen sie unter lautem Gejohle im Friedhof über die Grabhügel hinweg und um die Kirche. Die durch den Lärm herbeigerufenen Geister, deren Zahl sich immer vergrößerte, rannten dem Karren nach. Der Bursche, welcher in dem Karren saß, suchte sie mit seinem Schlegel davon abzuhalten, was sie aber nicht hinderte, ihnen zu folgen. Als sie das drittemal um den Friedhof herumkamen, hämmerte es vom Kirchturme die erste Morgenstunde.

Als die Burschen dies hörten und sahen, daß ihre Wette verloren sei, sprangen sie schnell über die Friedhofsmauer. Der letzte, der hinten am Karren angeschoben hatte, wollte über das Friedhofsgitter hinwegsetzen, blieb aber daran hängen. Die nachfolgenden Geister ergriffen ihn alsogleich und zerrissen ihn in tausend Fetzen. Am anderen Tage wurden seine Überreste in der Glockenstube auf dem Kirchturme aufgefunden. Desgleichen waren Karren und

Schlegel, welche die Burschen bei ihrer Flucht zurückgelassen, spurlos verschwunden. (132)

Der gespenstische Leichenzug

Der Reisacher (Verwalter des ärarischen Goldbergbaus) fuhr einmal von Kolm Saigurn nach Rauris, als er in einiger Entfernung einen Leichenzug sich langsam fortbewegen sah. Er wollte demselben ausweichen und vorfahren. Dreimal konnte er das, beim Manischen Gaßl, unterhalb der Einödkapelle und dann auf der Weidachseite, aber jedesmal, sooft er es auch getan hatte, ging der Zug doch wieder vor ihm, es blieb ihm nur, ebenso langsam gegen den Markt hin zu fahren, wo der Zug, in den Friedhof einbiegend, ihm aus den Augen verschwand. Als er fragte, wen man begraben, ergab sich, daß seit vierzehn Tagen niemand im Tal gestorben war. Anderen Tags starb plötzlich der größte Bauer im Tale. (133)

Die Totenfeier um Mitternacht

Ein Wanderer ging einmal zur mitternächtigen Stunde an der Friedhofkirche zu St. Gertrauden bei Mauterndorf vorüber. Da sah er alle Fenster der Kirche hell erleuchtet, und lauter Orgelklang tönte ihm entgegen. Als er voll Neugierde in die Kirche eintrat, sah er diese mit Andächtigen gefüllt. Der Priester am Altare las die Messe. Während derselben erfolgte ein allgemeiner Opfergang, wie er sonst bei einer Leichenfeier üblich ist. Bei diesem Opfergang sah der Wanderer viele bekannte Leute, die aber alle, soviel er sich erinnerte, schon gestorben waren. Und plötzlich kam es ihm zum Bewußtsein, daß überhaupt alle Menschen, die dieser nächtlichen Totenfeier beiwohnten, nicht mehr zu den Lebenden gehörten. Als er diese Wahrnehmung machte und sah, daß er sich mitten unter Toten befinde, befiel ihn plötzlich schreckliche Furcht, und wie von unsichtbaren Händen geschoben eilte er zur Kirche hinaus. Draußen im Friedhofsacker blieb er, noch vom Banne des Geschauten umfangen, ein wenig stehen. Da kündete die Turmuhr der nahen Pfarrkirche zu Mauterndorf die erste Stunde. In diesem Augenblick erloschen die Lichter in der Kirche, das Orgelspiel hörte auf, die Geister kehrten wieder in ihr Totenreich zurück, und Grabesstille und mitternächtiges Dunkel umfingen die Kirche und den Gottesacker von St. Gertrauden. (134)

Grabfrevel

Einst saßen in einem Gasthaus in Unternberg die Zecher lange über die Mitternachtsstunde beisammen und trieben wüste Späße. So verlangten sie von der Kellnerin, das Grabkreuz einer tags zuvor beerdigten Person vom Friedhofe zu holen und es ihnen zu bringen, wofür man ihr eine gute Belohnung in Aussicht stellte. Die Kellnerin ließ sich überreden, begab sich auf den Friedhof, zog das Kreuz aus dem Grabhügel und brachte es den in der Wirtsstube zechenden Gästen. Als sie es dann wieder zurücktrug und beim Grabhügel in die Erde stecken wollte, stieß sie unversehens auch ihre Schürze mit in den Boden. Kaum war dies geschehen, fiel sie vor Schreck um und war tot. So wurde die Freveltat bestraft. (135)

Die »Schreck«

Zwei Nachbarn hatten sich einst das Versprechen gegeben, daß der von ihnen, der zuerst sterben sollte, dem anderen Nachricht geben werde, wie es ihm im Jenseits ergehe. Kaum sieben Monate waren vergangen, als schon den einen die kühle Erde deckte, der andere voll Sorge wartete, was denn sein Nachbar ihm für Nachricht bringen werde.

Es war Zeit des Almauftriebes, und der Bauer trieb zeitlich früh seine Kühe gegen das Naßfeld. Da kam ihm vom Felsgebirge herab ein Reiter entgegen, in dem er mit Entsetzen seinen Freund erkannte. Unter Angst und Schrecken vernahm er nun die Schilderung der Qualen der Hölle, der jener entstiegen war, um dem Lebenden zu berichten. Und als er geendet, da sträubten sich dem Rappen die Haare, die Erde bebte, und unter dem Zucken der

Blitze und Heulen des Sturmes öffnete sich krachend ein Schlund, in dem mit fürchterlichem Aufschrei der Reiter mit seinem Rosse zur Hölle zurückfuhr.

Wahnsinn umfing den Freund, verstört wankte er noch einige Zeit durchs Leben, bis auch er vor seiner Zeit ins Grab sank.

Seither heißt der Abgrund hinter dem Wildbade im Volksmund die Schreck. (136)

Die Nachtsendin

Wenn eine Sendin recht nachlässig ist, viel Milch verschüttet, verpraßt oder verderben läßt, so muß sie nach ihrem Tod als Geist »nacharbeiten«, das heißt, sie muß alles, was durch ihre Schuld zugrunde gegangen ist, zu Butter und Käse verarbeiten.

So erzählt man sich an vielen Orten, daß dort die Nachtsendinnen beim Anbruch der Nacht ihr Werk auf einsamen Almhütten betreiben und daß sie nur dann erlöst werden können, wenn der ganze Vorrat, den sie in einer Nacht bereitet haben, bis zum ersten Hahnenschrei von unbescholtenen Menschen aufgezehrt ist. Mancher Jäger und Wildschütz, der an einer abgelegenen Hütte vorbeikam, will die Nachtsendin rufen gehört haben:

»Jaga auf da Host'n,
Magst net an Rührmüli kosten?«

Hat der Jäger genügend Schneid, dem Ruf der Nachtsendin zu folgen und ißt er wacker aus ihrem Vorrat, dann ist die Nachtsendin erlöst. (137)

Der erlöste Nachsenn

In Rauris hat einstmals ein Bauer auf seiner Alm den »Nachsenn g'wårt« (wahrgenommen), darauf sagte er zu seinem Werfer: »Wåann's di aufitraust und mir den Milchseicher und den Seichriedl bringst, kriagst di weißröklat Kuah von mir«. – »I trau mi

Sennerin vor den Almhütten (Matthäus Loder, um 1827)

scho«, erwiderte der Knecht und ging zur Alm hinauf. Als er sich der Hütte näherte, sah er unter der Tür einen Mann stehen, der ihm zurief: »G'winnst die Kuah und das Kålb a dazua«, packte dabei aber den Knecht und warf ihn den Berghang hinab. Dieser aber ließ sich nicht abschrecken und stieg sofort wieder den Berg hinan. Noch zweimal wiederholte die Gestalt den obigen Ausspruch, und noch zweimal warf sie den Knecht hinab. Als er aber wiederkam, gab der Nachsenn – denn dies war er – den Milchseicher und Seichriedl, dankte dem Knecht und sagte: »Nun bin ich erlöst«. (138)

Der umgehende Zockelmacher

Barbara Kendler, Kellnerin zu Rauris, erzählte:

Mein Ahnl war ein Karner, er hat Zockeln (Holzpantoffeln) g'macht auch am Vormittag von Georgi, einem Feiertag. Meines Vaters Schwester sagt: »Unter (während) der Kirchzeit darf man das nicht tun.« Er aber antwortete: »Ich möcht drei Jahr vor und drei Jahr nach dem Sterben nur Zockeln machen.« Richtig hat man ihn nach seinem Tode immer arbeiten gehört, im Winter sogar mit dem Bockschlittl bei der Hintertür »einareiten« (hereinfahren), und wenn zur Wandlung geläutet wurde, hörte man stets etwas fallen, als wenn es der Hammer oder der Zockelleist gewesen wäre. Als drei Jahre nach seinem Tode vergangen waren, ist er zu meiner Ahnl Bett gekommen und verlangte, sie solle ihm drei Messen lesen lassen und für ihn beten, dann wäre er erlöst. Sie tat dies auch, und von da an hat man ihn nicht wieder gehört. (139)

Das Achenlichtl

Beim Krinnerer Rain nächst Hundsdorf und bei Fürth, unweit von Kaprun, wurde noch vor einigen Jahrzehnten das häufige Erscheinen des »Achenlichtls« beobachtet. In dunklen oder regnerischen Sommernächten tanzte es am Ufer der Ache auf und ab und machte die possierlichsten Sprünge. Nicht selten kam es auch in die Wiesen, ja bis in die Nähe von Fürth herauf; hatte man es eben hier gesehen, so erblickte man es im nächsten Augenblicke weit davon an einem ganz anderen Orte. Ihm in die Nähe zu kommen scheuten sich die meisten Leute; denn es schreckte und verfolgte die nächtlichen Wanderer. Ein Mann, der einmal auf dem Heimwege vom Wirtshause ganz nahe an das Achenlichtl herankam und schon etwas im Kopfe hatte, so daß er seiner Sinne nicht mehr ganz mächtig war, sprach zum Lichtl also: »Geh', Achenlichtl, sei so gut und laß mich meinen Tabak anzünden!« Da kam er aber böse weg; denn als er mit seiner Pfeife hinkam, verbrannte ihm das Achenlichtl das Gesicht, daß er lange daran dachte. Manche wollen in der Nähe des gespenstigen Lichtes mitunter eine blaue Hand gesehen haben.

Das »Achenlichtl« aber soll nach der Sage die arme Seele eines Vaters sein, der sein unehelich geborenes Kind lebendig in einer Grube verscharrte, ohne von der irdischen Gerechtigkeit entdeckt worden zu sein. Da er im Leben der verdienten Strafe entgangen, muß er nun im Tode für seine Untat büßen und seine Seele der Ruhe entbehren. (140)

Das Turmschallweibl

An die Ruine Turmschall knüpft sich manche Sage. So sollen in den unterirdischen Gewölben derselben ungeheure Schätze begraben sein, die von einem Geiste, dem gefürchteten »Turmschallweibl«, bewacht werden. Vorübergehende vernehmen oft ein klägliches Jammern nach Erlösung.

Das Turmschallweibl muß der Erlösung so lange harren, bis aus den auf den Zinnen der Ruine stehenden Zirbelkieferbäumen in der Sägemühle Bretter geschnitten werden können; aus diesen Brettern muß dann eine Wiege gemacht werden, in der der Erstgeborene einer Familie heranwachsen muß. Dieses Kind, zum einstigen Manne herangereift, ist allein dann im Stande, das Turmschallweibl zu erlösen und wird es auch vollbringen. (141)

Die Salzmänner

Im Jahre 1573 wurde in dem Salzwerke am Dürrenberg in einer Tiefe von angeblich 6300 Schuh (630?) der Körper eines Mannes ausgegraben, welcher neun Spannen lang und noch nicht in Verwesung übergegangen war; denn Fleisch und Bein, Haar, Bart und Kleidung waren wohl konserviert. Das Fleisch war zwar hart und gelb, wie etwa das eines geselchten Stockfisches. Zu jener Zeit, da dies geschah, stand ein schrecklicher Kometstern am Himmel. Einen ebensolchen Mann grub man im Jahre 1616 im selben Berge in dem St. Georgenstollen aus und bewahrte beide Salzmänner in einem Kämmerlein nächst dem Stollen Clamereis, woselbst sie durch Jahre hindurch lagen und von alt und jung angestaunt wurden. Als sie aber endlich zu riechen begannen und sichtlich der Verwesung anheimfielen, da hat man sie christlich begraben. (142)

Die schwarze Frau

Die Frau des Schneidermeisters in St. Margarethen besorgte lange Zeit in der dortigen Pfarrkirche das Aveläuten. Als sie wieder einmal an einem Morgen zum Läuten in die Kirche ging, kam sie beim Wirt vorbei. Es ging noch lustig zu, denn die Nacht über war Tanz gewesen. Da sah die Schneidermeisterin vor den Fenstern der Gaststube eine in Schwarz gekleidete Frau stehen, die mit todblassem Gesichte dem tollen Treiben der Gäste zuschaute. Als die Schneidersfrau näher hinzukam, erkannte sie zu ihrem nicht geringen Schrecken in der Gestalt am Fenster die ehemalige Frau dieses Hauses, die verstorbene Wirtin, welche erst vor kaum vierzehn Tagen beerdigt worden war. Als diese die Schneidersfrau herankommen sah, wandte sie sich rasch vom Fenster ab und huschte in den Friedhof, wo sie verschwand. Die Schneidersfrau, sonst eine beherzte Person, überkam nun eine solche Furcht, daß sie sich nicht mehr bei derselben Friedhofpforte, durch welche die Wirtin gegangen, hineinzugehen getraute, sondern nurmehr von der gegenüberliegenden Pforte aus den Friedhof betrat. (143)

Die Begegnung

Der alte Schloßbauer zu Moosham ging einmal spätabends nach Hause. Es war im Sommer zur Erntezeit, der Vollmond beschien die reifen Getreidefelder, und leise wogten die goldenen Ähren im Abendwinde. Da sah er unterhalb des Schlosses Moosham einen Mann im Felde stehen. Er hatte sich den Rock ausgezogen und war eifrig mit dem Aufhiefeln der Getreidegarben beschäftigt. Als der Schloßbauer näher kam, erkannte er im hellen Scheine des Vollmondes den Reischlbauer aus dem Nachbardorf. Der Schloßbauer blieb nun stehen und rief dem ihm wohlbekannten Nachbar zu: »No, was machst denn du noch da? Willst's nit guat sein lassn für heut?« Doch der Angeredete gab keine Antwort, sondern arbeitete, ohne sich im geringsten stören zu lassen, ruhig weiter. Als der Schloßbauer daraufhin seinen Weg fortsetzte, überkam ihn plötzlich ein solcher Schrecken, daß er nicht mehr wußte, wie er nach Hause kam. Es war ihm nämlich eingefallen, daß der alte Reischl ja schon gestorben war und dies wohl sein Geist gewesen sein müsse. (144)

Die kalte Pein

An der Grenze zwischen dem Pinzgau und dem Zillertal, in der Gerlos, erhebt sich ein scharfer, mit ewigem Schnee bedeckter Bergkogel, den man die Reiche Spitze nennt. Seit alters her weiß man, daß sich knapp unter dem Gipfel einige Höhlen befinden, in deren Tiefen kostbare Schätze ruhen. Jeder, der den Mut und die Entschlossenheit besitzt, in diese Höhlen vorzudringen, kann dort Edelgestein und kostbare Metalle finden, soviel er nur zu tragen vermag. Im Leben wird es ihm immer gut gehen, aber wenn er gestorben ist, ist er verdammt, bei den Schätzen in der Höhle zu wachen. Dabei wird er von furchtbarster Kälte gequält, er muß, wie man im Volk sagt, »die kalte Pein erleiden«. Es ist immer eine Anzahl von Wächtern auf ihrem Posten in der Höhle, und sobald ein neuer Goldhüter ankommt, wird die Seele dessen, der am längsten in der Höhle gewacht hat, erlöst und kann zur ewigen Ruhe und zum himmlischen Frieden eingehen.

Ein Bauer aus Stumm im Zillertale kam einst von einem weiten Marsche heim. Der Morgen graute bereits, wolkenlos war der Himmel, und der Tag versprach ein schönes und klares Wetter. Als der Bauer durch seine Wiesen dahinschritt und die üppigen Saaten mit Wohlgefallen betrachtete, dachte er bei sich: »Jetzt heißt's Sensen dengeln, solange es der Arm aushält.«

Er nahm sich vor, soviel als irgend möglich zu mähen, denn es war ein so heißer Tag, daß die Sonne am gleichen Tag schon das Heu rauschdürr machte.

Auf einmal trat sein Nachbar ihm entgegen, der war in ein dickes Lodenwams gehüllt, hatte dicke Pelzfäustlinge angezogen und trug um den Hals einen gestrickten Schal. Der Bauer mußte zuerst

See im Gebirge (Gouache von Karl Friedrich Schulze)

lachen darüber, daß ihm mitten im Hochsommer jemand in einer solch winterlichen Vermummung begegnet, und fragte ihn neugierig: »Ja, wo willst denn du hin, Nachbar, marschierst vielleicht gar übern Tauern?«

Der Angesprochene erwiderte nur recht unfreundlich und mit einer hohlen Stimme: »Auf die Reiche Spitze muß ich, Schätze hüten.«

Kopfschüttelnd sah ihm der Bauer nach, denn er verstand den Sinn dieser Antwort nicht. Als er aber nach Hause kam, überraschte ihn sein Weib mit der Botschaft, daß sein Nachbar in der Nacht vorher plötzlich sterbenskrank geworden war und vor wenigen Augenblicken das Zeitliche gesegnet habe. Nun teilte er seine Begegnung mit, und jetzt ging beiden ein Licht auf. Der verstorbene Bauer war nämlich vor Jahren nahe daran gewesen, Haus und Hof zu verlieren, aber über Nacht hatte er auf rätselhafte Art Hilfe gefunden und war in kurzem der reichste Bauer weit und breit geworden. Niemand vermochte sich damals die Sache zu deuten, aber jetzt war es klar, daß er nur dadurch, daß er in der Höhle auf der Reichen Spitze Schätze gefunden hatte, gerettet worden war. Welchen Lohn aber hatte er nun dafür zahlen müssen! (145)

Die Keesschieber

Der äußerste, hinter der Hohenburg gelegene Teil des Wasserfalltales heißt Mosen. Von dorther kamen einst die »Keesschieber« (Kees = Gletscher, Eis), nachdem die Hüter von den Wasserfall-Almen abgezogen waren, mit beschneitem Gewande und eisigen Schuhen in die Hütten, um sich daselbst etwas zu erwärmen. Es waren das verwunschene Bauern, die in Mosen einen heftigen Grenzstreit hatten und sich nicht einigen konnten, bis der strittige Boden ganz und gar von Eis überzogen wurde, das sie sich vergeblich zurückzuschieben bemühten. Daher der Name Eis- oder Keesschieber. (146)

Die Seelen der Ertrunkenen

Knapp zwanzig Schritte neben dem Königsbach, am östlichen Ufer des Königssees, sieht man bei minderem Wasserstand an dem jäh aufsteigenden Felsen eine Höhle, die vom Volk das Kuchler oder Gollinger Loch genannt wird. Wirft man in dieses Loch Laubblätter oder Sägespäne hinein, so kommen diese im Schwarzenbach-Wasserfall wieder zum Vorschein, denn der See steht mit diesem Wasserfall durch unterirdische Gänge und Klüfte in Verbindung. In diesen finsteren Öden und Höhlen hat der Wassergeist die Seelen von allen im See Ertrunkenen gefangen, und über jede

Die Salzachbrücke mit der Veste Hohensalzburg (Aquarell von Josef Höger, 1833)

gefangene Seele hat er einen großen tönernen Topf gestülpt. Darum gibt auch der See die Ertrunkenen nicht mehr frei, und erst wenn es einem Sterblichen gelingt, die Töpfe in den unterirdischen Löchern umzuwerfen, sind die Seelen der Toten erlöst und gehen zur ewigen Ruhe ein. (147)

Frevel und Sühne

Juvavia

Bis dicht an den Fuß des Untersberges erstreckte sich einst die alte Römerstadt Castrum Juvavum oder auch kurzweg Juvavia geheißen, zu deutsch die Helfenburg. Kaiser Julius Cäsar gilt als der Gründer des Kastells, der es zum Schutz des Römerreiches wider die mächtigen Germanen angelegt und mit einer starken Besatzung versehen hatte, indes Kaiser Hadrianus dortselbst eine römische Kolonie angesiedelt haben soll. Diese Stadt blühte in wenigen Jahren zu ungeahnter Größe empor und breitete sich weit über jene Gefilde aus, in welchen die heutige alte Bischofsstadt Salzburg liegt. Allein mit der Größe der Stadt wuchs auch die Sündenlast der Einwohner, die bald weder die Götter noch den einigen Gott ehrten und allen möglichen Lastern frönten, so daß endlich Gottes Strafgericht über die sündige Stadt hereinbrach.

In einer Nacht des Schreckens und Entsetzens versank die ganze Stadt mit Mann und Maus; an ihre Stelle trat ein weites, ödes Moor (Moos), das noch heute in unabsehbarer Fläche sich längs des Untersberges hinzieht. Dort ist es zur Nachtzeit nicht geheuer, denn Geister treiben daselbst ihren unheimlichen Spuk, verlocken den arglosen Wanderer und ziehen ihn dann hinab in die unergründlichen Tiefen.

Unter Erzbischof Johann Ernest, Graf von Thun, suchte man in den Moorgründen nach der versunkenen Stadt; eine alte Mauer, welche sich vom Mönchsberg unweit des Daunschlosses im Weingarten herabzog, hielt man für eine Ruine der alten Juvavia, und eine Inschrift, welche jener Erzbischof diesbezüglich in Stein hauen ließ, bildet den Stützpunkt dieser Sage. (148)

Der Kirchhof von St. Peter in Salzburg (Stahlstich von Johann Fischbach, um 1852)

Der steinerne Brotlaib in der Stiftskirche St. Peter

Innerhalb des eisernen Gitters, welches das Innere der St. Peterskirche abschließt, hängt rechts an der Wand ein an einer zwei Schuh langen Kette befestigter Stein, welcher genau die Form eines großen Brotlaibes hat, wie solche die Bauern zu backen pflegen.

Dieser Stein wurde im Jahre 1603 von F. Wolfgang Burger, Vikar zu Seewalchen, dem damaligen Abte Martin von St. Peter mit einem eigenhändigen Schreiben übersendet und dem Kloster zum Geschenke gemacht. In diesem Briefe wird die Legende dieses Steines folgendermaßen erzählt:

Miraculum

Es ist vor wenig Jahren zu Leupichl in einem Dorfe am Mansee gelegen eine Bäurin gewest, welche fast alle Sonntag, Fest- und Feiertag den Kirchgang und Gottsdienst versäumt und unterlassen, sondern wann Anderleut gen Kirchen gangen, hat sie dieweil allerlei Hausarbeit verricht. Und als sie einsmals an S. Leopoldstag, der desselben Orts feierlich und Dedicatio Ecclesiae (Kirchweihe) gewest, hat sie auf genennten Tag neben anderer Arbeit auch Brot gebacken. Als sie aber von einer ihrer Nachbäurin angeredet und gestrafft (ausgescholten, zurechtgewiesen) worden, warum sie gleich auf diesen h. Tag am Feiertag Brot backe, und nit neben andern Christen den Gottsdienst besuchte, es möchte sie Gott und S. Leopold etwa darum strafen. Darauf die Brotbäckerin trutzig geantwort und gsagt: Feiertag hin, Feiertag her, Leupl (Leopold) hin, Leupl her, ich hab's Brot schon im Ofen. Als gemeldte Bäurin in Ofen zum Brot gesehen und das Brot herausnehmen wollen, sind die Laib (deren zwölf gewest) in Sandstein verwechselt und also gefunden im Ofen geblieben, welche hernach von vielen Leuten also gesehen worden. (Hernach aber von den Christen an mancherlei Örter wegen des beschehenen Mirakel hinweggetragen worden.)

Als ich F. Wolfgang Burger den 14. Monatstag Juni Anno 1603 beim Herrn Casparo Barttl, Pfarrherr zu Nußdorf, auch am Attersee gelegen, und zum Kloster Traunkirchen gehörig, gewest, hat er mir deren steinen Laib einen von den zwölfen fürgewiesen und gezeigt. Demnach auf mein vielfältigs emsigs Bitten und Begehrn, hat er mir denselben verehrt und zustehen lassen, welchen ich mit mir übern Attersee gen Seewalchen geführt. Und eben zur selbigen Stunde, als ich mit dem genannten Laib zu Hause komme, kommt Johann Egger, mein Schulmeister, samt dem Hans und Adam Lüxl zu Heining, meine Pfarr- und Zehentleut. Und unter anderm, als wir von solchem Mirakel reden, und ihnen den steinen Laib gezeigt, sagt gemelter Hans Lüxl, ein junger Bauer, er wisse das Ort, wo solches geschehen, hab' auch den Ofen gesehen, darinnen nur noch zwei solche Laib gewest. Sein Mitgsell aber so damals mit ihm auf S. Wolfgang kirchfährten gangen und ihn zum genannten Ofen geführt, als nämlich Hans Neuhofer zu Perg, so auf dem Meindlgut daselbst gehauset, hab ihm angezeigt, wie er zuvor alle 12 Laib im Ofen gesehen. Diese Pfarr Berg stoßt mit der Pfarr und Dorf gleich an Seewalcher Pfarr, und muß ein Pfarrherr solche von Schirfling aus mit einem Priester versehen lassen.

So viel, wie gewollt, hab ich von diesem Mirakel in Erfahrung bringen können, und ist wohl glaublich, daß die Lutheraner dies

Wunderzeichen gering geacht. Derweg hab ich gleich im Anfang gedacht, solchen Laib entweder zum Kloster Peyrn (Michaelbeuern) oder E. G. zu derselben St. Peters Kloster zu verehren. (149)

Die Blutschande von Moosham

In einem Zimmer des unteren Schlosses befindet sich ein Gemälde, welches vier Personen, zwei männliche und zwei weibliche, in Brustbildern zeigt. Das Bild zur Linken stellt ein Mädchen mit fliegendem Kopfhaar und kummervollem Gesichte dar; über ihr ist eine Elster zu sehen. Daneben ist ein Mann mit einem auf der Brust geöffneten Hemde abgebildet. Seine Gesichtszüge drücken Verzweiflung und Gram aus. Über ihm sitzen zwei Raben, von denen der eine nach dem Kopfe des Mannes pickt. Die dritte Person ist ein Mädchen mit unschuldsvollem, wunderlieblichem Antlitze; reiches blondes Haargeflecht zieht sich unter dem Hut gegen die Schläfen herab. Das letzte Bild aber zeigt einen Menschen von verwildertem Aussehen. Schadenfreude liest man aus seinem Gesichte. Er hat den Daumen zwischen den Zeige- und Mittelfinger gesteckt und blickt mit einem Gesichte, das Hohn und Spott ausdrückt, zu dem erstgenannten Manne hinüber. Über diese seltsame Bildergruppe geht im Volke folgende Sage:

Es lebten einst zwei Brüder aus dem Rittergeschlechte von Moosham, welche zwei Schwestern hatten. Beide Brüder verliebten sich in die eine der Schwestern, über welcher die geschwätzige Elster als Zeichen, daß nichts verborgen bleibt, zu sehen ist. Der ältere fand Gegenliebe; höhnend wies er dem jüngeren den Daumen. Dieser, der sich in seiner Leidenschaft betrogen sah, geriet darüber in wilde Raserei. Seiner selbst nicht mehr mächtig, ermordete er den Bruder und stürzte sich dann aus Verzweiflung über seine eigene Untat vom hohen Söller auf den felsigen Grund des Burggrabens hinab, wo er zerschmettert liegenblieb, den wilden Raubvögeln eine willkommene Beute. (150)

Mehrlingsgeburten

Die Hunde von Dorfheim

Von Saalfelden eine Viertelstunde entfernt erhebt sich auf mäßiger Höhe Schloß Dorfheim, mit Ringmauern und Ecktürmen wohl versehen. Ehedem hieß das Schloß der »Turm zu Dorf« und war Eigentum der Ritter von Hunt. Von diesen gibt uns die Sage folgende Kunde.

Um das Jahr 887 wohnte auf dem Schlosse ein mächtiger Gauherr, Isenbart mit Namen, der in Frau Irmentritt ein gar schönes, aber auch stolzes Weib besaß. Einst zog der Ritter aus auf einen Strauß und ließ seine eheliche Gesponsin, welche sich eben gesegneten Leibes befand, auf seiner festen Burg zurück, inmitten treuer Diener.

Eines Tages lustwandelte die Burgfrau vor dem Schlosse, da trat ein armes Weib, das eben erst von Zwillingen genesen war, an sie heran und bat flehend um eine Gabe. Frau Irmentritt aber verweigerte ihr nicht nur diese, sondern ließ sie mit gar harten Worten an: »Nimmer ist es möglich, daß du von einem Manne diese Kinder empfangen! Mir deucht, du bist eine treulose Ehebrecherin! Deshalb hebe dich von dannen und lasse nie mehr vor mir dich blikken!« Da stieg dem schwer gekränkten Weibe der Zorn, und heftig rief sie: »Strafe dich Gott, daß du statt zweier zwölf Kinder zugleich genesest, auf daß dir klar würde, wie ohne Sünde ein Weib von einem Manne durch Gottes Verhängnis mehrerer Kinder Mutter werden kann!«

Mit diesen in höchster Erregung gesprochenen Worten entfernte sich die Bettlerin. Frau Irmentritt fühlte aber bald darauf die Stunde herannahen, da sie Mutter werden sollte. Zu ihrem Entsetzen gebar sie zwölf Kinder, der Bettlerin Fluch war rasch in Erfüllung gegangen. Da sie sich früher schon auch gegen ihren eigenen Gemahl in so strenger Weise wie gegen das arme Weib ausgesprochen hatte, so fürchtete sie nun dessen ganzen Zorn und gebot in ihrer Angst einer Magd, elf der Kinder in einen Korb zu legen und zu ertränken. Sollte ihr zufällig auf dem Wege zum Wasser der Ritter begegnen, so solle sie sagen, sie trüge eben erst geworfene junge Hunde zum Flusse.

Wirklich wollte es das Schicksal, daß die Magd dem Grafen in den Weg lief. Er hielt sie an, frug, was sie im Korbe trüge, und schlug, da er sie plötzlich verlegen werden sah und die ihm stotternd erteilte Antwort unwahr erschien, den Deckel des Korbes zurück. Mit Schaudern erblickte er darinnen die elf nackten Knäblein. Die Magd, von Todesangst erfaßt, warf sich ihm zu Füßen und erzählte ihm den ganzen Hergang. Der Graf gebot ihr strenges Schweigen und brachte die Kinder in das entlegene Gehöfte eines seiner Untertanen, dessen Ehefrau er die Kindlein in die Obhut übergab; dann ging er auf sein Schloß und ließ sich auch nicht das geringste anmerken, daß er um alles wisse.

So verfloß eine Reihe von Jahren. Der zurückbehaltene Knabe wuchs und blühte kräftig auf, desgleichen seine elf Brüder. Da nun die Knaben das zwölfe Lebensjahr erreicht hatten, veranstaltete Isenbart ein großes Festmahl, zu dem er viele seiner Freunde lud und auch die Knaben insgeheim beschied, welche er ganz gleich mit dem zwölften kleiden ließ. Während des Mahles, an welchem Irmentritt, die Herrin der Burg, gleichfalls teilnahm, warf Isenbart gesprächsweise die Frage auf, welche Strafe einer Mutter gebühre, die eines oder mehrere ihrer eigenen Kinder ermordet habe. Darauf sprach Frau Irmentritt, zwar mit innerem Beben im Bewußtsein der eigenen Schuld, aber doch in stolzer Sicherheit: »Die fürchterlichste Strafe! Man muß die Kindesmörderin verbrennen!«

Da öffnete sich auf einen Wink des Grafen die Türe, welche in das anstoßende Gemach führte, und heraus traten elf Knaben, welche dem zwölften, am Tische sitzenden in allem und jedem glichen. Wie vom Donner getroffen, stürzte Frau Irmentritt entseelt vom Stuhle, der Schreck hatte sie getötet.

Die so wunderbar geborenen und vom Tode erretteten Knaben nannte man fortan die Hunde, später die Herren von Hund oder Hunt. Sie blühten fort in zahlreich verzweigten Geschlechtern. Ein Gemälde in einem der Säle zu Dorfheim zeigt noch die Sage ihrer Abkunft. (151)

Der böse Schafhirt

Am Vorderrieding erhebt sich ein jähes Gewände, an seinem Fuße liegt ein einsamer See. Dort lebte einstmals ein Schafhirt, schier noch ein Knabe, doch böse waren sein Herz und sein Sinn. Oft trieb er die Schafe zusammen und stürzte dann rein zum Kurzweil eines der unschuldigen Tiere in die Tiefe. Einmal kam ihn wieder solch grausame Lust an, und er wollte abermals ein Schaf packen. Das arme unschuldige Tier wehrte sich nicht, aber im Augenblicke, als sein Mörder es faßte und vom Boden heben wollte, machte es einen Sprung über den schwindelnden Abgrund, und begraben lagen Schaf und Hirt unten im tiefen See! (152)

Der Ring der Weitmoserin

Die Frau des Gewerken Weitmoser war gar stolz und »håg'sechn« (hochmütig); als sie einstmals durch die Gasteiner Klamm ritt, verlangte eine Bettelfeggin (zerlumptes Weib) von ihr eine Gabe. »Aus dem Weg, Bettelvolk«, sagte die Weitmoserin. Da rief ihr das arme Weib einen Fluch nach, daß sie verarmen möge. Die Weitmoserin aber wendete ihr Roß, zog einen Ring vom Finger und sagte, während sie ihn in die tosende Ache warf: »So wenig wie dieser Ring wieder zum Vorschein kommt, so wenig wird sich das Golderz vermindern.« Bald darauf wurde eine Forelle gefangen, in deren Leib man den Ring der Weitmoserin fand. Von da an nahm der Bergsegen ab und ist nie mehr wiedergekommen. (153)

Die Loferer Jungfrauen

Ein mit Schätzen reich gesegneter Mann besaß drei Töchter, von welchen eine des Augenlichtes beraubt war. Als er am Sterbebette lag, empfahl er diese den Schwestern ganz besonders an und beschwor sie, für ihr leibliches und geistiges Wohl nach Kräften zu sorgen und sie im Erbe ja nicht zu verkürzen. Sie sicherten dies zu, und bald schloß der Vater die Augen für immer. Als es nun zur Teilung der Barschaft kam, nahmen die sehenden Schwestern, da das Zählen zu langsam gegangen wäre, ein Scheffel und maßen das Geld. Für sich machten sie das Maß übervoll, für die blinde Schwester aber kehrten sie das Scheffel um und belegten nur den Boden mit Geld. Dann ließen sie die Betrogene tasten, ob das Gefäß voll sei, was diese, da sie ja nur fühlen, aber nicht sehen konnte, allemal bejahte. Diese ungerechte Übervorteilung der Armen blieb aber nicht ungestraft. Beide Schwestern müssen im Loferer Loch den unterschlagenen Schatz bewachen, bis er auf den letzten Pfennig behoben ist. Wer in das Loch einzudringen den Mut hat, findet in demselben eine Truhe voll Geld, welche ein Hund mit feurigen Augen bewacht und jedem Ankömmling grimmig die Zähne zeigt. Bleibt man unerschrocken, so kann man der Truhe Geld entnehmen, soviel man tragen kann, und gelangt am entgegengesetzten Ende ins Freie. Würde aber jemand mehr nehmen, dann müßte er seine Geldgier mit dem Leben bezahlen. Die beiden Jungfrauen lassen sich öfter, meist zu den heiligen Zeiten des Jahres sehen; die eine von ihnen, welche der Erlösung näher ist, sieht halb schwarz, halb weiß aus. Im frisch gefallenen Schnee wurden oft Fußstapfen bemerkt, welche zur Höhle führten. (154)

Blick auf Lofer (Friedrich Wilhelm Schlotterbeck, nach 1806)

Der gußeiserne Hirsch

Auf seinem Schlosse zu Salzburg lebte vor vielen hundert Jahren ein Fürst, der mit wahrer Leidenschaft dem edlen Weidwerke frönte. Um seine Herrscherpflichten kümmerte er sich wenig und ließ seine Räte schalten und walten, wie's ihnen beliebte, wenn nur er im Jagdvergnügen nicht gestört wurde. Von Natur aus ein gar strenger Herr, kannte sein Zorn gegen Wilddiebe keine Grenzen, und wehe, wenn ein solcher ergriffen wurde, ihm war der peinlichste Tod gewiß.

Anfänglich ließ er jeden Wilderer, dessen er habhaft wurde, auf einen lebenden Hirsch schmieden und gab dem Tiere dann die

Freiheit, das die ungewohnte Last auf jedmögliche Weise abzuschütteln suchte und dabei dem Opfer menschlicher Grausamkeit oft die namenloseste Pein bereitete. Da er aber vernahm, daß hie und da ein Wilddieb seinem fürchterlichen Schicksale dadurch entrissen wurde, daß seine Genossen den Hirsch erlegten, sann er auf andere Strafe, der der Wildfrevler nimmer entrinnen sollte. Er ließ einen Hirsch aus Gußeisen herstellen, dessen Körper hohl war. Wurde ein Wildschütze eingefangen, so setzte man ihn auf diesen Hirsch und kettete ihn fest an. Sodann füllte man den hohlen Raum mit Brennstoff und entzündete diesen. Nach und nach wurde das Eisen rotglühend und der arme Wilderer auf entsetzliche Art zu Tode gebraten.

Für seine beispiellose Grausamkeit erntete der Fürst aber auch eine fürchterliche Strafe. Er wurde von einer schrecklichen Krankheit befallen, welche kein Arzt kannte, noch auch zu heilen vermochte. Sein ganzer Körper bedeckte sich mit Geschwüren und Beulen, aus welchen zahllose Läuse hervorkrochen. Was nützte es, daß er täglich in die köstlichsten Bäder gesetzt und von dem ekelhaften Ungeziefer gereinigt wurde; je mehr von diesen garstigen Tieren vertilgt wurden, desto mehr wuchsen wieder nach. Dem Rate seiner Leibärzte Folge leistend, ließ er sich nach Blühnbach bringen. Aber auch der Aufenthalt im Blühnbachhain half nichts mehr; die Krankheit nahm immer mehr überhand.

Eines Tages fand man ihn auf einem Bühel, wohin er sich hatte tragen lassen, tot. Das Ungeziefer hatte ihn getötet. Seit jener Zeit führt dieser Bühel den Namen »Lausbühel«. (155)

Die verwunschene Alm

Die Alpe, welche zwischen dem hohen Göll und dem Roßfelde liegt und heute öde und kahl ist, schmückten einst üppige Wiesen und dichte Wälder, deren frisches Grün Auge und Herz erquickte.

Die Senner, welche hier wohnten, heimsten in Hülle und Fülle die Segnungen des Bodens ein und wurden überreich dabei. Reichtum verleitet indes nicht selten zu frevlem Übermut. So war's schließlich auch hier. Der eine von den Sennern, welcher gewöhnlich der »lange Sepp« genannt wurde, badete sich am Ende nurmehr in reiner Milch. So machte er es auch trotz aller Warnungen seiner Nachbarn am heiligen Christabende, er sollte zum letzten Male solchen Frevel getrieben haben. Denn mit der zwölften Nachtstunde umwölkte sich plötzlich der Himmel, und unter entsetzlichem Sturmgebrause erhob sich ein Schneegestöber, das erst endete, als von den Sennhütten und anmutigen Triften jede Spur verschwunden war und für immer verwischt blieb. An jener Stelle aber, wo des »langen Sepps« Hütte stand, breitete sich ein Eisfeld aus, nach welchem die Alpe auch oft »das Eisfeld« genannt wird.

Ein altes Mütterchen aus dem nahegelegenen Markte Kuchel sagt, das Eis sei aus jener Milch entstanden, welche Sepp zu seinem letzten Bade benützt habe. (156)

Die übergossene Alm

Im Hintergrunde des Imlau- und Hölltales erblickt man eine mit ewigem Schnee bedeckte Hochfläche von ein und drei Viertelstunden Länge und drei Viertelstunden Breite; sie bildet die Scheidewand zwischen Werfen und der Pinzgauer Urslau und wird die »übergossene Alm« genannt. Vor Zeiten standen hier inmitten freundlichem Waldesgrün, umgeben von grasreichen Wiesen, freundliche Sennhütten, in welchen gar schöne und reiche »Dirndln« als Sennerinnen hausten. Wiewohl von ihren Eltern in Gottesfurcht erzogen, arteten sie hier oben, wo sie sich so ganz allein überlassen waren, aus und verfielen in Sünden aller Art. Sie verübten bald mancherlei Frevel und führten ein wahres Leben der Schande. Den Kühen hingen sie silberne Glocken um den Hals, den Stieren vergoldeten sie die Hörner, ließen den Wein fässerweise aus Salzburg bringen und bewirteten damit lustige Jägerburschen, mit welchen sie den ganzen Tag über tanzten und sangen. Das Beten hatten sie längst vergessen, dagegen taten sie alles, was sündhaft war: pflasterten den Weg zu ihren Hütten mit Käslaiben, füllten die Lücken mit Butter aus, damit der Teufel mit seinen Brüderln etwas zu fressen hätte, wenn sie des Nachts kämen; ein andermal badeten sie sich in Milch oder formten aus Butter Kugeln, mit welchen sie

Die Burg Hohenwerfen (Ernst Welker, um 1828)

sich scherzend bewarfen, mit einem Worte, sie würdigten die Gottesgaben auf jede mögliche Weise herab.

Da kam eines Tages ein Wanderer auf die Alpe, der vor Müdigkeit und Erschlaffung kaum noch soviel Kraft hatte, sich bis zur nächsten Alphütte zu schleppen und daselbst um Nachtherberge zu flehen. Statt nun des alten Mannes Bitte zu erfüllen, wiesen sie den Armen mit den Worten ab: »Der Teufel mag dir Herberge geben, wir bedürfen keines so ungebetenen Gastes!« Nochmals wiederholte jener sein Flehen, doch vergeblich.

Jetzt war das Maß der Sünde voll, und den Frevlerinnen hatte das letzte Stündlein geschlagen. Kaum hatte sich der Wanderer entfernt, da wälzte sich's von den Teufelshörnern her in dunklem, unheimlichem Gewoge, und ein furchtbarer Sturm erhob sich, daß den Sünderinnen angst und bange wurde. Ihre Lippen versuchten zu beten, aber umsonst. Gottes Strafgericht brach herein. Große Schneemassen stürzten vom Himmel und begruben die Frevlerinnen samt ihren Hütten für ewige Zeiten. (157)

Der See am Bockkar

Am Fuße des Bockkar in der Gastein liegt ein kleiner See, der in seinen Tiefen die kostbarsten Schätze birgt. In alten Zeiten kamen auch alljährlich Taucher aus Italien und holten sich aus dem See Gold und Silber die Menge, das sie dann mit in ihre Heimat nahmen.

Jene Stelle nun, welche gegenwärtig der See einnimmt, war ehedem ein ungemein fruchtbarer und reicher Landstrich gewesen; aus jeder Felsspalte fast trat Gold und Silber zutage. Allein allzu viel Glück macht übermütig; so ging es auch hier. Das Volk und insbesonders die Bergknappen wußten sich bald vor Hochmut nicht mehr zu helfen; sie warfen mit silbernen Platten nach dem Ziele und tranken die Weine nurmehr aus goldenen Geschirren. Dabei waren sie hart gegen Arme und Unterdrückte und lästerten Gott und die Religion. Endlich ereilte sie aber die längst verdiente Züchtigung, und das Strafgericht Gottes kam über sie auf fürchterliche Weise. Unabsehbare Eismassen überdeckten auf einmal die erzreichen Berge, deren grüner Schmuck unter ihnen bald verschwand. Bis ins Tal herab erstreckten sich die Eisflächen und zerflossen hier unter den sengenden Strahlen der Sonne. Ungeheure Wassermengen begannen sich zu sammeln, welche stürmend und tosend vergeblich nach einem Abfluß suchten. Immer höher und höher stiegen die Wasser und verschlangen mit den großen Schätzen alles, was Leben hatte. So entstand der See am Bockkar. Bei heiterem, stillem Wetter und wenn das Wasser des Sees vollkommen klar und ruhig ist, sieht man noch heute in der Tiefe desselben gar wunderliche Gebilde, zahllosen Stämmen übereinander gestürzter Wälder ähnlich. (158)

Die steinerne Agnes

Von den Rothöfen am Lattengebirge schaut in das kleine Berchtesgadener Ländchen eine mächtige Felsspitze herab, die »steinerne Agnes« genannt. Agnes war einst die schönste Dirne weit und breit gewesen. Flink bei der Arbeit, lustig und froh im Kreise ihrer Freundinnen, war sie gepriesen und beliebt wie keine zweite und oftmals bei Schallmei und Hackbrett zur Königin erwählt. Also gefeiert, wurde sie aber alsbald stolz gegen ihre Mitschwestern und von abstoßendem Übermut erfüllt. Allein: »Hochmut kommt vor dem Fall!« Dieses Sprichwort sollte sich auch an ihr bewahrheiten. Ein schmucker Jägersmann wußte sich in ihr Herz zu stehlen, sie ward verführt, ihrer Unschuld beraubt und wagte sich bald nicht mehr zu Spiel und Tanz, damit ihre Schande nicht offenkundig würde. Aber geheimer Gram lastete schwer auf ihrer Seele; denn ihr Verführer ließ sich nicht mehr blicken.

Da hüllte sich der Teufel in Jägertracht, ging zu der armen Agnes und sprach: »Was härmst du dich? Du bleibst ja doch wie vor und ehe die schöne, flinke Agnes; ein Druck der Hand – ein Laut – und wie alles Weh lischt auch das Lebenslichtlein deines Kindleins aus!« – Schaudernd hört es Agnes, was der Versucher ihr ins Ohr flüstert. Lange ringt sie mit der Mutterliebe in ihrem Herzen; sie sieht auf der einen Seite unausbleibliche Schande, den Spott und Hohn ihrer Mitschwestern, auf der anderen Vergessenheit dessen, was

Der Hintersee im Berchtesgadener Land (Gemälde von Johann Nowopacky)

geschehen, und der Böse hat den Sieg über die Mutter davongetragen, sie tötet ihr Kind mit eigener Hand. Solch scheußliches Verbrechen ereilte aber sofort die Strafe Gottes. Zum Schreckbild auf die Zinne hinausgerückt, starrt Agnes, zu Stein geworden, von der schroffen Wand hinab ins Tal. (159)

Der Kindskogel

Eine Sennerin scherzte mit ihrem Buhlen, indes ihr Kindlein unten am Anger spielte. Das Mutterauge wachte nicht schützend über dasselbe und sah auch nicht den Adler, der hoch oben in den Lüften auf die kostbare Beute lauert, die sein Blick erhascht hat. Jetzt fährt er mit Blitzesschnelle herab auf das arme Kindlein, packt es mit den scharfen Krallen und führt seinen Raub empor ins Felsennest, wo die jungen Adler schon des leckeren Bratens harren. Ein entsetzliches Jammergeschrei des Kindes durchzittert die Lüfte – Mutter und Buhle stürzen herbei, erstarren aber im Momente zu Stein. Die gerechte Strafe für beide, da sie das Leben des Kindes so gering geachtet und sich nicht früher um dasselbe gekümmert hatten. Der Fels hat seitdem den Namen »Kindskogel«. Geht eine Mutter unter ihm vorüber, dann drückt sie ihr Kind ängstlich fester an sich. (160)

Der furchtbare Ritter

Ritter Wetzel von Glanegg hatte durch seine Greueltaten den Zorn der ganzen Salzburgischen Ritterschaft auf sich geladen; doch er scherte sich wenig darum und erwartete ruhig das Kommen seiner Feinde; denn Glanegg, mit allem wohl versehen, konnte jedem Angriffe Trotz bieten.

Wirklich war auch die Berennung der Burg von seiten des tapferen Grafen von Plain eine gänzlich erfolglose; es ward Waffenstillstand auf kurze Zeit geschlossen, und Wetzel von Glanegg lud seine Feinde, darunter den Anführer Grafen von Plain, in prahlerischer Weise zum Schmause auf die Burg, damit sie sähen, welch Überfluß auf Glanegg herrsche.

Graf von Plain und seine Hauptleute nahmen die Ladung an und staunten über die Zahl und Güte der Speisen und Getränke; bald herrschte allgemeine Freude, denn über dem feurigen Weine, der in zahlreichen Humpen aufgetragen wurde, vergaß man der herrschenden Feindschaft.

Da brachten auf einen Wink des hämisch lachenden Wetzel von Glanegg die Diener eine verdeckte Schüssel, das Leibgericht für den Grafen von Plain, wie sie sagten.

Der hob den Deckel weg und sah – die Leiche seines eigenen Kindes in der Schüssel liegen. Entsetzen ergriff alle, selbst die Raubgenossen Wetzels erbebten; der Graf von Plain aber sank, seinem Schmerze erliegend, besinnungslos zu Boden.

Hohnlächelnd stand Wetzel von Glanegg inmitten der allgemeinen Verwirrung. Doch plötzlich erschütterte ein furchtbarer Donnerschlag den weiten Saal, Blitze züngelten rings durch die Luft, dazwischen ertönte fürchterliches Geheul, und ehe man sich's versah, war Wetzel von Glanegg verschwunden. Der leibhaftige Satan hatte ihn geholt, und so sehr man auch suchte, man fand keine Spur mehr von ihm; denn wie es später erst laut wurde, ward er zur Strafe für seine Missetat in jene Höhle am Fürstenbrunnen geschleudert; dort muß er für ewige Zeiten büßen und kann nicht Ruhe noch Rast finden. So oft ein Steinchen in die Höhle hinabgeworfen wird, hört man ihn heulen und ächzen, weshalb jedermann gerne diesen Ort meidet. (161)

Viehweide im Berchtesgadener Land (Tusche von Albert Emil Kirchner)

Die Mordau

Am Wege zwischen der Reuteralpe und dem mit ewigem Schnee bedeckten Watzmann liegt eine Alm, die »Mordau« genannt. Daselbst lebte vor langer Zeit eine bildschöne Sennerin, die hatte einen herzigen Burschen zum Schatz, der ihr in innigster Liebe zugetan war. Sie ward jedoch seiner bald überdrüssig, denn ein schmucker Jäger hatte den armen Hirten aus dem Herzen der Dirne verdrängt. Darüber grämte sich der Bursche gar sehr und ward seines Lebens nicht mehr froh; die Sennerin aber hatte Angst, daß die beiden Nebenbuhler einmal aneinandergeraten würden, deshalb bangte ihr für das Leben des Jägers, und sie sann nach, wie sie ihren ersten Liebsten am besten losbringen könnte. Sie vertraute sich deshalb dem Jäger an und fragte ihn um seinen Rat. Der meinte: »Schick den Buben doch 'nauf auf den hohen Söll, jenseits der Aachen, da wächst das schönste Edelweiß. Begehr ein Edelweißsträußl von seiner Hand, begehr' es immer wieder, einmal wird ihm doch etwas begegnen, daß er auf's Wiederkommen vergißt.«

Die treulose Dirne nahm den bösen Rat gar gerne an. Kurze Zeit darauf, an einem Samstag war's, kam der Hirte zu ihr und sprach: »Weißt was Neues? Der Herzog Friedrich von Bayern fällt ins Berchtesgadener Land'l herein. Da bin ich denn herauf gekommen zu dir, um dich zu beschützen, da du doch so ganz allein hier oben wirtschaftest und kaserst.«

»O du mein Gott!« erwiderte die Falsche. »Was dir doch geträumt hat! Geh nur wieder heim, oder besser noch, geh hinüber auf den Göll und hol mir ein frisches Edelweiß, die schönsten Blüten, damit ich meinen Hut schmücken kann, wenn ich morgen früh hinunter nach Berchtesgaden zur Kirche gehe.«

»Wie du glaubst«, antwortete traurig der Hirte, »ich hab's gut gemeint!«, und ging. Richtig stieg er auf den Göll und fand Edelweiß in Hülle und Fülle. Aber keine Blüte schien ihm schön und groß genug, immer höher stieg er, bis er endlich am äußersten Rande einer Felswand eine Blüte entdeckte, die leuchtete wie laut'res Silber,und groß und schön war, wie keine zweite weit umher. Die mußte sein werden. Er erreicht sie auch, pflückt sie, im selben

Augenblick aber weicht der Boden unter seinen Füßen, und er stürzt mit einem gräßlichen Aufschrei hinab in die Tiefe, einen elenden Tod findend.

Inzwischen hatte sich der schmucke Jäger bei der Sennerin eingefunden. Beide waren guter Dinge. Aber ihre Freude war von kurzer Dauer; denn alsbald kam ein Haufe roher Kriegsknechte, die ihren Weg über die Mordau genommen hatten. Die machten nicht viele Umstände mit beiden, stießen den Jäger nieder und verfuhren auch mit der Sennerin hart genug, daß sie den Tod davon hatte. Im Sterben schwebte ihr der Geist ihres verratenen Liebsten vor den brechenden Augen und machte ihre letzten Augenblicke zu den martervollsten ihres ganzen Lebens. Die Kriegsknechte aber plünderten die Hütte, nahmen mit, was nicht niet- und nagelfest war, schlachteten das Vieh und warfen Brand in die Sennhütte, die beiden Leichen der Gemordeten den Flammen überliefernd. Seitdem trägt die Alpe den Namen »die Mordau«. Im Zwielicht aber schweben allabendlich Geisterschatten trüb und schwer über sie hin. Das sind die Seelen des Jägers und der treulosen Sennerin, die nicht Ruhe finden können. (162)

König Watzmann

König Watzmann im Berchtesgadener Lande liebte weder Mensch noch Tier. Die Menschen zu quälen, die Tiere zu martern, war seinem grausamen Herzen süße Lust. Deshalb frönte er auch am liebsten der Jagd, da ging's ja am wildesten her. So wie er dachten auch sein Weib und seine Kinder. Wenn die schweißtriefenden Rosse unter ihnen zusammenstürzten, oder das halb totgehetzte Wild von den Hunden zerfleischt wurde, fanden sie die höchste Befriedigung.

So ging es Tag für Tag, jahraus, jahrein, sonder Rast und Ruhe, bis endlich Gottes strafende Hand die Frevler erreichte.

»Hallo! Hinaus zur wilden Jagd!«, so erscholl der Ruf wieder, wie so oft schon, durch den Schloßhof, und unter dem Schalle der Hörner, dem Geheule und Gekläffe der Rüden ging es mit Weib und Kindern durch dick und dünn, über Wiesen und Felder dahin.

Da sieht des Königs Auge ein altes Mütterlein mit dem Enkelkinde am Arme nächst einer kleinen Hütte ruhen. Ein teuflischer Gedanke durchzuckt sein Gehirn; er gibt seinem Rosse die Sporen und sprengt, ihm nach der ganze Troß, auf das alte Mütterlein los, das bald samt seinem Enkelkinde unter seines Pferdes Hufen den gräßlichsten Tod findet. Aus der Hütte stürzen trostlos der Bauer und sein Weib, um die sterbende Mutter mit dem toten Kinde im Hause zu betten, da hetzt der König die wutschnaubenden Hunde auf sie, daß sie unter den Zähnen der Bestien ihren Geist aufgeben. Lachenden Angesichts schaut Watzmann dem fürchterlichen Morden zu, und mit ihm freuen sich Weib und Kinder ob der grausen Untat.

Da hebt das greise Mütterlein noch einmal ihre zerfleischte Rechte gegen Himmel empor und schickt einen entsetzlichen Fluch auf dem Allgerechten, daß dieser sie und die Ihren räche. Und Gott hörte den Fluch. Die Erde erbebte, der Sturmwind fuhr brausend über die Fluren, Feuer sprühte allerorten aus dem Boden, als wäre der Welt Ende angebrochen. König Watzmann und die Seinen erbeben zum ersten Male in ihrem ganzen Leben. Allmählich fühlen sie Erstarren der Glieder, bis sie endlich ganz zu Stein geworden sind.

Seitdem stehen König Watzmann, sein Weib und die Kinder, in riesige Felsen umgewandelt, als ewige Wahrzeichen einer schaudervollen Vergangenheit, allen herzlosen und grausamen Menschen zum warnenden Beispiele dienend. (163)

Die steinernen Jäger

Auf dem Staufen bei Reichenhall finden sich zwei Felsen, welche der Volksmund die »steinernen Jäger« nennt. Hierüber erzählt die Sage folgendes.

Zwei Jäger stiegen einst lange vor Tagesanbruch hinauf auf den Staufen. Der Weg war beschwerlich und ermüdend, dennoch erreichten sie noch vor Tagesgrauen ihr Ziel. Während sie nun etwas ausruhten, ertönte unten ein Glöcklein, das die Gläubigen zur Frühmesse einlud. Die beiden Jäger hörten das Glöcklein wohl, aber sie achteten nicht darauf: statt zu beten, stopft sich der eine

eine Pfeife Tabak, der andere putzt sich seine Büchse, beide lassen sich den Branntwein schmecken.

So vergeht eine kleine Weile, da tönt das Glöcklein wieder aus dem Tale herauf.

»Jetzt wandeln's erst«, sagt der eine Jäger lachend, »und wir wandeln schon zwei Stunden!« – »Ja, wandeln hin und wandeln her«, entgegnete der zweite, »mir ist ein Gamsbock lieber.« Und dann packt jeder seinen Stutzen, und weiter geht's. Da erblickten sie in einem Graben einen starken Gemsbock, der muß ihnen gehören. Flink legt der eine an, schießt los, der Gemsbock aber steht, ist nicht getroffen. Der zweite will es besser machen, fährt mit der Büchse rasch zur Wange und schießt. Da hallt es in den Bergen wider gleich grollendem Donner, daß der Boden unter ihren Füßen erbebt. Erschrocken halten sie inne und starren einander entsetzt an. Jetzt fällt ihr Blick auf den Gemsbock im Graben. Was sie da sehen, treibt ihnen die Haare zu Berge: Denn derselbe scheint plötzlich zu wachsen, immer größer und größer wird er; jetzt streckt sich die Gestalt, zottiges Haar bedeckt den Körper, die »Gamskrickeln« verwandeln sich in Hörner, die Augen gleichen Feuerrädern, und in einem Flammenmeere steht der leibhaftige Teufel vor ihnen.

»Jetzt gnade uns Gott!« rufen beide zu Tode erschreckt aus und beginnen zu laufen, um dem Ungeheuer zu entfliehen. Aber immer schwerer werden ihnen die Füße, sie scheinen nicht von der Stelle zu kommen. Jetzt fällt auch dichter Nebel ein, der Himmel umdüstert sich, grelle Blitze durchkreuzen das Firmament und dröhnende Donnerschläge erschüttern den Berg. Die beiden Jäger wollen nun beten, allein sie vermögen es nicht mehr. Nur ein markerschütternder unartikulierter Schrei dringt über ihre Lippen; dann wird's unheimlich stille. Als sich der Himmel endlich wieder aufhellte, waren die Jäger in Stein verwandelt. (164)

Der wunderbare Hirsch (Holzschnitt)

Der silberne Hirsch

Hannes Prennstaller – so hieß ein Holzknecht, der einst im Flachgau lebte und weit und breit als gefährlicher Wildschütz bekannt war. Er war ein wüster Gesell, und die ehrliche Arbeit war ihm verhaßt. Sein Sinn und seine Leidenschaft galten nur der Jagd. In seiner Jugend hatte er wohl auch damit begonnen, das edle Weidwerk zu erlernen. Doch er mißachtete alsbald die Pflicht, wollte jagen wie, wo und wann es ihm paßte und scherte sich einen blauen Dunst um Gebote und Gesetz. So kam es, daß der Jäger, welcher gern aus ihm einen ehrlichen Weidmann gemacht hätte, ihn schließlich seiner bösen Streiche wegen fortjagte. Einige Zeit zog nun Hannes im Flachgau umher, versuchte es da und dort, aber die Arbeit wollte ihm nicht schmecken. Schließlich verdingte er sich als Holzfäller, weil er da hoffte, am ehesten unbemerkt seiner Wildererleidenschaft frönen zu können.

Eines Tages war es wieder soweit, und als er durch den Hochwald dem Schlag entgegenstieg, wählte er wie schon so oft einen einsamen Seitenpfad, ließ die Arbeit den anderen und stieg über die Marbachalpe das Penzeck hinan. Wohl kannte er genau jeden Wildwechsel und Jägersteig, gelangte auch schließlich an eine Stelle, von der er sicher wußte, daß sie auf Gemsen einen guten Stand bot. Weit sah er von hier aus ins Land hinein, denn er war hoch über den Eiswänden auf steilem Grat.

Lange saß er dort, aber heute schien ihm das Jägerglück abhold, denn soviel er auch spähte, ließ sich doch keine Gemse blicken. Wild fluchend gab er es endlich auf und stieg wieder ab zum Hochwald. Er schwor sich, daß er das nächste Tier erlegen wollte, einerlei was es sei. Er war schon ein gutes Stück im Hochwald abgestiegen, da knisterte und raschelte es plötzlich im Laub, und es knackste wie brechendes Geäst. Prennstaller blieb wie angewurzelt stehen, hielt den Atem an und sah in die Richtung, aus der das Geräusch kam. Plötzlich brach es durch das Dickicht; im selben Augenblick hatte Hannes schon seinen Stutzen an der Wange und wollte schon abziehen – doch wie vom Blitz getroffen starrte er der Erscheinung entgegen, ohnmächtig, auch nur den Finger zu krümmen. Kreidebleich taumelte er einen Schritt zurück, ließ den Stutzen sinken, und kalte Schauer jagten ihm über den Rücken – denn wenige Schritte vor ihm stand, wie aus Silber gegossen, majestätisch und unnahbar, ein silberweißer Zwölfender!

Starr und warnend bannten seine Lichter den Wildschütz, der noch immer nicht fähig war, sich zu rühren. Wie eine Zentnerlast wog der handliche Wildererstutzen in seiner verkrampften Faust. Prennstaller wollte sich zusammennehmen, wollte den Bann abschütteln und versuchen, den Stutzen noch einmal hochzureißen – aber vergeblich! Zitternd bis ins Mark wich er Schritt für Schritt vor dem niederzwingenden Blick des Unheimlichen zurück, und nun schoß es ihm auch durch den Kopf, daß er von seinem alten Jäger und manchen anderen gehört hatte, daß, wer dem Wildfrevel fröne, früher oder später einmal dem silberweißen Hirsch begegnen werde, womit freilich auch sein Leben verwirkt sei, wenn er nicht unverzüglich vom Wildern ablasse.

Längst war der Mächtige wieder verschwunden. Doch Prennstaller mußte noch immer nach der Stelle hinblicken, wo er ihm erschienen war, und er gelobte hoch und heilig, nie mehr zu wildern. Von Angst erfüllt und in tiefe Gedanken versunken kehrte der Wildschütz heim. Er hütete sich, seinen Kumpanen von der Erscheinung zu erzählen, und mancher schüttelte den Kopf über sein verändertes Wesen. Doch eines Morgens, als Prennstaller sich beim ersten Tagesgrauen anschickte, seine Sachen zu richten, fiel sein Blick wieder auf sein Gewehr. Mit magischer Gewalt zog es seine Hand nach dem Stutzen hin und sogleich war alles vergessen. Ein keckes Liedl pfeifend, warf er sein Werkzeug in die Ecke, versteckte den Stutzen unter seinem Mantel und stürmte dem Hochwald zu. Mit unwiderstehlicher Macht war in dem Haltlosen die alte Leidenschaft wieder erwacht. Aber nicht umsonst hatte ihn der »Silberweiße« gewarnt: Prennstaller kehrte nie mehr in seinen Ort zurück. – Jahre später fanden Jäger unter einer steilen Felswand Teile eines menschlichen Gerippes, ganz in der Nähe der Eiswände, die dem Wilderer wohl zum Verhängnis geworden waren. (165)

Der Teufel und sein Wirken

Die große Wasserschale im Mirabellgarten

Auf einem Berge in der Nähe Salzburgs fand einst Erzbischof Wolf Dietrich einen ungeheueren Felsblock und befahl, aus demselben eine schöne Wasserschale für den Mirabellgarten zu meißeln. Von diesem Steine behauptet nun die Sage, daß er nicht von der Stelle bewegt werden könne, weil der leibhaftige Satan mit einer Buhlerin, die er aus dem Hause eines Gottesdieners geholt hatte, hier ausgeruht habe. (166)

Der Teufel als Baumeister

Das Mooslehenhaus in Übermoos war vor kurzem noch das einzige ganz gemauerte Haus in Filzmoos. Dasselbe soll der Teufel gebaut und, da ihm der Bauer, um ihn aufzuhalten, kein Holz zum Baue gab, ganz aus Stein aufgeführt haben. Der Teufel hat sich's jedoch bedungen, daß das Haus nie mit Mörtel angeworfen und verweißt werden dürfe und außen am Haustürschlosse immer sein Bild angebracht sein müsse.

Deshalb sind die Hausmauern heute noch unverputzt, grau, ja schwärzlich, und zeigen die rohen Steine; als äußere Schloßverzierung an der Haustüre ist ein wilder Mann angebracht. (167)

*

Zuhinterst in der Framing, einem Seitentale der Oberfritz gegen die Gsengplatte hin, findet man zwei Zulehen, Kogel genannt. Das eine gehörte dem Gaßner in Gasthofberg und heißt Gassenkogel. Die Besitzer des Gassenkogel waren arme Leute, und als sie einst ein neues Haus bauen wollten, so mußten sie Holz und Steine von unten über eine steile Leiter heraufbringen. Diese Arbeit war so mühsam und langwierig, daß der Gaßner sich eines Tages den Teufel zur Hilfe bat. »Meinetwegen«, schrie er, »soll mich der Teufel holen, wenn er mir in einer Nacht das Haus baut.« Da erschien der Böse vor ihm, und der Gaßner verschrieb sich ihm, wenn das Haus vor dem ersten Hahnenrufe fertig dastehe.

Da der Teufel ja alles umgekehrt zu machen pflegt, als es der Christenmensch tut, so fing er das Haus von oben herab zu bauen an. Um halb vier in der Nacht war er schon soweit, daß nur noch der letzte Eckstein fehlte. Da wurde dem Gaßner angst und bange, und er nahm den Haushahn und stupfte ihn so kräftig, daß dieser laut zu krähen begann. Da ließ der Teufel den ungeheuren Eckstein, welchen er eben heraufschleppen wollte, mitten in der Leiten fallen und brauste unter Gestank und Verwünschungen davon.

Dem Gaßner hat freilich der Pakt mit dem Teufel kein Glück gebracht, denn als er kaum einige Monate in seinem mit Hilfe der finsteren Mächte erbauten Haus wohnte, zog in einer Nacht in den »Heiligen Zwölfen«, wo es immer arg umgeht, ein furchtbares Wetter auf, und ein Blitzschlag brannte das ganze Anwesen nieder.

In dem Stein aber sieht man heute noch die Abdrücke der Teufelskrallen, und das ist auch der Grund dafür, daß er immer noch mitten im Wege dort liegt, denn einen Stein, der die Teufelsmale trägt, kann niemand von seinem Platze fortbewegen. (168)

Die Teufelsbrücke

Die Tauglbrücke ist nicht Menschenwerk, sie ist ein Werk des Teufels, und wer darüber weggeht, bekreuzt sich, auf daß ihm der Böse nichts anhaben kann.

Vor achtzehnhundert Jahren schloß der Teufel mit einer Müllerin einen Bund. Er versprach, ihr eine Brücke über die Taugl zu bauen. Bringe er diese eher fertig, als sie das Kind gebären wird, das sie eben unter ihrem Herzen trage, so gehöre das Kind ihm. Als das letztere zur Welt kam, war die Brücke fertig – bis auf einen Stein, der heute noch im Gewölbe fehlt. Da der Teufel jetzt mit langer Nase abziehen mußte, aber dennoch nicht ohne Lohn zur Hölle fahren wollte, so sagte er zornschnaubend: »Jetzt, da das

St. Cado überreicht dem Teufel eine Katze als Bauopfer (französischer Holzschnitt, 1855)

Kind mir entgangen, soll das Erste mir gehören, was über die Brücke geht.« Dies hatte die Müllerin, eine gar schlaue Frau, gehört und jagte ihren großen Hauskater darüber. Und der Teufel packte ihn und fuhr mit ihm in jenes Loch in der Tiefe, in das jetzt noch die Taugl wutschäumend hinabströmt. (169)

Die Teufelshufeisen

In der Ramsau, einem Tale nächst des Torsteines an der salzburgischen Grenze, lebten einmal mehrere Burschen und Bauern, deren Kirche das Wirtshaus, deren Weihwasser das Bier war. Sie kümmerten sich weder um Gott, noch um den Teufel und lebten in den Tag hinein, Sünde auf Sünde häufend.

Da hörte einmal in einer Nacht, als schon alles zur Ruhe gegangen war, der Wirt in der Gaststube ein sonderbares Klirren. Er stand auf um nachzusehen, ob sich nicht vielleicht ein Spitzbube eingeschlichen; allein alles war in schönster Ordnung, nicht die Spur von einem fremden Menschen zu finden. Schon wollte er in seine Schlafkammer zurückkehren, da vernahm er das sonderbare Klirren vor dem Fenster. Er trat hin, öffnete den Balken und blickte hinaus. Was er da erschaute, trieb ihm die Haare zu Berge. Auf dem Gerippe eines Pferdes saß eine lange hagere Mannesgestalt, welche wie weißglühendes Eisen aussah und ein magisches Licht ausströmte, das die ganze Gegend mit einem blutroten Feuerschein übergoß. Der Kopf des Mannes war vollkommen fleischlos und mit einer feinen, durchsichtigen Haut überzogen; in den leeren Augenhöhlen zuckten blaue Flämmchen, auf dem Scheitel saß ein spitzes Hütchen mit roter Feder. An den Schwanzwirbeln des Pferdegerippes war eine Kette befestigt, an der der Reihe nach die sündigen Gäste des Wirts angehangen waren. Der Wirt sah, wie die Peitsche des geisterhaften Reiters durch die Luft sauste, ohne daß ein Knall laut wurde, er sah, wie dieser sich höhnisch lachend in Bewegung setzte, und stürzte ohnmächtig zusammen.

Als er wieder zu sich kam, war der Höllenspuk verschwunden.

Zur selben Stunde erwachte der Schmied des Ortes. Von einer ihm unerklärlichen Gewalt gezogen, ging er hinaus in die

Schmiede, holte sechs Paar Hufeisen hervor, legte sich die Werkzeuge zurecht, wie man sie zum Beschlagen eines Pferdes nötig hat, und trat vor die Türe. Da stand auch schon der geisterhafte Zug mit dem unheimlichen Reiter voran. Als wenn es so sein müßte, schritt er auf die sechs ihm wohl bekannten Bauern los, welche an der Kette angehängt waren, und beschlug deren Füße mit den mitgebrachten Hufeisen. Als er mit seiner Arbeit fertig war, flog aus der Hand des Reiters ein Beutel mit Goldstücken vor seine Füße. Er sah noch, wie das Pferdegerippe sich gegen die Scheuchenspitzebene in Bewegung setzte, die sechs unglücklichen, kreidebleichen Bauern mit sich fortreißend, dann verlor er die Besinnung und sank zu Boden. Als er erwachte, vermeinte er anfangs, einen bösen Traum gehabt zu haben; aber der neben ihm liegende Beutel, welcher zwölf Goldstücke enthielt, bestätigte ihm das Gegenteil. Des Morgens öffnete er die Lade, in welche er nachts die Goldstücke gelegt hatte, da drang ihm ein widriger Geruch in die Nase. Als er den Beutel öffnete, hatten sich die Goldstücke in Unrat verwandelt.

In derselben Nacht kam von der Scheuchenspitzebene ein furchtbares Hagelwetter herab und verwüstete die Saaten der Ramsauer gänzlich. Der erste Gemsenjäger, welcher sich wieder auf die Scheuchenspitzebene hinaufwagte, entdeckte dort sonderbare Eindrücke, welche er früher nie bemerkt hatte, und die Pferdehufen ähnlich sahen wie ein Ei dem anderen.

Wirt und Schmied starben kurze Zeit nach der Schreckensnacht. Von den sechs Bauern hat man nie wieder etwas gehört. »Die hat der Teufel geholt«, sagte das Volk, »ob ihres sündhaften Lebenswandels auf Erden.« (170)

Der Schörgen-Toni

Vor mehr denn hundert Jahren lebte im Schlosse zu Moosham ein Gerichtsdiener namens Anton, vom Volke schlechtweg der »Schörgen-Toni« genannt. Der war ein grundschlechter und liederlicher Mensch, der sich um Gott und die Kirche nichts kümmerte, das Volk aber ganz entsetzlich quälte und bedrückte. Trotz

Die schwarze Teufelskutsche

seiner vielen Missetaten ereilte ihn aber nie die gerechte Strafe, so daß die Leute behaupteten, er habe seine Seele dem Teufel verschrieben, und der schütze ihn.

Da wurde er krank. Bald zeigte es sich, daß es hier keine Hilfe mehr gebe und er endlich sterben müsse. Drei Tage vor seinem Tode begann er so entsetzlich zu brüllen, daß man es weithin hören konnte. Als er schon im Sterben lag, fuhr eine schwarze Karosse, bespannt mit vier kohlrabenschwarzen Rappen, über die Schloßbrücke herein in den Schloßhof und hielt gerade unter den Fenstern des Sterbenden still. Aus dem Wagen sprang ein schwarzgekleideter Herr mit schwarzer Perücke; sein Aussehen war ein höchst unheimliches, denn oben guckten ihm Hörner, unten Bocksfüße heraus. Gemessenen Schrittes ging diese Gestalt die Treppe hinauf in das Sterbezimmer, nahm des Schörgen-Tonis Seele und fuhr mit ihr gestreckten Galopps wieder über die Schloßbrücke zurück, hinaus in die Nacht.

Am Tage, da Tonis Leiche zur Erde bestattet wurde, erhob sich ein grausiges Donnerwetter, wie sich die Leute an kein zweites erinnern konnten. Seither muß die Seele des Schörgen-Toni im Lungau ruhe- und rastlos umherwandern. (171)

Der Teufel als Liebhaber

Der Teufel ging einst als junger Bauernbursche verkleidet zur schönen Liesl, der Peterbauern-Tochter am Lasaberg, fensterln. Er wußte sich alsbald bei der hübschen Maid so einzuschmeicheln und in Gunst zu setzen, daß sie es nicht ungern sah, wenn er nun öfters des Nachts zu ihr ans Kammerfenster kam.

Als einmal ihr eigentlicher Liebhaber, ein Bauernbursche aus der Nachbarschaft, ans Fenster seiner Angebeteten kam, gewahrte er, daß schon ein anderer Bursche dort sich befinde. Zu seinem Schrecken erkannte er in ihm den leibhaftigen Teufel, denn sein langer Schweif hing über den Gangbaum (Balkonbrüstung), auf dem er saß, herunter. Der Bursche wartete, bis sich der Teufel entfernt hatte, trat dann ans Fenster seiner Holden, schalt sie vorerst, daß sie sich mit einem anderen abgebe, und sagte ihr dann, wer dieser »andere« sei. Darüber erschrak die Maid nicht wenig, und es ließ ihr auch keine Ruhe mehr, bis sie zum Pfarrer ging und ihn um Rat fragte, wie sie sich von ihrem unheimlichen Liebhaber befreien könne. Der Pfarrer riet ihr, falls der Böse wieder zu ihr ans Fenster käme, ihn zu fragen, wie man eine Kuh von der »wilden Reiten« befreien könne. Dieses Mittel müsse sie dann selbst anwenden. Als der Teufel des Nachts wieder bei ihr erschien, fragte sie ihn, ob er nicht Rat wisse; sie hätte eine Kuh im Stall, welche die »wilde Reiten« habe. Der Teufel riet ihr nun, sie solle drei Kräuter – Abrat, Widertat und Weinkraut – in die Haare des Kuhschweifes flechten, das werde helfen. Die Maid befolgte den Rat des Pfarrers und flocht sich diese Kräuter in ihr Kopfhaar ein. Als der Teufel sie wieder besuchte und sah, daß sie das Mittel, das er ihr geraten, selbst angewendet, sagte er voll Ärger:

»Ist man wohl a rechte Pleappagoaß,
Daß man der Herzliebsten all's sagt,
was man woaß!«

und im Bewußtsein, daß sie nun für ihn verloren sei, rief er klagend aus:

»Abrat, Widertat und Weinkraut
Hab'n mi gebracht um mei Braut;
Daß ich s' heut 's letztmal gschaut,
Dös hab i net enttraut.
Jetzt ist es g'scheh'n um mir,
Muß fort von hier.«

Dann wandte er sich ab, stürzte sich von der Gangbrüstung hinunter und verschwand. (172)

Der Teufel als Gast

Auf der Maurachalpe waren einst drei Schindelschneider im Quartier. Sie hatten Krapfen zum Nachtmahle vorgesetzt bekommen, aber diese Kost schien ihnen zu schlecht zu sein. Mit rohen Witzen machten sie sich über das Essen lustig, und um die Sennerin zu verhöhnen, daß sie zu wenig Fett gespendet habe, preßte einer den größten Krapfen mit widerlichem Gegröle in die Heinzelbank, während der andere schrie, der Teufel soll das Fressen holen.

Sie waren dann nicht mehr lange gesessen, da kam ein widriger Geselle mit hinkendem Schritte zur Türe herein, setzte sich an den Tisch und verzehrte die verschmähten Krapfen. Da überkam die drei ein Grausen, aber der Stärkste hatte Mut und Kraft genug, den unheimlichen Gast zur Türe hinauszuwerfen.

Schon waren sie längst auf dem Heuboden eingeschlafen, da erweckte sie um Mitternacht plötzlich ein furchtbares Gepolter, und sie hörten die Worte: »Den ersten find' ich, den zweiten schind' ich, den dritten schmeiß ich übers Dach.«

So hatte sie der Teufel geholt, denn am nächsten Morgen fand man die Hütte leer, und niemand hat von den dreien mehr eine Spur gefunden. (173)

Das Aveglöcklein

Diether von Friedburg hatte tödlichen Haß gegen Othmar von Hieburg und rief, da er ihm nichts anhaben konnte, den Satan zu Hilfe. Dieser versprach sie ihm um den Preis seiner Seele nach dem Tode und fuhr in der nächsten Nacht durch die Luft gegen Hieburg mit einem mächtigen Felsenstück, welches er auf die Burg fallen lassen wollte. Als er sich schon auf Pfeilschußweite genähert hatte, ertönte das Aveglöcklein der Burg, und dem erschreckten Teufel entfiel der Stein zu früh. Herr Diether aber sah es von ferne und fiel dankend auf die Knie. Er gelobte zur Sühne seines Verbrechens Buße zu tun, wurde Eremit und starb hochbetagt und allverehrt wegen seiner Milde gegen die Armen und großer Frömmigkeit. (174)

Die Wirkung des Skapuliers

An einem Perchtentag (6. Januar) kamen bei 30 Burschen im Vorstanddorf zusammen, um »Perchten z'laufen«. Der Bursche, welcher den Teufel vorstellt, muß dabei das Skapulier (Schulterkleid der Ordensgeistlichen und Nonnen, aus dem sich ein auch von Laien getragener rudimentärer Schulterumhang entwickelt hat. Er besteht aus zwei mit Heiligenbildern bedruckten Säckchen, die mittels Bändern über die Schulter getragen werden) weglegen. Kaum zogen sie aus, als dieser, der die Teufelsmaske trug, sich ganz »wild« gebärdete, sich in die Luft erhob und über der großen »Brunnstub'n« des Dorfes hin und her flog. Sie versuchten ihn mit Weihwasser zu besprengen, doch er war immer viel zu hoch dazu; endlich holten sie die Feuerspritze, und da gelang es, ihn mit Weihwasser zu treffen, da fiel er tot zu Boden. Die anderen Burschen nahmen ihm nun die Teufelsmaske und das schwarze Fell ab und banden ihm das Skapulier um, da wurde er wieder »lebendig«. (175)

Die Anglöckler

Am Wege von Glasenbach, nach dem Egelsee, nächst dem Sommerauergut, steht ein Steinkreuz. Hier wurde ein Anglöckler erschlagen. Als einstmals die Burschen, mit Fellen umhüllt und Teufelslarven vorgebunden, in einer Rauschnacht auszogen, bemerkten sie, daß während des Marsches ihre Zahl sich um einen vermehrt habe. Lange konnten sie sich das nicht erklären, endlich entdeckten sie, daß der wirkliche Teufel unter ihnen sei, und erschlugen ihn. Aber zu spät erkannten sie, daß der Teufel entflohen und sie einen der ihren erschlagen hatten. (176)

Die Melkerlöcher

Auf der »Grubalm«, nach anderen Mitteilungen auf der »Häuslalm« im Kaprunertale, lebte einst ein Melker, der mit den Hütern ein wahres Sündenleben führte; Prassen, Spielen und Fluchen waren seine Hauptbeschäftigung. Als er einmal nach alter Gewohnheit in einem Milchbade auf einem Polster von reiner Butter saß, kam ein riesengroßer Teufel in die Stube und trug dem Melker das »Hosenrecken« (eine Art Ringkampf, in dem es gilt, den Gegner an den Hüften zu fassen, aufzuheben und zu Boden zu werfen) an. Der Melker, ein passionierter Raufer, sprang beherzt aus der Wanne und warf den Teufel mit einer solchen Gewalt an die Wand, daß die Wände erzitterten und der Teufel wehklagend verschwand. Bald darauf aber kam ein kleinerer Teufel. Auch mit diesem wurde der Melker fertig; er tauchte ihn in den »Schargkast«, daß er, über und über mit Kuhmist bedeckt, wieder herauskam. Sogleich erschien ein dritter, diesmal aber winzig kleiner Teufel; mit dem ging's aber dem Melker schlecht; denn der nahm ihn samt der Wanne und fuhr mit ihm durch die Felswände der Hölle zu. Noch heutigen Tages sieht man neun, nach der Behauptung anderer nur sieben solcher

Löcher im Gebirge, durch welche die Fahrt ging. Sie führen alle den Namen »Melkerlöcher«. Eines davon findet sich am Birnhorn bei Saalfelden. (177)

Die zwölf schwarzen Männer

Zu Altenmarkt an der Straße nach Maria-Zell lebte einst ein Wirt, ein gar ruchloser Mensch. Er tat den ganzen lieben Tag nichts als fluchen und schelten. Einmal – es war am Taufasamstag (Samstag vor Ostern) – hatte er wieder den ganzen Tag herumgeflucht, und diesmal tat er es bis spät in die Nacht hinein. Es wurde Mitternacht. Da hörten sie plötzlich mit entsetzlichem Gepolter einen schweren Wagen in ihren Hof hineinrollen und -pumpern. Alle kam ein Grausen an. Da geht die Gastzimmertür auf, und es treten zwölf kohlschwarze Männer herein, die sich ganz stumm zu Tische setzen. Die Wirtsleute, ganz starr vor Schreck und Entsetzen, wissen sich nicht zu raten und zu helfen, und getrauen sich nicht einen Schritt von ihrem Platze zu weichen. Das Dienstmädchen hat doch so viel Geistesgegenwart und lauft schnell zur Nachbarin, die als ein frommes, christliches Weib bekannt war, weckt sie auf und erzählt ihr zitternd von den zwölf schwarzen Männern. Zugleich bittet sie dieselbe, nur mit ihr hinüberzugehen, denn ihre Herrnleute wüßten sich gar nicht zu helfen. Die Nachbarin, schon eine Greisin, macht sich sogleich auf und geht mit, nimmt aber Weihwasser zu sich. Sie tritt ins Gastzimmer hinein mit dem Rufe: »Gelobt sei Jesus Christus!« Hernach besprengte sie das ganze Zimmer sowie auch die schwarzen Männer mit Weihwasser. Da stehen sie einer nach dem andern auf und verlieren sich aus dem Zimmer. Der letzte, als er bei der Tür hinausschritt, sagte: »Enker (Euer) Glück!« Das sprach er aber so durch die Nase, daß man deutlich daraus schließen konnte, woher diese Männer waren. Darauf hörten sie den Wagen mit dem früheren Gepolter zum Hofe hinausrollen. Im Hause aber hatten die schwarzen Männer einen Höllengestank zurückgelassen. (178)

Der Teufel und der Bauernbursche

Ein junger kräftiger Bauernbursche ging einmal von der Alm nach Hause. Da hörte er am jenseitigen Berghang lautes Juchzen. Frohgemut erwiderte er es. Aber so sehr er sich bemühte, seinen Gegner zu übertrumpfen, es wollte ihm nicht gelingen, denn die Juchzer seines Gegenübers klangen lauter und kräftiger. Dies reizte den übermütigen Burschen, und er juchzte nun aus Leibeskräften drauflos. Und der Erfolg blieb nicht aus: während seine Juchzer immer lauter, freudiger und heller in die herrliche Gebirgswelt hinausklangen, wurden die seines Gegners immer klangloser und dumpfer, so daß sie schließlich wie das Brüllen eines Stiers anzuhören waren. Während dieses Wettjodelns kamen sie einander immer näher, und auf der Vöcklbruckn, wo die Wege sich vereinigen, bekam der Bursche seinen Partner zu Gesicht. Wie groß war sein Erstaunen, als er in ihm den leibhaftigen Teufel erkannte! Unter dem Gewand, das er trug, lugten Bocksfüße hervor, und ein langer Schweif hing ihm von rückwärts über das Brückengeländer, auf dem er saß, in den Graben hinunter. Furchtlos näherte sich ihm der Bursche und knüpfte ein Gespräch an. Dabei schlug ihm der Bursche, der sich dem Teufel immer mehr genähert und sich schließlich zu ihm auf das Brückengeländer gesetzt hatte, eine Wette vor: wer von ihnen beiden am schnellsten laufen könne. Der Teufel ging darauf ein. Wie es nun soweit war, sprang der schnellfüßige Bursche wie ein gehetztes Wild von dannen, während der Teufel nicht von der Stelle kam. Der schlaue Bursche hatte ihm nämlich während des Gespräches den langen Schweif zwischen zwei Brükkenhölzer eingeklemmt, so daß er daran festgehalten wurde. Als sich der Teufel erheben wollte, verlor er noch dazu das Gleichgewicht und stürzte rücklings über das Brückengeländer in den Graben hinunter. Der Bursche aber hatte Eile zu entkommen, denn wenn ihn der Teufel erwischt hätte, dann wäre es um ihn geschehen gewesen. (179)

Von Hexen, Truden und der Percht

Die nachgeahmte Hexenfahrt

Ein Knecht des Jörgbauers in Rauris ging einmal nachts zu seinem Mädchen; da kam er bei einem kleinen Haus vorbei, in dessen Küche noch Licht war. Er ging näher, guckte beim Fenster hinein und sah zwei junge Weiberleut, die aus einem »G'spatei« (kleine Schachtel) Salbe nahmen, mit der sie sich einschmierten. Hierauf stellten sie das Schächtelchen in den Küchenkasten; die eine ergriff die Ofenschaufel, die andere einen Besen, und so fuhren sie durch den Rauchfang hinaus, indem sie sagten: »Grechen (gerade) auf und nirgends an.« Da dachte der Bursche dies auch zu versuchen, ging hinein, schmierte sich, nahm einen Besen und sagte: »Grechen auf und überall an«, und flog in die Luft. Er stieß aber überall an Felsen und Bäume an und fiel nahe dem Häuschen zur Erde. Als es vom Rauriser Kirchtum ein Uhr schlug, wurde es wieder hell in der Küche, und er sah die beiden darin mit je einem großen Teller voll »B'scheidessen« (was Gäste bei einem Mahle auf einem Teller zur Seite legen und nach Hause mitnehmen). Da ging er hinein und bat sich von den guten Sachen aus, die sie ihm auch bereitwillig gaben. Als er am anderen Morgen davon essen wollte, waren es lauter »Roßnudl«. (180)

Die Hexen und der Spielmann

Die Hexen halten auf den Heiligenbluter-Tauern öfters nächtliche Tänze ab, dazu mußte der Spielmann-»Michel« aufspielen. Einmal am Johannestage hielten sie solchen Nachttanz auf einem Kofel bei Hall, und »an krumpen Loder håben's als Spielmann g'håbt, der håt eana åber net recht geigt und sö håb'n ham g'schickt«. Auf dem

Tanz der Teufel und Hexen

Heimwege überraschte ihn aber ein gewaltiger Regen, und als ein Gefährt vorüber kam, sprang er rückwärts hinauf. Ganz toll ging's dahin, er fühlte nur, daß der Wagen den Erdboden verließ und in der Luft dahinfuhr. Er wagte nicht abzuspringen, da senkte sich der Wagen wieder, durchfuhr eine große Stadt, und bald darauf befand er sich in einem großen Keller, »wo's toll gessen und trunken håb'n und g'sungen und tånzt und wo a Mordsgaudi wår«. Er nahm ein Glas Wein und rief: »Vivat, hoch, der Johannissegen (der an diesem Tage in der Kirche geweihte Wein für die Hausbewohner)!« Da war im Nu alles verschwunden und zerstoben und er ganz allein. Er war so weit von seiner Heimat, daß er anderthalb Jahre brauchte, bis er sie wieder erreichte. (181)

Die letzte Ölung der Hexe

In Lend hat einstmals ein Hexenweibl gewohnt; sie lebte mit ihrem »fexeten« (halbblöden) Buben ganz vereinsamt. Als sie sehr krank war, gingen aber die Nachbarn doch zu ihr und wollten sie versehen lassen; sie aber wehrte sich mit aller ihr noch innewohnenden Kraft gegen die letzte Ölung. Bald darauf starb sie, und man wollte ihr das Totengewand anziehen; da sah man, daß sie an den Füßen Krallen hatte. (182)

Hexenmilch

Einem Bauern in Zederhaus fiel es auf, daß die Sennin auf seiner Alm von den Kühen stets soviel Milch bekam. Eines Morgens sagte die Sennin, als sie den Melksechter zur Hand nahm: »So, hiatz werd ich melk'n geh'n in Gott's Nam!« Der Bauer, der ein Schlaukopf war, legte sich unter das leere Bett, das draußen im Stalle stand, und sah von dort aus dem Melken zu. Als die Sennin mit der Milch aus dem Stalle kam, sagte der Bauer, welcher schon vorher in die Hütte zurückgegangen war:

»Sendin, jetzt magst ruhig gehen; soviel Milch bringst bei mir nit z'samm!« Er hatte nämlich gesehen, wie die Sennin den Sechter im Stall draußen auf den Boden hingestellt, einen Strick am Trambaum befestigt und daran gezogen hatte; da waren dann vom Trambaum die Milchtropfen von selber in den Sechter geträufelt. (183)

Die Wetterhexe

Zu St. Margarethen lebte einst ein liederliches Weibsbild, von welchem im Volke die Rede ging, daß es eine Hexe und mit dem Teufel im Bunde sei. Da dies Gerede immer ärger wurde und auch zu den Ohren des Pfarrers drang, ließ sie dieser zu sich rufen und redete ihr ernstlich ins Gewissen, sich zu bessern und ein ordentliches Leben zu führen, damit die Leute sich nicht an ihr zu ärgern brauchten. Doch sie blieb verstockt und gab auf die gutgemeinten Worte des Pfarrers die trotzige Erwiderung, was sie tue, gehe niemanden etwas an. Da rief der Pfarrer erregt aus: »So bist du also wirklich eine Hexe, da du dich nicht bessern willst?« Darauf erwiderte das Weibsbild mit einem boshaften Lächeln: »Ich werde dir

Die Wetterhexe reitet in den Wolken

schon zeigen, was ich bin!« Sprach's und verschwand aus dem Zimmer.

Im Sommer war dieses Weibsbild Sennerin auf einer Alm. Da zog einmal von jener Almhöhe, auf der sich diese Sennerin befand, ein schreckliches Ungewitter herab und entlud sich über St. Margarethen und dessen Umgebung. Am ärgsten aber hauste der Hagel in des Pfarrers Garten, wo alles zerschlagen und vernichtet wurde. Spannhoch lagen die Hagelkörner in seinem Garten angehäuft, und all die schönen Blumen- und Gemüsebeete glichen einer öden Wüste. Voll Sorge ging der Pfarrer hinaus in den Garten und besah sich den Schaden, den das Hagelwetter angerichtet. Da sah er zu seiner größten Überraschung, daß in einem der großen Hagelkörner Weiberhaare eingeflochten waren. Diese konnten nur von einer Hexe stammen, die sich ihrer zum Wettermachen bedient hatte. Und wer konnte das anders gewesen sein als die Hexensennerin? (184)

Die Haarnadeln der Wetterhexen

Allgemein war in früherer Zeit überall das »Wetterschießen« gebräuchlich; man wollte damit im Hochsommer die schweren Gewitter vertreiben, ehe sie Schaden anrichten konnten. Auch im Lungau herrschte diese Sitte. Wenn ein Hochgewitter herannahte, wurde mit Böllern geschossen. Beim Kirchner im Hinterberg waren sie aufgestellt. Auch beim Fuchs und Schwarzenbichler in Weißpriach hatte man solche, und es wurde gegenseitig »Wetter geschossen«. Bei diesem Wetterschießen wurden manchmal auch goldene Haarnadeln heruntergeschossen, die von Hexen herrührten. Die Wetterhexen, die auf den Wolken ritten, trugen solche Nadeln im Haar. Auch wurden die Haare, die in den Schloßen (Hagelkörnern) enthalten waren, als von Hexen herrührend gedeutet. Bei diesem Wetterschießen wurden auch geweihte Dinge in die Böller geladen. Auch das Pulver, das man hierzu gebrauchte, war geweiht. (185)

Die Staudinger-Hexe

Noch immer lebt im Volke die Sage von der Staudinger-Hexe. Sie war die Tochter des Staudingerbauern in Steindorf und als Hexe verschrien. Als Sennerin auf der Staudinger-Alm im Twenger Tale wurde sie vom Zauberer-Jackl, den Wölfen und anderen Zauberern öfters besucht und in der heimlichen Kunst der Zauberei und Geisterbannerei unterrichtet. Sie war schon längst anrüchig, mit allen Hexen und Zauberern des Landes in Verbindung zu sein, und sie stand im Verdacht, an deren nächtlichen Zusammenkünften auf dem Speiereck, wo in Gegenwart des »Höllischen« allerlei Hexentänze aufgeführt und anderer Zauberspuk getrieben wurde, teilzunehmen. – Als ihre Mutter, die Staudingerin, das Gerücht vernahm, daß ihre Tochter eine leibhaftige Hexe sei, stellte sie dieselbe zur Rede und fragte sie, ob es wohl wahr sei, was die Leute von ihr reden: daß sie eine Hexe sei und Zauberei treiben könne. Da sagte die Tochter: »Sieh, Mutter, ich bin imstande, während du das Eiermus kochst, auf einem Besenstiel nach Salzburg zu fahren und

Hexe und Teufel beim Buttern

ehe das Mus fertig ist, wieder zurück zu sein.« Als Beweis dafür nahm sie einen alten Kehrbesen, bestrich dessen Stiel mit einer Salbe, setzte sich darauf und fuhr durch den Rauchfang hinaus. Und ehe die Mutter mit dem Eiermus fertig war, kehrte die Tochter von ihrer Salzburgfahrt, zu der sie kaum eine Viertelstunde gebraucht hatte, wieder zurück.

Der Zauberei angeklagt, wurde sie vom Gerichtsschergen nach Moosham eingeliefert und sofort in den Hexenzwinger geworfen. Nach halbjähriger qualvoller Haft wurde sie zum Feuertode verurteilt; diese Strafe sollte auf der alten Richtstätte am Passeggen an ihr vollstreckt werden. Als ihre Mutter hievon Nachricht erhielt, wollte sie eine Wallfahrt zum wundertätigen Gnadenbilde der

Muttergottes von Mariapfarr machen, um von der himmlischen Gnadenmutter eine glückliche Sterbestunde für ihre Tochter zu erflehen. Als die Staudingerin, so erzählt die Sage, auf ihrem Wege bei den drei Kreuzen angelangt war und zufällig in der Richtung gegen die Passeggen blickte, sah sie dort eine mächtige Rauchwolke aufsteigen. Da fiel die unglückliche Mutter vor Schreck ohnmächtig zusammen, denn sie wußte nun, daß der Scheiterhaufen angezündet und ihre Tochter eben daran war, auf demselben bei lebendigem Leibe zu verbrennen. (186)

Christus und die Hexe

Als Christus gekreuzigt werden sollte, entkleideten sie ihn ganz, so daß er sich seiner Blöße schämte. Da hatte eine vorübergehende Hexe Mitleid mit ihm und gab ihm ihr Tuch, das er sich um die Hüften schlang. Dann sprach der Herr: »Deine Sünden kann ich dir nicht vergeben, denn du bereust sie nicht, aber sie sollen vor den Menschen allzeit verborgen bleiben.« Daher kommt es, daß man eine Hexe nicht erkennen kann. (187)

Die Hexenglocke zu Muhr

Die zweite oder mittlere Glocke der Pfarrkirche zu Muhr heißt auch die Hexenglocke. Sie hat weder Aufschrift noch sonstige Verzierungen. Diese Glocke deutet auf hohes Alter; denn sie ist am untern Rande sehr zackig oder, wie man sagt, durch langen Gebrauch ausgeschlagen, hat eine längliche, nicht gewöhnliche Form und ihr Metall einen grünspanartigen Überzug. Das Hexenmal hat sie an der innern Ausbiegung, es sieht aus wie eine kleine, noch nicht ganz geöffnete Kluft. Als einst der leidige Teufel auf einem schrecklichen Hochwetter gegen das Tal hereinfuhr, so erzählt die Sage, um alles zu vernichten, da zog der Mesner die geweihte Glocke zum »Ave Maria«, und auf den Knien betete das ganze Tal um Abwendung des gräulich herein hangenden Hochwetters und – Satanas mußte zurück. –

Aus Rache entsandte er aber eine mit ihm im Bunde stehende Hexe, sie sollte die geweihte Abendglocke durch einen Nagelschlag verstummen machen. Die Hexe, des Winks ihres Höllenfürsten gewärtig, flog um Mitternacht durch die weite Öffnung zur Glockenstube und hämmerte und schlug und klopfte mit dem gewaltigen Höllenhammer – doch das Metall war hart, noch härter durch die hl. Weihe, der Nagel wollte nicht durchdringen, da schlug die Stunde eins, und – die Stunde für Hexen, Geister und Kobolde war vorüber – die Hexe hatte ihr Höllenwerk erst halb vollbracht, als sie, weil's ein Uhr schlug, fort mußte.

Daher das Hexenmal; seither hat die Glocke ihren Klang verloren, und wenn man ihre Glockenzunge noch helltönend früher bis zu dem dreieinhalb Stunden entfernten Weißeck hörte, so vernimmt man ihr Summen jetzt kaum mehr auf eine halbe Stunde im Umkreise. Das hat die Hexe getan. (188)

Die Glöcklein der St. Jakobskapelle im Schlosse Kaprun

Nächst dem Dorfe Kaprun thront majestätisch auf einem ziemlich hohen Berge die gleichnamige Feste, das Salzachtal weithin überschauend. Obgleich im Bauernkriege von den Rebellen hart mitgenommen, ist sie doch noch ziemlich gut erhalten, hat ungeheure Mauern, Verliese, und auch eine Kapelle, dem heil. Jakob geweiht. Die zwei Glöcklein dieser wahrscheinlich von dem Pfleger Diether in der Mitte des 16. Jahrhunderts erbauten Kapelle galten einst, wie die von Walchen und Piesendorf, als vorzügliche Wetterglocken:

»Wenn der Laurenzistier brüllt
Und d'Walcher Katzl rer'n
Und d'Jakobshündl bell'n,
Mögen d'Hexen nit obwer'n.« (189)

Die Trud wird erlöst

Die Kellnerin beim Wirt zu Rauris hat oft über ihr Schicksal geweint, daß sie »drucken« gehen muß, denn sie war eine Trud. Sie hat auch das Kennzeichen einer solchen gehabt, ihr Fuß hatte unten keine Höhlung. Wenn sie in eine Kammer oder einen Stall als Trud »drucken« ging, so lehnte sie ihren Körper unterdessen außen an die Hauswand. An diesen durfte aber beileibe niemand anstoßen oder ihn umwerfen, denn dann hätte sie nimmer in ihren Körper hineingefunden und für immer eine Trud bleiben müssen. Da sie eine »sakrische Besdirn« (tüchtiges Mädchen) war, so tat sie jedem leid, und ein Bauer fragte sie einmal, ob ihr denn nicht zu helfen wäre. »Jå, wenn i a Roß dadrucken kunnt«, erwiderte sie, »dann wär' mir g'holfen.« »Dås mågst wohl toan«, meinte der Bauer, der nicht daran glaubte. Richtig fand er am nächsten Morgen sein Roß tot im Stalle, und das Mädchen kam ihm zu danken, denn nun sei sie erlöst. (190)

Die Trud muß drücken

In Ostermiething (im Salzburgischen) glaubt man, daß alle Weiber, welche Plattfüße haben, Truden seien, oder, wenn sie älter sind, Truden werden. Findet die Trud keinen Menschen, den sie drücken kann, so muß sie Tiere oder einen Baum drücken, aber dann geschieht es oft, daß sie sich selbst am Baum erdrückt. Auch hier ist der Glaube, daß die Trud, wenn sie einen drückt, ihren Körper vor dem Hause stehen läßt; wenn man dann einen solchen Körper anrührt oder anspricht, so fällt er zusammen, und die Trud, welche im Hause ist, stößt einen fürchterlichen Schrei aus.

Einen Bauern in Gilgenberg (einer Pfarre zwischen Ostermiething und Braunau) drückte alle Tage die Trud. Kaum lag er im Bette, so kroch eine Katze über den Bettfuß hinauf und verhielt ihm den Atem; er konnte dann weder sich rühren noch rufen. Sein Verdacht fiel auf die »Dirne« (Magd), und er wurde darin noch mehr bestärkt, als bei der Nacht ein frischer Schnee fiel (»einen frischen Schnee machte«). Man sah darin deutlich die Spuren einer

Katze, vom Fenster weg, wo die Dirne schlief, bis zum Hause hin und wieder zurück. Er wollte die Katze einst fangen, wie sie über das Bett hinaufkroch, doch es war vergebens, er griff in die Luft. Als er aber einst im Beisein der Magd über die Truden schimpfte, und sagte, er wolle sich rächen, hatte er einige Zeit Ruhe, dafür aber kam sie über die Pferde, die sich losrissen und ganz wütend wurden. (191)

Die Kuhwampen

Die Kuhwampen, so erzählt man in der Rauris, ist ein ungestaltes gespenstisches Wesen. Als ein Schuster in einem Bauernhaus auf der Stör (wenn auf dem Lande Näherinnen, Schneider, Schuster, Sattler und andere in der Wohnung des Bestellenden gegen Kost und Lohn ihr Handwerk ausüben) war, da rollte eine Kuhwampen zur Tür herein. Der Schuster ärgerte sich darüber und stach mit seiner Ahle nach ihr. Am anderen Morgen zeigte es sich, daß die Bäuerin einen Stich in dem Auge hatte, denn sie war – was der Schuster nicht wußte – eine Trud. (192)

Frau Perth

Um Weihnachten zieht Frau Perth [Percht] umher und fahndet nach den bösen Kindern, welche das Jahr über unfolgsam gewesen. Sie ist eine große alte Frau, hat Haare wie Flachs und trägt gerne ein langes, weißes Kleid. Sie stellt sich gewöhnlich an einem Ort auf, von wo aus sie alles sieht und hört, was im Hause vorgeht, schaut wohl zum öfteren auch zum Fenster herein oder guckt durch den Kamin auf den Herd hinab, wenn daselbst die Kinder stehen und auf die Suppe warten. Um ihren Beifall zu erringen, müssen die Mädchen ihre Spielsachen gut in Ordnung halten, die Mägde ihren Rocken zu Weihnachten ganz abgesponnen und unter das Dach gebracht haben. Findet sie einen Rocken und an ihm etwas Flachs, dann ruft sie zürnend:

Am Königssee (Gemälde von Josef Höger)

»So manches Haar,
So manches böse Jahr!« (193)

*

Die Frau Perth zeigt sich nachts an Kreuzwegen Wanderern oder Schnittern, wenn diese spät von der Arbeit heimkehren. Sie winkt ihnen freundlich zu und hält ihnen ein schwarzes Tuch vor. Nimmt der Wanderer nun das Tuch an, dann stirbt er noch im selben Jahre; schlägt er aber ein Kreuz und spricht:

»Frau Perth, Frau Perth,
Wirf's Tücherl um d'Erd!«

so kehrt Glück und Segen ein in sein Haus. Zeigt sich Frau Perth in einem Stalle, dann bricht gewiß unter dem Vieh eine Krankheit aus. Deshalb soll man am Walpurgis-Abend vor die Stalltüre zwei Hölzer in Form eines Andreaskreuzes stecken, dann kommt Frau Perth nicht hinein, und das Vieh bleibt gesund. (194)

*

In verschiedenen Gestalten erschien die Dreikönigspercht. In Rauris ist sie als Schnabelpercht bekannt. Sie hat eine Art Storchenschnabel, mit dem sie immer klapperte. Ihre Kleider sind zerlumpt, am Rücken trägt sie einen Korb, aus dem Kinderbeine ragen. Um die Mitte hat sie einen Strick gebunden, an dem eine große Schere hängt. Die Füße stecken in einem Paar großer »Strohpatschen«. Diese Percht hat es besonders auf die faulen Kinder und Weiberleut scharf. Eine Dirn vom Heustadler hatte, als die Percht kam, noch nicht abgesponnen gehabt. Auf dem Spinnrocken hing noch ein Reister Flachs. Sie nahm das faule Weibsbild »beim Genack«, warf es auf den Rücken, schnitt ihr mit der Schere den Bauch auf und schoppte ihr den Flachsreister hinein. Sodann wickelte sie das Weibsbild mit Werg ein und verbrannte es. Am Dreikönigsmorgen war mitten auf dem Stubenboden nur ein Häufchen Asche zu sehen. (195)

Die Rößlein von Stroh

Zu Maria-Pfarr wußten einige Bursche oft gar nicht, was sie in ihrem Übermut beginnen sollten, um ihre Mitmenschen zu ärgern und zu quälen. Da machten sie sich, als um Weihnachten die Zeit zum Perchtellaufen kam, Rößlein aus Stroh und ritten darauf, wie besessen und unter großem Lärmen, im Dorfe herum. Mit einem Male wurden aber die Strohrößlein lebendig und flogen mit ihren Reitern sausend durch die Luft davon. Kein Mensch hat je erfahren, was aus ihnen geworden, noch sie je wieder gesehen. (196)

Die Perchtl holt die Hausmagd

Beim Schlickenbauer am Kroaschaberg haben einmal am Heiligendreikönigsabend die Kinder und die Dirn recht miteinander herumgebalgt. Da kam auf einmal die Perchtl zur Haustür herein und begab sich ins Stübl, wo der Bauer saß. »Wen darf ich nehmen, die Kinder oder die Dirn?« fragte sie. »Die Kinder laß ich nicht her, aber die Dirn kannst du nehmen«, sagte der Bauer, der durch das Erscheinen der Perchtl völlig überrascht war und erschrocken von seinem Sitz aufsprang. Die Perchtl ging nun hinaus in die Kammer, nahm die Dirn und zerrte sie mit fort. Die Hausleute liefen zusammen, um zu sehen, was mit der Dirn geschehe. Aber es war zu spät. Nur von fernher hörte man noch ein klägliches Jammern. Das kam von der Dirn, welche die Perchtl durch die Lüfte entführt hatte. Später fand man am Granitzl die Gewandfetzen der Dirn herumliegen. Die Perchtl hatte die Unglückliche zerrissen. (197)

Die Perchtl entführt ein Kind

Es war einmal ein ungehorsames Kind, das gar nicht folgen wollte und der Mutter viel Kummer bereitete. Da rief diese den Knecht und sagte zu ihm: »Zieh dich geschwind als Perchtl an und komm ans Fenster; dort werd' ich dir das Kind geben, vielleicht wird es dann folgsamer!« Der Knecht tat, wie ihm geheißen, und ging. Bald danach klopfte es am Fenster. Es war die Perchtl, die draußen stand. Die Mutter glaubte, es sei der Knecht, öffnete das Fenster und schupfte das Kind hinaus, der Perchtl in die Arme. Einige Zeit darauf erschien der Knecht. »Ich habe dir das Kind schon hinausgegeben«, sagte die Mutter. »Ich bin noch nie dagewesen beim Fenster, ich hab mich erst ang'legt«, entgegnete der Knecht. Da eilte die erschrockene Mutter hinaus vors Haus, um nach dem Kinde zu suchen. Als sie draußen, vor Schreck ihrer selbst nicht mehr mächtig, umherlief und nach dem Kinde suchte, kam ihr dessen Gewand durch die Lüfte zugeflogen. Das Kind aber war und blieb verschwunden. (198)

Von Wilden Frauen, den Moosweibchen und der Wilden Jagd

Bauern bei der Ernte (Federzeichnung von Franz Reinhold, 1859)

Die Wilden Frauen im Untersberg

Die Grödicher Einwohner und Bauersleute zeigten an, daß zu diesen Zeiten (um das Jahr 1753) vielmals die Wilden Frauen aus dem Wunderberge zu den Knaben und Mägdlein, die zunächst dem Loche innerhalb Glanegg das Weidvieh hüteten, herausgekommen und ihnen Brot zu essen gegeben.

Mehrmals kamen die Wilden Frauen zu der Ährenschneidung. Sie kamen frühmorgens herab, und abends, da die andern Leute Feierabend genommen, gingen sie, ohne die Abendmahlzeit mitzunehmen, wiederum in den Wunderberg hinein. (199)

*

Einstens geschah auch nächst diesem Berge, daß ein kleiner Knab auf einem Pferde saß, das sein Vater zum Umackern eingespannt hatte. Da kamen auch die Wilden Frauen aus dem Berge hervor und wollten diesen Knaben mit Gewalt hinwegnehmen. Der Vater aber, dem die Geheimnisse und Begebenheiten dieses Berges schon bekannt waren, eilte den Frauen ohne Furcht zu und nahm ihnen den Knaben ab, mit den Worten: »Was erfrecht ihr euch, so oft herauszugehen und mir jetzt sogar meinen Buben wegzunehmen? Was wollt ihr mit ihm machen?« Die Wilden Frauen antworteten: »Er wird bei uns bessere Pflege haben und ihm besser bei uns gehen als zu Haus; der Knabe wäre uns sehr lieb, es wird ihm kein Leid widerfahren.« Allein der Vater ließ seinen Knaben nicht aus den Händen, und die Wilden Frauen gingen bitterlich weinend von dannen. (200)

*

Abermals kamen die Wilden Frauen aus dem Wunderberge nächst der Kugelmühle oder Kugelstadt genannt, so bei diesem Berge schön auf der Anhöhe liegt, und nahmen einen Knaben mit sich fort, der das Weidvieh hütete. Diesen Knaben, den jedermann wohl kannte, sahen die Holzknechte erst über ein Jahr in einem grünen Kleid auf einem Stock dieses Berges sitzen. Den folgenden Tag nahmen sie seine Eltern mit sich, willens, ihn am Berge aufzusuchen, aber sie gingen alle umsonst, der Knabe kam nicht mehr zum Vorschein. (201)

*

Mehrmals hat es sich begeben, daß eine Wilde Frau aus dem Wunderberg gegen das Dorf Anif ging, welches eine gute halbe Stunde vom Berg entlegen war. Alldort machte sie sich in die Erde Löcher und Lagerstätte. Sie hatte ein ungemein langes und schönes Haar, das ihr beinahe bis zu den Fußsohlen hinabreichte. Ein Bauersmann aus dem Dorfe sah diese Frau öfter ab- und zugehen und verliebte sich in sie, hauptsächlich wegen der Schönheit ihrer Haare. Er konnte sich nicht erwehren, zu ihr zu gehen, betrachtete sie mit Wohlgefallen und legte sich endlich in seiner Einfalt ohne Scheu zu ihr in ihre Lagerstätte. Es sagte eins zum andern nichts, viel weniger, daß sie etwas Ungebührliches getrieben. In der zweiten Nacht aber fragte die Wilde Frau den Bauern, ob er nicht selbst eine Frau hätte? Der Bauer aber verleugnete seine Ehefrau und sprach nein. Diese aber machte sich viel Gedanken, wo ihr Mann abends hingehe und nachts schlafen möge. Sie spähete ihm daher nach und traf ihn auf dem Feld schlafend bei der Wilden Frau. »O behüte Gott«, sprach sie zur Wilden Frau, »deine schönen Haare! Was tut ihr da miteinander?« Mit diesen Worten wich das Bauersweib von ihnen, und der Bauer erschrak sehr hierüber. Aber die Wilde Frau hielt dem Bauern seine treulose Verleugnung vor und sprach zu ihm: »Hätte deine Frau bösen Haß und Ärger gegen mich zu erkennen gegeben, so würdest du jetzt unglücklich sein und nicht mehr von dieser Stelle kommen; aber weil deine Frau nicht bös war, so liebe sie fortan und hause mit ihr getreu und untersteh dich nicht mehr, daher zu kommen, denn es steht geschrieben: ›Ein jeder lebe getreu mit seinem getrauten Weibe‹, obgleich die Kraft dieses Gebots einst in große Abnahme kommen wird und damit aller zeitlicher Wohlstand der Eheleute. Nimm diesen Schuh von Gold von mir, geh hin und sieh dich nicht mehr um.« (202)

Die Höhle der Wilden Leute

Unweit des Widrechtshausers Wohnhaus, am westlichen Teile des Stubachtales, zeigen die Bauern hoch oben im Felsen eine dem menschlichen Fuße unzugängliche Höhlenöffnung. In dieser Höhle sollen vor vielen Jahren zwei Wilde, ein Mann und eine

Frau, gehaust haben. Vom Tale aus sah man stets, wie sie ihre Wäsche zum Trocknen aus dem Felsenloche in die hohen Lüfte hinaushingen. Am Fuße dieses Felsens ist ferner ein Felsstück zu sehen, das drei runde Eindrücke, von einer Kugel herrührend, und einige schwache Wellenlinien aufweist. Ferner befindet sich dort noch ein anderer Stein, in welchem ganz deutlich der Fuß einer Frau eingedrückt ist. (203)

Die Haare der Wilden Frau

Im Volke geht nun die Sage, die Wilde Frau habe häufig auf dem flachen Steine gesponnen, und daher sollen die Kugeleindrücke und die Wellenlinien rühren. Weiters erzählt man, daß sie mit dem Widrechtshauser in Verbindung gestanden und dieser sie an jedem Samstag zur Nachtzeit besucht haben soll. Dies fiel endlich der Bäuerin auf, sie schlich ihrem Manne einmal nach und fand ihn neben der Wilden Frau in einem Stadel schlafend. Sie überlegte lange, ob sie dieselbe wecken oder sich mit einer Haarlocke begnügen sollte, und entschied sich für letzteres, schnitt ihr eine Locke ab und entfernte sich eilig. Beim Erwachen bemerkte die Wilde Frau sofort den Raub, entdeckte ihn dem Bauern und sprach zu ihm: »Wir dürfen nun nicht mehr zusammenkommen; doch gebe ich dir für deine Treue folgende Wahrzeichen: Fürs erste einen Knäuel Zwirn. Solange du abwindest und ihn sorgfältig bewahrst, wird der Faden kein Ende nehmen und du wirst reich und mächtig werden; fürs zweite trete ich mit meinem Fuß in diesen Stein; je tiefer dieser Fußstapfen wird, desto mehr nimmt dein Reichtum zu. Fürs dritte schließlich merke das: Solange ich vor dem Felsenloche im Vollmonde die Wäsche trockne, solange werde ich der Schutzgeist deines Hauses und deines Reichtums sein.« Sprach's und verschwand.

Das erste Zeichen ging bald verloren, denn die Bäuerin entwendete es. Das zweite, der Frauentritt, war auch bereits dem Verschwinden nahe, so daß der Bauer schon zu verarmen begann. Aber der Eindruck wurde wieder stärker; zur Sicherung desselben vor Unwetter und Neugierde wurde ein Dach darüber gemacht.

Das dritte Zeichen besteht noch heute. Bei klarem Himmel in schönen Vollmondnächten, wenn selbst im ganzen Tal nicht die Spur von einem Nebel zu finden ist, bemerkt man oben am Felsen einen dünnen weißen Streifen, den viele für Nebel halten. Dem ist aber nicht so; das ist die Wäsche der Wilden Frau. (204)

Das Verhältnis mit der Wildfrau

Der Gaunsbergerbauer war in eine Wildfrau derart verschossen, daß er oft mit ihr in einem Scherm in Lercheck zusammenkam. Das Weib des Bauern, das vom unrechten Treiben ihres Mannes erfuhr, schlich sich einmal heimlich nach und redete ihm gut zu, er möge von seinem Tun ablassen, und bewog ihn zur Umkehr. Als aber der Bauer ein andermal trotzdem wieder zur Wildfrau ging, empfing ihn diese mit bösen Worten und schalt ihn, weil er mit ihr falsch war und nicht sagte, daß er verheiratet sei. »Weil aber dein Weib mit dir gut war, will auch ich dir verzeihen. Sonst aber hätt ich dich zu ›Lab und Stab‹ (Laub und Staub) zerrieben.« Damit verschwand sie und ließ den Bauern stehen. (205)

Die Klage des Ehemanns

Ein Mann von Grödig bei Salzburg, welcher mit seiner Frau in Unfrieden lebte und von ihr schlecht behandelt wurde, ging nach der Frauenhöhle am Untersberg und blieb die Nacht hindurch daselbst liegen. Da erschien ihm eine Jungfrau von überirdischem Wesen, welcher er klagte, daß er mit seiner Frau in stetem Streite sei. Die Jungfrau setzte sich zu ihm und unterhielt sich vertraulich mit ihm. Als er endlich weggehen wollte, sagte sie zu ihm: Weil er sich gegen sie so gut benommen habe, so solle er nur ruhig nach Hause gehen, er werde seine bisher so zänkische Frau in eine ganz gutmütige verwandelt finden. Und so soll er sie auch gefunden haben. (206)

Das Flachsbündel

Einst ging ein schönes, aber armes Bauernmädchen aus der Umgebung von Glanegg von Großgmain nach Hause. Als dasselbe auf dem Gangsteige die nasse Wiese unweit des obern Marmorbruches erreichte, sah es eine wunderschöne, weißgekleidete Frau Flachsbündel auf dem frisch gefallenen Schnee ausbreiten. Erstaunt blieb das Mädchen stehen und erschrak nicht wenig, als die geheimnisvolle Frau ihm winkte, sich ihr zu nähern. Als es zögernd näher trat, sprach jene: »Nimm, mein Kind! und löse dir die Bündel hier zu deiner Hochzeitsfeier.« Gehorsam tat das Mädchen, wie ihm geheißen, sammelte die Flachsbündel in seine Schürze und eilte, so schnell es konnte, nach Hause. Als es aber in der Mutter Gegenwart die Schürze entleerte, fielen aus derselben statt der Flachsbündel eitel Perlen, Smaragde und Edelsteine heraus. Das war der Lohn für seine Bescheidenheit und Folgsamkeit. (207)

Das Frauenloch

Im Staufenberge bei Reichenhall, das ehedem auch zu Salzburg gehörte, befindet sich eine Felsenhöhle, welche vom Volke gleichfalls das »Frauenloch« genannt wird. In frühesten Zeiten wurde dieselbe auch von drei Wildfrauen bewohnt. Wenn diese vor der Höhle ihre Wäsche aufhängten, so durfte man sicher auf schönes Wetter rechnen. Während zwei von ihnen blendend weiße Haut hatten, war die dritte halb schwarz, halb weiß. Ein großer schwarzer Hund mit glühenden Augen bewachte den Eingang der Höhle und wies jedem, der sich unberufen nahte, knurrend die Zähne. In dieser Höhle ist ein großer Schatz verborgen, den zu heben bisher noch niemandem gelungen ist. Früher vernahm man aus dem Frauenloch auch häufig das Krähen eines Hahnes, ohne denselben selbst je gesehen zu haben.

Wenn im nächsten Umkreise ein Kind geboren ward, kamen die drei Wildfrauen in das Haus und sangen; solchen Kindern war immer großes Glück beschieden. Ja, als einmal der Bäcker von Hausmanning mit einem Mädchen von seltener Schönheit Hochzeit machte, kamen die Wildfrauen zum Schmause und ergötzten sich weidlich an der allgemeinen Freude. Dem jungen Ehepaar aber beschieden sie dauerndes Glück. (208)

Begegnungen mit den Wilden Frauen

M. Reindl, ein Bauer, ging einmal spät abends von Groß-Gmain nach Hause. In der Nähe des Schlosses Plain, als er eben den Feldweg, der zu seinem Hause führte, betrat, kamen plötzlich zwei weißgekleidete Frauen mit langen, aufgelösten Haaren an ihn heran, nahmen ihn in ihre Mitte und drückten den armen Bauer derart, daß er weder imstande war, sich zu rühren, noch einen Laut von sich zu geben, so sehr er sich auch anstrengte. Schon glaubte er, sein letztes Stündlein habe geschlagen, da ließen die Frauen ihn los und verschwanden. Er aber erreichte unangefochten sein Haus und dankte Gott für seine Rettung. (209)

*

Ein altes Mütterlein, das nächst dem Steinbruche am Untersberge wohnte, erzählte im Jahre 1799 dem Verfasser der »Reisen durch Salzburg« mit innigem Vergnügen, daß sie als kleines Mädchen die schönen Wildfrauen in weißen Gewändern und mit fliegenden Haaren auf den Firsten des Untersberges gesehen und ihre schönen Lieder gehört habe; kleine Männchen mit netzförmigen Häubchen seien gleichzeitig unter dem weidenden Vieh umhergewandelt. (210)

*

Ein Herr und zwei Damen stiegen vor nicht gar langer Zeit auf die Schweigmühlalpe am Untersberg. Indes der Herr zum Mückenbrunnen und in die Röthellack ging, suchten die beiden Damen die Sonnenwendstätte auf, um daselbst die herrliche Aussicht zu genießen.

Plötzlich fingen sie fürchterlich zu schreien an. Rasch lief die Sendin zu ihnen und erfuhr nun aus deren Munde, daß sie soeben in

Alte Mühle im Salzburgischen, Jakob Emil Schindler

einer Höhle eine schöne Frau, angetan mit schwarzen Kleidern, gesehen hätten, die vor ihren Augen in nichts zerflossen sei.

»Das war eine Wildfrau«, meinte die Sendin, »die tut nichts Böses und fügt keinem ein Leid zu.«

Die Damen ließen sich aber nicht beruhigen, sondern verließen mit ihrem bald zurückgekehrten Begleiter eilig den Berg. (211)

Der Wilden Frau Milchkuh

An den Wänden des Edweinkopfes im Seidlwinkeltal hatte ein Jäger eine Gemsgeiß geschossen. Als er sie auf den Rücken nehmen will, kommt weinend eine Wilde Frau mit einem Kinde auf dem Arm daher und sagt: »Nun hast du mir meine Milchkuh erschossen«. (212)

Der Wunsch

Beim Wastlbauer war ein Knecht, der ist oben bei den Mahdern (Bergwiesen, die nicht zur Weide benutzt, sondern gemäht werden) immer mit einer Wilden Frau zusammengekommen. Einmal waren sie in einem Holzknechtstadel wieder beisammen, als ein alter Mann herankam, der beim Stadel mit dem Stock auf den Boden stieß und sagte: »Dås wär a guats Bohnland (guter Boden zur Bohnenpflanzung)«, und weiter ging. »Jetzt darfst du nimmer kommen«, sagte darauf die Wilde Frau, »aber du kannst dir etwas wünschen«. Der Knecht dachte nach und sagte dann: »Wånn i flicken will, håb i allweil kan Zwirn.« »Nun hast dir aber das allerdummste gewünscht«, erwiderte die Wilde Frau, gab ihm aber ein »Knölleil« Zwirn, und so viel er auch davon nahm, es wurde nie kleiner. Der Knecht hatte »sei Lebtug g'nua«. (213)

Die Hilfe der Wilden Frau

Eine Wilde Frau kam einstmals zu einer Bäuerin in Forsterbach und bat um etwas Milch für ihr Kind. Bereitwillig gab ihr die Bäuerin das Verlangte und etwas Mehl. Da war die Wilde Frau sehr erfreut und fragte, ob sie nie im Graben aufgehängte Wäsche gesehen. Die Bäuerin bejahte es, meinte aber, sie wisse nicht, wem sie gehöre. »Sie gehört mir«, erwiderte die Wilde Frau, »und wenn du sie hängen siehst, so bring alles vom Feld heim, denn es wird jedesmal schlechtes Wetter.« Die Bäuerin dankte der Wilden Frau und sagte, sie solle nur wiederkommen, doch bat diese, daß täglich abends etwas Milch für sie hingestellt, aber auch Arbeit, etwas zu flicken oder stricken, dazu gelegt werde. Soviel nun auch die Bäuerin an Arbeit hinlegen mochte, diese war am Morgen getan. Da wollte sich die Bäuerin erkenntlich zeigen und legte einmal eine »rupfene Pfoad« dazu, diese wurde aber nicht geholt, und die Wilde Frau kam nie mehr wieder. (214)

Die Wilde Frau belohnt

Auf einer Alm unter der Türchelwand sah der Melker, wie eine Wilde Frau eine seiner Kühe wiederholt melkte. Er ließ es geschehen, weil er bemerkt hatte, daß die Kuh trotzdem nicht weniger Milch gab. Als er die Wilde Frau wieder einmal bei seiner Kuh traf, rief er sie an, was sie denn tue. Ungescheut gab sie zu, Milch zu holen, aber nicht mehr, als sie für ihr kleines Kind brauche; da er dies zugegeben, wolle sie ihn dafür etwas lehren, und sie zeigte ihm, wie er von Juten (Molken) Wachs machen kann. Er befolgte dies und wurde dadurch zum reichen Manne.

Ein anderer Melker, der eine Wilde Frau, als er sie melkend bei seinen Kühen fand, hart angelassen und vertrieben hatte, wurde von ihr dadurch bestraft, daß seine Kühe keine Milch mehr gaben. (215)

Die Wilden Leute ziehen weg

Auf der Hütteggalpe in Großarl, einer der ältesten Ansiedlungen des Tales, gibt es Felshöhlen, in welchen die Wilden Leute gehaust haben sollen. Zur selben Zeit gab es aber auf jenen Bergeshöhen weder Reif noch Schnee. Eines Tages im Spätherbste aber, als eine Wilde Frau aus ihrer Felsenwohnung trat und ihre Kindwindeln aufhängen und trocknen wollte, erblickte sie die umliegende Gegend mit Reif bedeckt. »Oh weh«, rief sie, »nach Reif kommt Schnee!« Vor Schrecken blaß eilte sie in ihre Höhle zurück, packte ihre Habe zusammen und nach wenigen Stunden war sie mit ihrer Familie und allen ihren Nachbarn verschwunden. Darauf fing es an zu schneien, und seitdem deckt ewiger Schnee diese Höhen. (216)

Die Todesbotschaft

Zu Wals, einem stattlichen Dorfe auf dem Walserfelde, verdingte sich einst eine Magd, die sehr schön war, von der aber kein Mensch wußte, woher sie kam und wie sie sich nannte. Sie arbeitete für zwei und legte keinem etwas in den Weg. Allen Menschen gegenüber war sie hilfreich, und alle im Dorf hatten sie daher gerne. Auch das Vieh gedieh unter ihren fleißigen Händen prächtig. Der Bauer war stolz auf seine neue Magd und sagte oft, wenn sie so über alles sprachen, zu seiner Frau: »So eine kriegen wir nie wieder, die ist nicht mit Gold aufzuwiegen!« – Auch die Bäuerin war der hübschen Magd sehr wohl gesinnt, denn sie trug sich so still und bescheiden, und kein Bursch im Dorfe konnte sich rühmen, daß sie ihn anders als freundlich und ehrsam angesehen hätte. Alle waren sich darüber einig, daß sie noch einmal Bäuerin auf irgendeinem der Höfe werden würde, denn wenn sie offenbar auch keine Reichtümer besaß, so waren ihr Wesen, ihre Schönheit und ihre Tüchtigkeit manchem braven Manne gewiß weit mehr wert als eine Truhe voll Goldfüchse. Nur fiel es auf, daß sie stets nur ein paar Worte sprach und ihr wunderbares Goldhaar immer in ein Tuch eingeschlungen trug, so als solle man die Fülle des Haares, auf das jede andere Frau stolz gewesen wäre, nicht bemerken.

Da hörten einmal zwei Knechte bei der Holzarbeit ein Vöglein singen, das immer wieder rief: »Stutzi-Mutzi, Stutzi-Mutzi, morgen mußt wieder in den Berg, weil der Oberste gestorben ist.« Sie wußten erst nicht, was dies bedeuten solle, aber als sie dem Vogel nachgingen, sahen sie, daß er zu der Magd flog, die auf einer Wiese vor dem Walde Wäsche aufhing. Als die Magd die Mitteilung des Vogels hörte, ließ sie alles stehen und liegen und lief auf Nimmerwiedersehen davon.

Da wußten die Bewohner des Dorfes, daß es eine Wildfrau gewesen war, die nun der Berggeist wieder zu sich gerufen hatte. (217)

*

In Forsterbach, nahe an den Türchelwänden, war ein kleiner Bauer, der viel Unreim (Unglück) auf seiner Alm hatte, da die Weideplätze sehr »stickl« (steil) waren und oft ein Rind »ågwålkt« (abgestürzt) ist, so daß es ihm schwer wurde, eine Sennin für diese Alm zu bekommen. Da erscheint ein halbwüchsiges Dirndl und bittet, daß die Bauerleut es beim Vieh anstellen. Da ihnen das

Mädchen gefällt, sagen sie zu und sehen bald, wie es tüchtig zugreift und mit dem Vieh umzugehen versteht. Sieben Jahre zog sie auf die Alm, und ungefährdet bringt sie die ihr anvertrauten Rinder wieder heim. Im Herbst kehrt der Bauer einmal vom St. Johannser Markt durch die Klamm heim, da hört er trotz des Rauschens des Wassers in der engen Schlucht eine Stimme, welche ruft: »Sag' der Hillilanda, der Hillilit ist tot.« Als er heimkommt und das erzählt, fängt die Sennin zu weinen an und sagt: »Jetzt muß ich fort, denn das ist mein Vater«, und verschwindet für immer. (218)

Das Moosweibchen

Im Jahre 1635 hatte ein Bauer den Tag über am Untersberge Holz gefällt und wollte eben, da sein Tagewerk vollendet und der Abend hereingebrochen war, den Heimweg antreten, als atemlos ein kleines Moosweibchen zu ihm gelaufen kam und ihn dringend bat, er möge doch auf die gefällten Stämme drei Kreuze einhauen, indem sie hinzusetzte: »Es wird gut für Euch und für uns sein. Wir werden vom wilden Jäger des Nachts ohne Unterlaß gejagt und haben auch anders keine Ruhe vor ihm, als wenn wir uns auf behauene Baumstämme setzen können, welche mit drei Kreuzen gezeichnet sind; auf diesen muß er uns in Frieden lassen und kann uns nichts anhaben.« Der Bauer dachte, das Kreuz ist immer ein gutes und heilbringendes Zeichen, und willfahrte der Bitte.

Das Moosweibchen aber dankte ihm von ganzem Herzen dafür und versprach dem Bauer alles Glück. Wirklich waltete von diesem Augenblicke an sichtlich des Himmels Segen über ihm und seinem Hause, sein Wohlstand wuchs von Jahr zu Jahr, und seine Kinder gediehen zu braven, gottesfürchtigen Menschen, die ihm sein Alter verschönern halfen. (219)

Das Weidwiesenweibl

In den Jahren 1782 und 1783 machte in Reichenhall und Unken das Weidwiesenweiblein viel von sich reden; es war winzig klein, trug schwarzes Gewand und in der rechten Hand ein brennendes Lämpchen. Das Gesicht konnte man nicht ausnehmen, denn ein großer Hut lag flach auf seinen Schultern, so daß man zu dem Glauben verleitet wurde, es fehle ihm der Kopf ganz und gar. Wenn Leute über die Weidwiesen zu später Nachtstunde heimwärts gingen, da stellte sich gewiß, ohne daß man wußte, woher es kam, das Weidwiesenweiblein ein und geleitete sie getreulich und sicher. Manchmal kam es aber auch vor, daß es Menschen recht irreführte, sie an Orte brachte, wo sie gar nicht sein wollten, und dann stehen ließ. Da mochte man dann schreien, soviel man nur vermochte, es ließ sich nicht mehr blicken, und die Irregeführten mußten sich allein wieder zurechtfinden. Es sprach nie ein Wort, tat auch niemandem Böses an und ward von keinem Menschen gefürchtet. Man nahm seine Dienste gerne an, dankte aber nie dafür, weil man sie für selbstverständlich betrachtete.

Einmal aber brach einem Fuhrmann beim Kalkofen in stockfinsterer Nacht ein Wagenrad. Da stand plötzlich das Weidwiesenweibl vor ihm und leuchtete ihm, worüber er so froh war, daß er demselben ein herzliches »Tausend Dank!« sagte. Darüber geriet aber das Weiblein in große Freude und erwiderte: »Ich hätte schon mit einem Dank genug gehabt; jetzt sieht mich niemand mehr!« Seitdem ist es auch verschwunden. (220)

Die Wilde Jagd

Ein Junggeselle aus Liefering, bei dem durch jedes Äderchen im ganzen Leib nur Kraft und Leben sprudelte, so daß er nie ein Gatter aufmachte, sondern lieber frisch darüber wegsprang, mochte auch nicht gerne eine Tanzunterhaltung oder andere Lustbarkeit versäumen. Wie er einmal, nach Mitternacht von den Spielleuten aus Salzburg nach Hause kehrend, noch die Geigen und Klarinette hörte, daß er fast in Versuchung geriet auf der Straße zu walzen, wurde er plötzlich durch einen furchtbaren Lärm, welcher schnell wie der Wind näher und näher heranrückte, aus seinen lustigen Träumereien aufgeschreckt. »Holla, Bua!« sprach der Lieferinger zu sich selber, »das geht nicht natürlich her, es ist das Wilde Gjaid im Anzug!« Damit streckte er sich flugs zu Boden und legte sowohl Hände als Füße kreuzweise übereinander. Im Augenblick fuhr das Wilde Gjaid ganz knapp über ihn mit unsinnigem verworrenem Geheul vorüber. Hundegebell, Katzengeschrei, Rossegewieher, Raubvogelgekrächze, Natterngezisch mischten sich aufs grausigste durcheinander. Allein, es war im Nu in der Weite. Als der Junggeselle wieder rüstig auf den Füßen stand, drangen nur noch die letzten matten Töne aus weiter Ferne an sein Ohr. (221)

*

Ein anderer, aber sehr roher, ungeschlachter Bauer hörte einst auf dem Heimwege die Wilde Jagd daherbrausen. Aus Vorwitz wollte auch er mitjagen helfen und begann zu schreien und zu schnalzen, wie es die Treiber auf der Klopfjagd zu tun pflegen. Da rief ihm der wilde Jäger zu: »Brav, Kamerad! Sollst deinen Teil haben.« Am andern Morgen, als er in den Pferdestall gehen wollte, hing ein Vierteil eines Moosweibchens an der Türe des Stalles. Erschrocken hierüber ging der Bauer unverweilt zum Pfarrer und beichtete ihm reumütig seinen Mutwillen. Der Seelsorger verwies ihm denselben ernstlich, ermahnte ihn dringend zur Besserung seines Lebenswandels und riet dem Bauern, zu seiner geistigen und leiblichen Wohlfahrt, das Fleisch unberührt hängen zu lassen, auf daß ihn der Wilde Jäger hernach nicht darum anfechte. Der Bauer gehorchte dem Rate, und das unheimliche Wildbret kam ebenso unvermerkt wieder fort, als es hingekommen war. Dessenungeachtet konnte der Bauer seines Lebens nicht mehr recht froh werden, und er starb auch nach wenigen Jahren. (222)

*

Eine alte Bäuerin aus Moos erzählte, daß sie als junges Mädchen, da sie in Glanegg diente, eines Nachts noch spät am Fenster stand

Die Luftfahrt der bösen Geister

und zu ihrer Verwunderung in der Ferne eine gar liebliche Musik vernahm, die immer näher zu kommen schien. In der Meinung, daß vielleicht eine vornehme Gesellschaft aus Salzburg nahe, habe sie das Fenster aufgemacht und sich hinausgeneigt. Im selben Momente aber schwieg die Musik plötzlich; dagegen habe ein gar furchtbares Rasseln begonnen und sei immer näher gekommen, so daß sie entsetzt das Fenster zuwarf und in ihr Bett flüchtete, wo sie in ihrer Herzensangst schnell ein »Vaterunser« und ein »Ave« betete. »Das war bestimmt das Wilde Gjaid!« meinte die Moosbäuerin, sooft sie es erzählte. (223)

Von Bergwerken, Bergknappen und Venedigern

Die übermütigen Bergknappen

Vor mehreren hundert Jahren war auch auf dem Kolben in der Rauris der Bergbau reich gesegnet. Wie's aber bei allzu großem Glücke häufig zu geschehen pflegt, arteten auch hier die Bergknappen aus, wurden übermütig und gottlos. So kam einst die heilige Christnacht heran. Anstatt zu beten, frönten die Knappen in derselben dem Kartenspiele, tranken, schrien, rauften und trieben noch ärgere Ausschweifungen. Ein einziger machte eine Ausnahme, das war der Metzger, der in Begleitung seines Hundes nach Bucheben zur Mitternachtsmesse ging. Als er von derselben zurückkam und dem Kolben schon ganz nahe war, da vernahm er von der Höhe herab plötzlich eine Stimme, welche rief: »Schieb ab, jetzt ist der Hund von der Mette da!« Und ehe er noch Zeit fand, über den Sinn dieser Worte nachzudenken, vernahm er ein fürchterliches Donnern und Krachen und sah entsetzt eine Lawine sich gerade auf den Kolben zuwälzen. Im nächsten Augenblick war alles vernichtet und zerstört, von dem blühenden Bergwerke keine Spur mehr zu sehen.

Sich bekreuzend, entfloh der Metzger dem Schreckensorte und eilte hinab nach Bucheben, wo er meldete, was er soeben mit Entsetzen wahrgenommen hatte. (224)

*

Im Hüttenwinkel gab es besonders ertragreiche Goldgruben. Die Knappen, die dort arbeiteten, wurden, da sie sehr gut verdienten, so übermütig, daß sie zum »Kegeln« goldene Kegel und Kugeln und zum »Plattnwerfn« Platten aus Silber benützten. Sie gingen in ihrem Übermut so weit, daß sie sogar einmal einem Stier die Haut bei lebendigem Leibe abzogen und so laufen ließen. Der Stier konnte vor Schmerz nicht einmal mehr brüllen. Die Knappen lachten, und einer schrie: »So gwiß da Stia neahma brülln ko, so gwiß wiascht in dö Gruabm 's Gold nia ausgehn!« Kaum hatte der Knappe das gesagt, brüllte der Stier und fiel dann tot nieder. Von da an waren in der Gegend keine Erzadern mehr zu finden. So hat das Bergmandl die Freveltat der Knappen gerächt. (225)

Neugier macht blind

Auf der Goldzeche, in dem an der Kärntner Seite gelegenen Berghause, wollte ein Knappe einmal sehen, wie sich das Bergmandl das Essen holt, das man für ihn hingestellt. Er versteckte sich in dem Stubenofen und bohrte ein ganz kleines Löchlein zum Durchgucken. Das Bergmandl kam in grauem Gewande mit bläulichem Lichte und einem Hammer im Gürtel, sah sich in der Stube um, schritt auf den Ofen zu, klopfte leise mit dem Hammer auf das Löchelchen, und von diesem Augenblick an wurde der Knappe blind und gewann sein Augenlicht nicht wieder. (226)

Das Bergmandl deutet eine Goldader an

Der Hutmann Lechner wusch sich einst am Röhrbrunnen in Kolm Saigurn. Da trat ein graues Männlein zu ihm und sagte: »Warum melkt ihr denn die Kuh bei den Hörnern, warum nicht beim Euter?« Er meinte damit, daß man nicht immer hoch oben nach Golderz suchen solle, sondern in der ergiebigeren Tiefe. »Kommt mit mir«, fuhr das Männlein fort, »ich zeig euch eine Stelle«. Der Hutmann aber ging noch ins Haus, um sich abzutrocknen; als er wieder heraustrat, war das graue Männlein verschwunden. (227)

Das Bergmandl belohnt

Als der Eder von Taxenbach einmal ins Leiterkar hinaufgegangen, begegnet ihm an der Seilerwand ein graues Mandl und bat ihn: »Drah mir do in mein ›Kåsten‹ (kleines Vorratsgebäude) die

Gämshäut um, den Lohn dafür find'st auf dem »Stell'n« (Gestell) hinter der Tür.« Wirklich findet der Bauer oben zehn Gemsdecken, wendet sie und sucht dann auf dem Gestell nach seinem Lohn. Dort findet er aber lauter »Taxzåpfen« (Fichtenzapfen), »der håt mi aber ång'schmiert«, dachte der Eder, nahm aber, da sie schön aussahen, einige für die Kinder mit nach Haus. Anderen Tags sah er, daß es lauter Goldzapfen waren. Man sagt, daß der Eder davon seinen Reichtum habe. (228)

Das Bergmandl straft

Ein Knappe arbeitete einmal sogar an einem Sonntag »im Berg«; die anderen hörten, wie er mit dem »Hunde« Erz förderte, doch kam er abends nicht ins Berghaus. Als am Montag früh die Belegschaft in die Grube kam, lag er »z'batzt« drinnen, Schaum vor dem Munde. »Den håt's Bergmandl dadruckt.« (229)

Die Glocke vertreibt die Bergmännlein

Jahrelang hausten im Innern des salzreichen Dürrenberges Bergmännlein, rüstig mit Krahl und Fäustel arbeitend, und mancher Häuer fand am Morgen seine Schicht gefördert. Als aber die Bergknappen mit frommem Sinne auf dem Berge ein niedliches Kirchlein erbauten und die Klänge des Glöckleins in dem Turme zu Tal und Klüfte drangen, horchten die Gnomen mit erschrecktem Ohre auf die fremden Klänge, huschten ängstlich hin und her und zeigten sich desto trauriger, je länger das Glöcklein vom Turme herab erklang. Als es endlich schwieg, trat ein Gnom an des alten Steigers Bett und sprach: »Wir müssen scheiden aus dem altgewohnten Hause, jaget uns doch aus ihm das Schallen eurer Glocke; denn, wenn wir auch Christus nicht feind sind, so dürfen wir ihn doch nicht ehren nach Christenart.« Und als er so gesprochen, verschwand er auf immer mit all den Seinen. Die Knappen des Dürrenbergs aber beten noch heutzutage: »Laß, o Herr, auch bald die Gnomen deiner Gnade teilhaftig sein!« (230)

Wie die Weitmoser mächtig wurden

Davon erzählt die Sage folgendes: Erasmus Weitmoser, ein schlichter Landmann zu Gadaunern im Gasteinertale, hatte den Einfall, das Gold dort zu suchen, wo es einzig und allein zu finden war, in den Bergen selbst. Er war sich seiner Sache wohl bewußt und überzeugt, daß er sein Ziel erreichen werde. Allein, da er immer tiefer und tiefer grub, um endlich an die goldhaltenden Gänge zu kommen, erschöpfte er schließlich seine Geldmittel und fand niemanden, der ihm für sein Unternehmen, das vielen mehr als gewagt schien, Geld vorgestreckt hätte.

So saß er am heiligen Ostertage traurig über sein Mißgeschick in Gedanken versunken da und wußte weder Rat noch Hilfe. Er hatte nicht einmal soviel Geld im Hause, daß er sich und den Seinen für den Festtag ein Stück Fleisch zum Mittagstisch gönnen konnte. Dies schmerzte seine Hausfrau gar sehr, weil sie der Gatte dauerte, der für seine Familie ja alles hingegeben hatte. Da sie nichts ihr eigen nannte, wofür sie Geld bekommen hätte, so opferte sie das Liebste, was sie besaß, ihren Brautschleier, ging fort und verkaufte ihn insgeheim. Für den Erlös schaffte sie Fleisch ins Haus und erübrigte auch noch einen Pfennig für ihren Gatten, daß er noch ein Schöpplein trinken und seinen Gram wenigstens etwas vertreiben konnte.

Die Geschichte mit dem Schleier verbreitete sich noch am selben Tage im Dorfe und in derselben Woche im ganzen Tale, bis sie endlich auch dem Erzbischofe zu Salzburg, Leonhard von Keutschach, zu Ohren kam. Jedermann rühmte die Tugenden der Weitmoserin, die Ehrlichkeit und den Fleiß ihres Gatten.

Da beschied der Erzbischof den Weitmoser zu sich und streckte ihm eine große Summe Geldes vor, auf daß er das von ihm begonnene Werk fördern und vollenden könne. Die eingestellte Arbeit ward wieder aufgenommen, die Grube wieder eröffnet und weiter geführt. Und ehe noch das entlehnte Geld vollends verwendet war, kam edles Erz zutage. Bald hatte es des Goldes kein Ende mehr und war Erasmus Weitmoser zum reichsten Manne des Tales geworden.

Sein Sohn Christof war noch glücklicher im Bergbau als er und wurde so reich, daß er jeder seiner Töchter, um deren Hand sich

Grafen und Ritter stritten, wie um seine Freundschaft selbst Fürsten warben, als Heiratsgut viele Tausende von Gulden geben konnte. Seinen drei Söhnen hinterließ er eine volle Million funkelnder Goldgulden. (231)

Die Gasteiner Klamm (Radierung von Johann Jakob Strüdt, 1807)

Der Bettlerin Fluch

Des Herrn Christof Weitmosers Ehefrau war ein gar schönes, aber auch ungemein hoffärtiges und stolzes Weib. Sie trug die kostbarsten Gewänder und so glänzenden und wertvollen Schmuck, daß eine Fürstin sie darum beneiden konnte.

So ritt sie einst in voller Pracht und Herrlichkeit stolz durch die Klamm, eine nach Gastein führende Felsschlucht. Einer Königin gleich, blickte sie stolz um sich und belächelte hochmütig, wer ihr in den Weg kam. Da saß eine Bettlerin am Wege, welche dringend um ein Almosen flehte. Die reiche Weitmoserin blickte verächtlich von ihrem Rosse auf die Bettlerin herab und rief herzlos: »Hinweg, freches Bettelvolk!«

»Ach!« seufzte die Bettlerin, »keiner, der heute wie du einherstolziert, weiß, ob er nicht morgen gleichfalls betteln muß! Heute mir, morgen dir!«

Da lachte die Weitmoserin stolz, zog einen kostbaren Ring vom Finger und sprach: »Eine Weitmoserin und betteln? Sowenig dieser Ring wieder zum Vorschein kommt, ebensowenig, du Elende, erfüllt sich dein Fluch!« Und mit diesen Worten schleuderte sie den Ring in die unterhalb des Weges wild durch die Klamm brausende dunkelgrüne Ache.

Einige Zeit war seit diesem Auftritte verflossen, da brachte der Talfischer eine große Forelle in den Weitmoser-Hof, die er tags vorher in der Ache gefangen hatte. Sie war für ein Festmahl bestimmt, welches Christof Weitmoser seinen Mitgewerken gab. Als der Fisch nun zerschnitten wurde, fand man in seinem Bauche den Ring der stolzen Weitmoserin.

Von diesem Augenblicke an begannen Glück und Segen von dem reichen Geschlechte sich dauernd abzuwenden. Stollen und Schächte stürzten ein, wurden aufgelassen oder von wilden Wassern ersäuft. Nur in der Sage und einigen milden Stiftungen lebt noch das Andenken der Weitmoser fort. Selbst ihre Schlösser verfielen dem vernichtenden Zahne der Zeit. Der Weitmoser-Hof in Gastein mit seinem Schneckenturme steht öde, nur einige wenige Säulen sind die traurigen Zeugen früherer Pracht und Herrlichkeit. Der unterirdische Gang, welcher vom Hofe nach dem stattlichen Schlosse zu Hundsdorf führte, ist verschüttet, das Schloß selbst ein Trümmerhaufen.

So ging ein Geschlecht zugrunde, das vermöge seines immensen Reichtums unter die ersten Geschlechter des Landes gehörte, das berufen war, Großes zu vollführen. Der eigene Hochmut brachte es zu Fall. (232)

Die frevelhaften Knappen

Die Knappen des Herrn Christoph Weitmoser hatten einst im Bergwerke ihres Herrn einen fast vierzigpfündigen Klumpen Goldes gefunden. Das war nun ein besonderer Glücksfall gewesen, der aber die Hoffnung erweckte, daß man auf eine besonders ergiebige Goldader gestoßen sei, die den Gewerken und seinen Bergleuten ungemessenen Reichtum bringen werde. Weitmoser gab auch selbst seinen Leuten ein prächtiges Fest, sparte nicht in der Bewirtung, und das übermütige Volk tat noch das Seine weiter dazu. Schon waren sie soweit, daß ihnen das Fleisch des fetten Schweines, das der Wirt auftrug, zu wenig vornehm war, und sie nach einem gebratenen Ochsen lüstern wurden.

Da kam des Weges ein Bauer, der gerade einen feisten Ochsen vor sich hertrieb. Wie eine Meute fielen sie über das Tier her und zogen dem lebenden Ochsen die Haut ab, um ihn wie beim Feste der Kaiserkrönung als ganzen zu braten. Unter rohestem Gehaben der Knappen wälzte sich das arme Tier in Schmerzen auf dem Boden. Nur ein Knappe war unter ihnen, der Mitleid hatte und mahnend rief, es heiße doch Gott versuchen, ein wehrloses Tier so zu martern. Die andern aber schrien: »Was schert uns ein Ochse, das Schweinfleisch schenken wir den Bettlern, sein Fleisch ist ein Braten für uns. Und sowenig der Ochse noch einmal brüllen und aufstehen wird, ebensowenig ist Gefahr, daß das Gold im Radhausberg versiegt.«

Diese Lästerung war kaum verhallt, da erhob sich der Ochse brüllend, daß furchtbar die Klage im Tale widerhallte, und in rasendem Laufe eilte er dem Kötschachtale zu, wo er in die Tiefe stürzte und dort seinen Tod fand.

Vor Schreck erstarrt standen die Knappen; die Lust war ihnen vergangen, Spiel und Gelage hatten ihr Ende, und mit Bangen sahen sie dem Kommenden entgegen. Als sie am nächsten Morgen in den Schacht einfuhren, war die reiche Goldader, die sie kaum gefunden hatten, wieder verschwunden. Von da an war es auch mit dem Bergsegen vorbei. (233)

Weitmoser muß umgehen

In den Felsenschrofen des Gamskarkogels wurde wiederholt ein alter Gemsbock mit mächtigem Bart gesehen, der, sooft ihn ein Jäger aufs Korn nahm, rasch die Gestalt eines gut bekannten Gasteiners annahm und so dem Tode entrann. Dieser Gemsbock soll nun ein Weitmoser gewesen sein, der, in diese Gestalt verzaubert, ruhelos in den Felsenklüften herumstreifen und nach den versiegten Goldlagern suchen mußte. Ruhe sollte ihm erst werden, wenn er diese gefunden habe. (234)

Die eiserne Henne

Die übermütigen Knappen von den Silbereckbauen gingen zur schönen Tochter der alten Rupbäuerin, die eine Zauberin war. Diese gönnte ihre Tochter den Knappen nicht und wies selbe jetzt und aber mit strengen Worten ab. Die Knappen aber ließen sich so leicht nicht abspeisen und beharrten in ihren Besuchen. Da beschloß die Alte, mit der ganzen Knappschaft ein Ende zu machen. Sie ließ sich eine eiserne Henne mit dergleichen Eiern machen, überzog alles mit siedendem Pech und dann mit Schwefel, damit das Eisen nicht roste, und vergrub ihr Zauberwerk an einem unbekannten Ort. Von diesem Augenblicke an waren die reichen Erze verschwunden, und aus war's mit der Herrlichkeit der Knappen. Sie zerstreuten sich nach allen vier Weltgegenden, und kaum findet man noch hie und da in der Höhe alte Halden und Bergzeug.

Lange Jahre ist es schon, daß die Rupbäuerin ihr letztes Stündlein überstanden hat, auch ihr schönes Töchterlein ist längst vermodert, noch aber liegt der Zauber auf den reichen Gängen, die am Silbereck ausbeißen, und kein Mensch vermag sie zu finden. Dieser Zauber wird nicht eher gelöst, bis entweder ein Sonntagskind die Henne mit den Eiern aus dem Schoße der Erde hebt, oder bis das ganze Erzeugnis der Zauberkunst von Rost zerfressen und zerfallen sein wird. (235)

Kreisstehen mit dem Teufel

Die Reiche Spitze

Unter anderen hatte auch ein Venediger von den unermeßlichen Reichtümern der Reichen Spitze gehört. Er machte sich auf, ging in ein Bauernhaus des benachbarten Tales, um einen Knecht zu finden, der ihm als Führer diente. Nach vielem Bitten und Zureden ließ sich denn auch einer herbei, ihn zu begleiten, bedingte sich aber einen Führerlohn von acht Talern aus, die ihm jener ohne Widerrede zusicherte. Beide gingen nun bis auf die G'schwand neben der »Urlesboden-Alm« an der Grenze des Zillertales und des Salzburger Gebietes. Auf der G'schwand, von der aus man die Reiche Spitze erblickt, machte der Venediger Halt, zog einen Kreis, trat in denselben und forderte seinen Führer auf, ein Gleiches zu tun. Hierauf nahm er ein Buch aus seiner Tasche und las eine Weile laut etwas vor, aber in einer gar wunderlich klingenden Sprache. Da kam von der Reichen Spitze herab ein als Jäger gekleideter Mann, trat vor den Kreis hin und fragte den Venediger, was er wolle.

»Dreißig Pfund gediegenen Goldes!« antwortete dieser ohne aufzublicken. Der Jäger verschwand, kehrte aber nach einer Weile wieder und setzte sich neben dem Kreise auf einen kleinen Sack, den er eben mitgebracht hatte. Der Venediger las ohne Unterbrechung weiter, und der Knecht neben ihm sah, wie der Jäger mit dem Sacke wieder aufwärts eilte. Da aber der Venediger fortlas, kam der Jäger ein drittes Mal, warf den Sack, der dreißig Pfund gediegenen Goldes enthielt, in den Kreis und verschwand wieder. Da der Knecht nun verlangte, daß jener das Gold mit ihm teile, meinte der Venediger: »Du erhältst deine acht Taler. Wärest du bereitwilliger gewesen, so hätte ich sechzig statt dreißig Pfund von den drei Männern verlangt, und du wärst jetzt ein reicher Mann, gleich mir!« Und dabei blieb's. (236)

Das Gold im Säeschaff

Einem Bauern in Kolm-Saigurn geschah es, daß er fast mit dem Säen fertig war, als ein Venedigermanderl kam und ihn um einen Dienst bat. Der Bauer kam der Bitte ungern nach, er hätte lieber die Aussaat beendet. Als ihn das Venedigermanderl entließ, sagte es: »Nun ernte, was du gesäet hast!« und verschwand. Der Bauer wußte die Worte nicht zu deuten, nahm sein Arbeitsgerät auf und ging nach Hause. Daheim trug er sein Säeschaff in den Speicher, um es dort abzustellen, und sah zu seinem Erstaunen, daß statt der Saatkörner, die er auf das Feld getragen hatte, jetzt lauter Goldkörner drin waren.

Der Bauer wäre ein reicher Mann gewesen, wenn sein Säeschaff eben ein Säeschaff gewesen wäre. Es war aber nur ein kleiner Sechter, den er benützte, weil sein »Saschaffl zsammgfalln« war und ihn bislang das Geld für ein neues reute. Der Bauer überlegte nun, daß das Venedigermanderl ihn sicherlich mit einem »Metzel« habe entlohnen wollen; da sein Sechterl aber kein Metzel groß war, kam er zu dem Schluß, daß ihm das Venedigermanderl eigentlich noch etwas schuldig sei. So ging er zu seinem Nachbarn, lieh sich dessen Säeschaff, schüttete das Gold hinein und machte sich damit auf den Weg, das Venedigermanderl zu suchen. Er soll bis auf das Schareck gekommen sein. »Geh hin«, beendete der »Luagner« seine Erzählung, »schau nach, vielleicht steht er noch dort! Und das ›Saschaffl‹ kannst du auch gleich mitbringen, der Nachbar wartet heute noch drauf!« (237)

Der Venediger mit dem Bergspiegel

Auf dem Hundstein verstiegen sich einst Kühe und Ziegen eines Hirten, ohne daß sie dieser zurückzutreiben vermochte. Er nahm daher Steine, warf sie auf das Vieh und zwang es auf diese Weise zur Rückkehr. Mit einem Male stand ein Mann neben ihm und rief ihn an: »Wirf nicht die Steine weg, um das Vieh zu bekommen; sie sind wahrlich mehr wert als alle deine Kühe und Ziegen.« Darauf war er wieder verschwunden. Als nun der Hirte die Steine näher besah, entdeckte er, daß sie lauteres Gold enthielten, und sammelte deren so viele, daß er ein überreicher Mann wurde.

Der Mann jedoch, der ihm so unerwartet erschienen und ebensorasch wieder verschwand, war ein Venediger. Ein solcher wußte mehr als andere Leute; denn ihm stand der Bergspiegel zu Gebote, mittelst welchem er von Venedig aus in das Innere der Berge schauen konnte; ihm war auch die Kunst zu eigen, aus allem Gold machen zu können. (238)

Der Venediger Luftfahrt

Oberhalb Gerlos, da, wo das Zillertal an das Salzburgische grenzt, liegt das Krummbachtal und die »wilde Krimml« mit einer großen Schafalpe. Auf dieser sind drei Seen reich an Schätzen aller Art, und unterhalb derselben stürzt ein mächtiger Wasserfall tosend nieder. In der ganzen Umgegend vernimmt man einige Stunden vor einem Unwetter ein gewaltiges Aufbrausen der Seen, dem sicher ein heftiges Gewitter folgt. Jene Schafalpe war vor Zeiten Eigentum eines Bauern, der zuweilen mit Handschuhen und anderer Ware in die Fremde zog und damit Handel trieb. Einst führte ihn sein Weg auch nach Venedig. Da traf er zwei Venediger, die von dem Schätze-Reichtum der obigen Seen gehört hatten und sich nun bei ihm nach denselben erkundigten.

»Die liegen gar nicht weit von hier!« meinte der Bauer, worauf die beiden Venediger ein dreieckiges, schwarzes Tuch hervorzogen, von welchem jeder einen Zipfel, der Bauer den dritten fassen und festhalten mußte; alsbald erhoben sie sich in die Lüfte und gelangten rasch zu den Seen. Hier angelangt, schlugen die Venediger mit ihren Stäbchen kreuzweise auf das Wasser. Dieses teilte sich sofort, so daß sie auf den Seegrund hinabsteigen konnten. Hier fanden sie Gold und blaue Lasur in Menge und nahmen mit sich, soviel sie nur zu tragen vermochten. Auch der Bauer erhielt sein Teil an den aufgefundenen Schätzen, doch durfte er nur so lange in der Tiefe weilen, bis die Venediger nach Venedig zurückgekehrt waren.

Als die Franzosen und Bayern ins Land drangen, vergrub der Bauer seinen Reichtum unter dem Wasserfall. Ehe er ihn wieder hervorholen konnte, erkrankte er indes. Er rief seinen Knecht und bezeichnete ihm genau den Ort, wo das Geld liege. Der ging hin, kehrte aber, von nicht geringem Schreck erfaßt, sofort wieder um, denn an der bezeichneten Stelle saß ein großer schwarzer Hund, der ihm grimmig die Zähne wies. Entsetzt eilte er nach Hause, um seinem Herrn zu melden, was er gesehen. Doch der war tot!

Seitdem hat es niemand mehr gewagt, den Schatz zu heben, und noch heute ruht er unberührt unter dem Wasserfalle. (239)

Die Verwünschung

In der Zeit, als der Bergbau zu Ramingstein noch in Blüte stand, lebte auf der dortigen Burg ein Mann von verschlossenem, hartherzigem Charakter als Bergverweser. Einstmals kam eine Frau, deren Mann ehemals Bergknappe im dortigen Goldbergwerk gewesen, bei einem Grubenunglück aber den Tod gefunden hatte, zu ihm mit der Bitte, er möge ihr eine kleine Unterstützung gewähren, da sie seit dem Tode ihres Mannes mit ihren Kindern große Not leide. Der Bergverwalter aber wies sie barsch ab und jagte das Bettelpack, wie er die Witwe mit ihren Kindern nannte, zur Türe hinaus. An der Tür blieb die Frau jedoch noch einmal stehen, heftete ihre drohenden Blicke auf den Verweser und sprach:

»Höre, du harter Mann: Da du eine arme Familie ins Unglück stößt, sollen dir die Goldgruben versiegen und alles Gold zu Stein werden.« Die Verwünschung wurde nur allzubald fühlbar; denn bald darauf ließ der Bergsegen nach, der Goldreichtum begann zu erlöschen und bald mußte der Bergbau endgültig aufgelassen werden. (240)

Der verzauberte Stollen

Der Gewerke Hans Maier, der noch einen besonders wertvollen Stollen besaß, hatte eine Tochter des altangesehenen Gewerken Zott zur Frau. Aber Frau Margarete war evangelisch, während ihr Gatte katholisch geblieben war. So stand die Frau vor der Entscheidung, ihrem Glauben abzuschwören oder Mann und Kinder zu verlassen. Schweren Herzens zog die Frau in die Verbannung, doch der Schmerz der Trennung drückte ihr fast das Herz ab, so daß sie eines Tages plötzlich und ganz geheim zurückkehrte, um Kinder und Gatten zu sehen. Aber wachsame Späher hatten sie verraten, erbarmungslos von ihren Lieben hinweggerissen und lange in harter Kerkerhaft gehalten, endlich für immer des Landes verwiesen. Schweigend, mit starren Augen verläßt sie den Kerker und erfährt, daß ihr selbst ein letzter Abschied von den Ihren verwehrt ist.

Da faßt sie den Entschluß, mit den Knappen, die mit ihr in die Verbannung gehen, die reichen Silberadern im Angertale zu verschütten und zu verzaubern; dazu legte sie in den Schacht drei Eier und eine Gans aus Eisen und ein hartes Brett aus Lärchenholz, auf daß solange den Eingang niemand finde, bis Holz und Eisen zu Staub zerfallen wären. Dann wurde der Schacht vermauert und mit Schutt bis zur Unkenntlichkeit bedeckt.

Dann ging sie ins Elend, in die Verbannung.

Den Stollen wollte schon mancher suchen, aber vergeblich. (241)

Verborgene Schätze und dämonische Schatzhüter

Der Schatz in der Turneiwand

Nahe der Dreiländergrenze Salzburg-Kärnten-Steiermark ragt der 2441 m hohe Eisenhut empor. Ihm zu Füßen liegt der einsame Dieslingsee. An seinen Ufern erhebt sich ein hohes vierkantiges Felsgebilde, das mit seinem abgeplatteten Dache einem morgenländischen Turme gleicht. Lungauische Erzsucher hatten einst in der Gegend das Schürfrecht; sie nannten den merkwürdigen Felsen wohl »Turmei« (Türmchen), und daraus mag der Ausdruck »Turneiwand« entstanden sein. Ein Wilderer befand sich einst mit zwei Kameraden auf der Gemsjagd am Eisenhut. Da erblickten sie einen prächtigen Gemsbock, der unten in der Nähe des Sees sorglos äste, als wüßte er, daß die Schützen ihn von keiner Seite überraschen konnten. Als die Wildschützen sahen, daß dem Gemsbock so nicht beizukommen war, kamen sie auf den Einfall, auf die Turneiwand zu klettern und von dort aus die Gemse zu erlegen, was ihnen, nachdem sie den Felsen mit Vorsicht erstiegen hatten, auch gelang. Dann sahen sie sich den Felsen, auf dem sie standen, etwas näher an. Da entdeckten sie auf demselben eine Höhle, die sich erst seitwärts hinzog, dann aber senkrecht abfiel. Alsogleich beschlossen die waghalsigen Burschen, sie zu erforschen. Der Kleinste, aber Mutigste unter ihnen ließ sich an einem Seile hinunter. Als das Seil in seiner ganzen Länge abgerollt war und der Hinabgelassene sich schon unter der Turneiwand befinden mußte, ohne daß er ein Lebenszeichen von sich gegeben hatte, zog man das Seil langsam wieder empor, und daran hing – bewußtlos – der Wilderer. Die beiden waren nicht wenig bestürzt; sie bemühten sich um ihren Gefährten, bis er wieder zu sich kam und erzählen konnte, wie es ihm ergangen war.

Die Höhle war gerade weit genug, daß ein Mensch sich darin umdrehen konnte, und hatte zahlreiche Risse und Vorsprünge, in denen giftiges Gewürm und Nattern hausten. Auch mußten in dem Quergange oben Geier nisten, denn die Überreste ihrer Mahlzeiten waren dort wie im senkrechten Schachte zu finden, und das verfaulte Zeug verpestete die Luft. Sie wurde immer schlechter und dumpfer, je weiter der Eindringling hinabkam. Schier endlos schien ihm die Höhle, und schon war ihm totbang zu Mute, als er plötzlich tief unten bei dem unsicheren Schein, den seine Laterne hinabwarf, eine Kiste stehen sah – eine Kiste ohne Deckel, und darin lag Gold, schimmerten Goldstücke, an welchen sich die Augen des Wilderers weideten. Doch konnte er sie nicht mehr erreichen, da ihm infolge der Stickluft und der Aufregung die Sinne geschwunden waren. – Mehr wußte er nicht zu sagen.

Die beiden Wilderer hörten erstaunt zu und beschlossen, das Wagnis nochmals zu unternehmen und alles daranzusetzen, um den Schatz zu heben, sobald sich ihr Gefährte erholt habe. Doch dieser weigerte sich entschieden, nochmals in die Höhle einzudringen. Da auch die beiden anderen nicht den Mut hatten hinabzusteigen, um den Schatz heraufzuholen, ruht dieser heute noch unbehoben auf dem Grunde der Felsenhöhle. (242)

Der Schatz des Erhängten

Ein Kaufmann in Salzburg trieb gute Zeit eine sehr vorteilhafte Nahrung, verheiratete auch drei Töchter; welchen er zwar nichts mitgab, sondern seine Schwiegersöhne des Kapitals wegen bis auf seinen Tod vertröstete, und ihnen also indessen ein Gewisses jährlich aus seiner Handlung zukommen ließ, mit welchem sie auch zufrieden waren. Wider alles Vermuten aber geriet seine Handlung nach und nach ins Stecken. Er pflegte sonst die Märkte zu Bautzen, Halle und Lütz zu besuchen. Nach einiger Zeit setzte er, unterm Vorwand einer Unpäßlichkeit, sonderlich den ersten Jahrmarkt zu Bautzen aus, weil er in voriger Messe einen Wechsel daselbst prolongiert hatte, und selbigen zu zahlen nicht imstande war, also notwendig bankrott werden mußte. Unterm Vorwand der Krankheit ging er nun eine Zeitlang ganz tiefsinnig in Gedanken herum, indem er sich vor seinen Schwiegersöhnen nicht gerne bloßgeben wollte; geriet also je mehr und mehr in eine Melancholie und machte bei sich den endlichen Schluß, sich zu erhenken. Er nahm auch wirklich einen dicken Strick zu sich, ging in seinen vorm Tore liegenden Garten, besahe hin und wieder die Bäume, welcher ihm etwa zu seiner verdammten Ruhestelle dienen sollte. Er wählte endlich einen alten Birnbaum: und als er sich allenthalben wohl herum gesehen, ob jemand zugegen wäre, niemand aber gewahr wurde, legte er sich den Strick um den Hals, bestieg den Baum, machte den Strick an einem der stärksten Äste feste und stürzte sich also in Verzweiflung herunter. Aber was geschieht? Durch das Gewichte dieses schweren Körpers wird der alte Baum zerspalten, daß dieser, der der Luft nicht würdig war, zusamt dem Aste auf die Erde fallen mußte. Als der gute Mann (oder vielmehr Bösewicht) sich so erniedrigt sah, und über den unvermuteten Fall sich verwunderte, stand er endlich auf, um den Baum zu besehen, welcher seines gleichen Früchte nicht tragen wollte. Beim ersten Anblick des Risses fand er, daß der Baum inwendig ganz hohl war: In dieser Höhlung sah er drei mit altem Pergament verbundene Töpfe, dieselben machte er auf, und fand darinnen lauter Dukaten nebst einer güldenen Kette und zwei Armbändern. In dem andern aber alte Taler und etwas Silbergeschmeide. Da hatte seine Melancholie auf einmal ein Ende. Er vergrub den Strick zum Andenken in die Erde, legte auch das übrige Geld, welches er nicht fortbringen konnte, zugleich mit bei, holte solches nach und nach in sein Haus, bezahlete seinen Wechsel und erhielt seinen alten Kredit: fing aber bald darauf ein liederliches Leben an, daß er zuletzt an den Bettelstab geriet, und also seine Schwiegersöhne leer ausgehen mußten. (243)

Der Schatz unterm Herd

Der Kocherbauer »in der Gruben« in Thomatal hatte ein altes baufälliges Haus und keinen Kreuzer Geld zum Bauen; ja, er hatte noch Schulden auf dem Hause. Dies machte ihm viel Kopfzerbrechen, und er dachte oft tagelang darüber nach, wie er es angehen könnte, daß er ein neues Haus bekäme und auch die Schulden weniger würden. Aber es wollte ihm nichts Rechtes einfallen. Da

Die Hauptbrücke in Salzburg (Gemälde von Josef Höger, um 1834)

träumte ihm einmal, er sollte nach Salzburg gehen und sich dort auf die Stadtbrücke stellen; da werde er eine freudige Botschaft vernehmen. Erst schenkte der Kocher seinem merkwürdigen Traum keine Beachtung, doch als sich dieser mehrmals wiederholte, da wurde er doch nachdenklich. Er sagte sich, es könne vielleicht etwas dahinter stecken, denn gar manchmal schon habe ein Traum einem zu seinem Glücke verholfen. Er zögerte nun nicht mehr länger und reiste nach Salzburg. Dutzende Male ging er auf der Brücke auf und ab und war mit sich selbst im unklaren, was er hier eigentlich wolle. Da kam ein Soldat auf ihn zu, der ihn augenscheinlich beobachtet hatte und ihn nun fragte, was er denn wolle und warum er schon solange auf und ab gehe. »Na«, sagte etwas verlegen der Bauer, »es ist halt so eine b'sondere G'schicht!«, und er erzählte dem Soldaten von seinem Traume. »Nun«, sagte lachend der Soldat, »ich meine, du kannst wieder heimgeh'n; an Träume darf man sich nicht viel kehren, es träumt wohl mir auch oft was. So hat mir erst neulich träumt, beim Kocher in der Gruben wär unterm Herd ein Schatz vergraben. Aber weiß der liebe Gott, wo dieser Kocher ist!« Der Bauer horchte auf, als er dies vernahm, und kehrte eiligst nach Hause zurück. Er grub an der bezeichneten Stelle nach. Wirklich fand er unter seinem Herd einen Schatz, und davon baute er sich ein neues Haus. (244)

Das Salzachgold

Vor alters Zeiten gab es in der Salzach so große Mengen Goldes, daß an ihren Ufern zahlreiche Goldwäschen entstanden und durch halb Europa Salzburger Gold verbreitet war. Dieser Goldreichtum erreichte indes sein Ende, als Erzbischof Leonhard von der Feste Hohen-Salzburg aus seinen Segen über Stadt und Land gab, dabei jedoch in erster Reihe die Berge ins Auge faßte. Allmählich schwand das Gold aus der Salzach und wandte sich den Bergen zu, deren Reichtum an Edelmetallen und Salz seitdem ein um so größerer war. (245)

Der Berggeist

Von den Sennhütten auf dem Naßfelde links ansteigend, gelangt man über die Gestängleiten auf eine Gletscherwand, welche die Hohe Schneestelle genannt wird. Unter derselben liegt ein reiches Goldlager verborgen, das jedoch nur in äußerst heißen Sommern zutage tritt. Der Binder Seppel, der nun das Goldlager wußte und ein waghalsiger Bursche war, bemühte sich einst, den Eingang in dasselbe vom Eise zu befreien. Eben hatte er die Hand zu einem gewaltigen Schlage erhoben, als er urplötzlich, von unsichtbarer Seite geführt, einen schweren Hieb auf die Hand erhielt, so daß er sein Werkzeug ins Eiswasser fallen ließ. Aus der dunklen Kluft des Eises aber erscholl eine Stimme, die also rief: »Du hast alles, was du brauchst. Zu Reichtum bist du nicht geboren, darum kehre um! Diesmal habe ich dir die Haue aus der Hand geschlagen; kommst du noch einmal, geht's dir ans Leben!«

Bis zum Tode erschrocken sprang der Binder-Seppel heraus und lief, so schnell ihn seine Füße trugen, der Heimat zu. Lange Zeit wagte er sich nicht mehr zu jener Stelle hin. Allein, endlich wurde die Sucht nach Gold in ihm immer größer und unbezähmbarer; eines Tages, es mochten vielleicht zwei Jahre seit seinem ersten Abenteuer verflossen sein, machte er sich wieder auf und erklomm noch einmal die Hohe Schneestelle. Hätte er es lieber nicht getan, es wäre besser für ihn gewesen, denn was ihm jene Stimme damals angedroht, ging nunmehr in Erfüllung; er kehrte nicht wieder in sein Heim zurück; wohl aber fand man nach Monaten seinen gräßlich verstümmelten Leichnam tief unten in einer Schlucht. (246)

Holzmeister Gruber

Hanns Gruber, Bürger und Gastwirt in Salzburg, hatte als Holzmeister viel auf dem Untersberg zu tun. So war er auch einst mit seinen Knechten auf denselben gegangen und überwachte da deren Arbeit. Als er am Rande eines Brünnleins eben sein Brot gegessen hatte, öffnete sich in dem Felsen neben ihm plötzlich eine Türe, die er früher nicht gesehen, ein Mönchlein trat hervor und rief dem Holzmeister zu: »Hanns, geh' herein!« – Unser Hanns aber hatte die Courage nicht und blieb fein heraußen. Da sagte das Männchen ein zweites Mal: »Hanns, geh' herein!« – Doch jener ging wieder nicht. Da sprach das Männlein zum dritten Male: »Sieh', wenn du hereingehst, so gebe ich dir diese goldene Kette, die ich hier am Arme trage!« – Hanns sah die Kette am Arme wohl, doch er ließ sich durch deren Glanz nicht verleiten, sondern sprach: »Gib mir nur ein Glied von dieser Kette, so bin ich's zufrieden; aber hinein gehe ich nicht, denn ich fürchte mich!«

Da riß der kleine Mönch drei Glieder von derselben ab und warf sie dem Holzmeister in den Hut, zu ihm sprechend: »Laß diese niemanden unter drei Tagen sehen und sei froh, daß du sie gerade in deinem Hute aufgefangen hast. Denn wäre ein Glied nebenhin gefallen, so würdest du mir nimmer entkommen sein dein Leben lang! Bete fleißig!« – Damit ging er in den Berg zurück, und die Türe fiel unter donnerähnlichem Krachen wieder zu.

Nachdem der Holzmeister zu seinen Knechten zurückgekehrt war, erzählte er ihnen von seiner Begegnung, und daß er durch die Türe eine neue Welt zu sehen geglaubt habe. Von den goldenen Kettengliedern schwieg er aber wohlweislich, bis die drei Tage vorüber waren. Am vierten Tag trug er sie zu einem Goldschmied und ließ sie prüfen. Und siehe da, sie waren feines Gold und wogen drei dreiviertel Pfund.

Später ging der Holzmeister wohl noch öfter auf den Untersberg, suchte auch fleißig nach der eisernen Türe und nach dem freigebigen Männchen, fand jedoch keines von beiden mehr. (247)

Die zwei Hirtenknaben

Um jungen Vögeln nachzustellen, durchstreiften einst zwei Hirtenknaben die Waldungen des Untersberges. Da kamen sie von ungefähr an eine offene Türe. Neugierig traten sie durch dieselbe ein und sahen sich in einer großen, weiten Halle. Nicht Stuhl noch Tisch, nicht Kasten noch Bett waren in ihr zu finden, wohl aber zwei große Truhen, von denen die eine vollgefüllt mit eitlem Gold sich ihren Blicken zeigte. War das eine Freude! Rasch griffen sie hinein und füllten sich ihre Brotsäckchen mit dem edlen Metalle. Und je mehr sie nahmen, desto größer wurde ihre Begierde; da verdüsterte sich auf einmal die Halle, die Wände schienen zu wanken, ein beengendes und beängstigendes Gefühl beschlich der beiden Knaben Herzen, so daß sie eilends hinaus ins Freie flohen. Und dies wahrlich zur rechten Zeit; denn kaum hatten sie den Fuß ins Freie gesetzt, so fiel die Türe donnernd ins Schloß, und so rasch war das geschehen, daß dem einen der beiden Hirtenknaben der Schuhabsatz weggerissen wurde. Sich bekreuzend, flohen sie von dannen und dankten Gott, als sie glücklich daheim angelangt waren. (248)

Der Goldsand

Im Jahre 1753 ging Paul Mayr, ein ganz mittelloser Knecht, der beim Hofwirte in St. Zeno in Diensten stand, auf den Untersberg. Er mochte ungefähr die halbe Höhe des Berges erstiegen haben, da traf er unweit des Brunnentales eine Steinklippe, unter der ein Häuflein glänzenden Sandes lag. Er hatte schon so manches von Goldfunden auf dem sagenreichen Berge vernommen, daß ihm sofort der Gedanke kam, das Sandhäufchen könne nichts anderes sein als pures Gold. Rasch füllte er alle seine Taschen damit an und machte sich voll Freude auf den Heimweg. Aber im selben Augenblicke stand ein riesig großer Mann vor ihm, der ihn barsch anfuhr: »Was trägst du da?« Der erschrockene Knecht wußte nicht ein Wort hervorzubringen, sein unheimlicher Gegner aber wartete nicht lange. Er packte ihn mit festem Griff und leerte ihm alle Taschen aus, die drohende Warnung aussprechend: »Jetzt gehe nimmer den alten Weg zurück, sondern einen anderen, und sofern du dich hier wieder sehen lässest, wirst du nicht mehr lebend davonkommen!«

Der Knecht befolgte diesen Rat und ging heim. Allein, der Trieb nach Gold war in ihm erwacht. Trotz der Warnung beschloß er doch, den Sand noch einmal zu suchen. Mit einem ihm befreundeten Gesellen machte er sich auf den Weg, er erreichte glücklich die halbe Höhe des Berges wieder, aber so sehr auch beide ihre Augen anstrengten, sie fanden weder den Ort noch sonst ein Stäubchen des kostbaren Sandes mehr. (249)

Die Goldkohlen

In der Nähe eines Hügels am Untersberge sahen einmal zwei Holzknechte ein Häuflein Kohlen in der Sonne liegen. Durch den hellen Glanz angelockt, steckte der eine vier, der andere sechs Stück derselben ein. Im Weitergehen aber dachte sich der erstere: »Wozu nützen mir diese Kohlen?« und warf sie in einen kleinen Weiher, der zwischen einer Klamm liegt. Kaum jedoch hatten die verachteten Steine das Wasser berührt, als sich dasselbe auch schon golden färbte. Nun reute es den Vorschnellen bitterlich, allein das Geschehene ließ sich nicht mehr ungeschehen machen; der andere Knecht aber verwahrte seinen Fund um so vorsichtiger. Als er nach Hause kam, waren seine Kohlen in pures Gold verwandelt und er plötzlich ein reicher Mann geworden. Wohl lief sein Kamerad gleich wieder auf den Berg zurück, um sich neue Kohlen zu suchen; als er aber an den bekannten Ort zurückgekehrt war, schaute er statt der gehofften Schätze giftige Nattern und Schlangen, vor denen er nur mit knapper Mühe sein Leben retten konnte. So fand der Voreilige eine empfindliche Strafe. (250)

*

Im Jahre 1753 ging von Salzburg eine Kräutelbrockerin auf den Wunderberg; als sie eine Zeitlang auf demselben herumgegangen war, kam sie zu einer Steinwand, da lagen Brocken, grau und schwarz, als wie Kohlen. Sie nahm davon etliche zu sich, und als sie nach Haus gekommen, merkte sie, daß in solchen klares Gold vermischt war. Sie kehrte alsbald wieder zurück auf den Berg, mehr davon zu holen, konnte aber alles Suchens ungeachtet den Ort nicht mehr finden. (251)

Die Schatzhöhle

Ein Söldner machte sich einst auf den Weg zum Untersberge, um daselbst Wurzeln zu suchen. Mit dem Ausgraben von solchen beschäftigt, führte er mit seinem Spaten so manchen kräftigen Streich in den steinigen Boden, als plötzlich ein großes Stück sich losmacht und in die Tiefe versinkt. Durch die entstandene Öffnung schauend, sieht er zum größten Erstaunen eine neue Welt, die geheimen Wunder des Berges seinem Auge bloßgelegt. Wie durch eine zweite Sonne war dieser unterirdische Raum glänzend erleuchtet, Quellen rieselten mit Geräusch über Fels und Stein, und die Felswände hingen bis in seiner nächsten Nähe voll von Smaragden, Rubinen und Diamanten. Auch Männlein bemerkte er weiter unten, die Gold und Silber klopften. Als er das Gold so schimmern und sich den reichen Schätzen so nahe sah, da faßte ihn das Verlangen, auch davon zu besitzen. Er streckte seine Hand hinab und griff nach den Edelsteinen; doch plötzlich verschwand das Gesehene, und als er die Hand zurückzog, hielt er statt des gehofften Schatzes nur Wurzeln in derselben. (252)

Die Goldzacken

Es ist noch nicht gar so lange her, da kam Sebastian Fletscher, Scheuerbauer zu Jager, an den Untersberg und sah da an einem Felsen lange Goldzacken herunterhängen. Er versuchte etwas davon abzusprengen, aber da sie mit der Hand nicht loszubrechen waren, ging er nach Hause, um eine Hacke zu holen, legte aber vorher noch einen großen Steinhaufen zusammen unter den Felsen hin, um die Stelle nicht zu verfehlen. Als er mit der Hacke wieder zurückkam, fand er zwar den Steinhaufen, aber die Goldzacken waren nirgends mehr zu erschauen. (253)

Die goldene Kugel

In St. Michael auf der Au war vor Zeiten eine Überschwemmung. Die Häuser wurden fürchterlich zugerichtet, und die Umgebung glich einer trostlosen Wüste. Als die Überschwemmung endlich zurückwich, schwamm auf einmal zum größten Erstaunen der Menschen eine goldene Kugel muraufwärts. Einige beherzte Männer sprangen ins Wasser und holten sie heraus. Mit dem Erlös für die Goldkugel konnte man wieder die ganze Au instand setzen und die zerstörten Häuser von St. Michael aufbauen. Einen Teil des Goldes hat auch die Gemeinde bekommen. (254)

Im Dreißigjährigen Krieg zerstörtes Bauerngehöft (F. E. Weirotter)

Das Hündlein mit der Fackel

Zwischen Kirchgaß und Schwaig im Untermoos liegt das Krahlehen, ein Bauerngut. Früher stand das dazugehörige »Zimmer« (Stallung und Scheune) westlich vom Wohnhause, und die Viehgasse ging mitten zwischen beiden durch.

In dem »Zimmer« nun geisterte es oft gewaltig herum. Wenn die Stallmagd nachts in den Stall hinausging, sah sie oft ein kleines Hündlein, das, auf einer kleinen Truhe sitzend, eine Fackel im Maule hielt. Auffallenderweise brannte das »Zimmer« auch wiederholt nieder, ohne daß das so naheliegende Wohnhaus den geringsten Schaden litt; die Ursache des oftmaligen Brandes schrieb man dem Hündlein mit der Fackel zu und baute endlich das »Zimmer« nördlich vom Wohnhause auf. Als man später auf der Brandstatt nachgrub, fand man an der Stelle, wo das Hündlein zu sitzen pflegte, einige Kisten voll Geld. Von daher schreibt sich auch der frühere Reichtum der Krahlehenbesitzer her, der so bedeutend war, daß man, als eine Tochter zum Schaidl in die Hachau hinaus heiratete, das Geld auf Wagen nachführte. Das auf der Brandstatt aufgefundene Geld soll gelegentlich der Emigration der Protestanten aus Salzburg dort vergraben worden sein. (255)

Der schwarze Hund als Schatzhüter

Im Scheucklehen bei Radstadt hütet ein großer schwarzer Hund einen ungeheuren Schatz.

Eine arme Taglöhnerin stand einst um die Erntezeit beim Scheuklehenbesitzer in Diensten. Gegen Abend hatte sie noch etwas im Obstgarten zu tun, da stand plötzlich ein großer schwarzer Hund vor ihr, der goldene Schlüssel zwischen den Zähnen trug und ihr mit dem Kopfe ein Zeichen gab, ihm zu folgen. Sie fürchtete sich zwar sehr, aber ihrer und ihrer armen Kinder Not eingedenk folgte sie dem Hunde. Er führte sie durch sieben eiserne Tore, die alle von selbst aufsprangen, in eine große dunkle Halle, in welcher rings herum eiserne Kisten standen, sonst aber nichts zu sehen war. Vor einer dieser Kisten ließ der Hund die Schlüssel fallen und verschwand. Beherzt öffnete die Taglöhnerin dieselbe, und siehe da, ihr Auge fiel auf pures gemünztes Gold, das bis zum Deckel fast reichte. Rasch füllte das arme Weib damit seine Taschen, ja selbst seine Schürze, und eilte dann dem Ausgange zu, den sie auch glücklich erreichte. Als die umwohnenden Bauersleute von dieser wunderbaren Märe Kunde erhielten und das viele Gold sahen, eilten sie schnell an den von der Taglöhnerin bezeichneten Ort und harrten daselbst des Hundes. Der aber ließ auf sich warten, und sie alle mußten mit langer Nase wieder abziehen. (256)

Der Schatz im Watzmann

Auch im Watzmann ist ein großer Schatz verborgen; wer einen Teil desselben für sich gewinnen will, muß früher nach der Kirche Unserer lieben Frau zu Maria Plain wallfahrten, und dort die heiligen Sakramente empfangen. Hat er dies würdig getan, dann findet er den Weg zu den Schätzen, darf sich aber von dem aufgehäuften Golde nur soviel nehmen, als er für den dringendsten

Bedarf nötig hat, sonst ereilt ihn beim Verlassen des Berges große und schwere Strafe. (257)

Der Goldwagen

Es gibt in Filzmoos zwei »Schwarzlacken«, die eine an der Ostseite der Gsengplatten, die andere an der Ostseite des Wurmeckberges gelegen. Bei herannahendem Gewitter, oder wenn überhaupt ein Wechsel vom schönen zum schlechten Wetter stattfindet, soll man aus den Tiefen beider ein unheimliches dumpfes Grollen vernehmen, das man im ganzen Tale hören kann. Bei der ersteren soll dieses sonderbare Geräusch von einem in ihr verborgenen Goldwagen, bei der anderen von einem greulichen Lindwurm herrühren, der in ihr haust.

Den Goldwagen, der in jeder Sonnwendnacht mit der Deichsel herausschaut, wollten einstmals drei Burschen herausziehen. Indes zwei an der Deichsel zogen, betete der dritte inbrünstig um das Gelingen der schweren Arbeit. Als nun zwei den Wagen fast schon ganz herausgezogen hatten und den unermeßlichen Wert desselben beurteilen konnten, führte sie der Geizteufel in Versuchung, und sie faßten den Entschluß, den Schatz unter sich allein zu teilen, den Beter aber um seinen Teil zu betrügen. Kaum hatte aber diese Absicht in ihnen Wurzel gefaßt, so rollte der Wagen wieder zurück und verschwand auf Nimmerwiedersehen. (258)

Die mißglückte Schatzhebung

Auf dem Hügel, wo die »Hochoaned-(Einöd)-Kapell'« steht, ist ein Kessel mit Gold vergraben. Einmal ging nachts zwischen zwölf und ein Uhr ein Knappe von Bucheben nach dem Kolm, da sah er gerade gegenüber der Kapelle ein Licht, da, wo heute noch der Stein mit dem eingehauenen Zeichen steht, das aussieht wie ein Kessel. Nun fing er dort zu graben an, das Licht blieb immer an dieser Stelle, da sieht er zwei Handhaben vom Kessel und will ihn emporziehen. Obwohl er sich sehr anstrengt, vermag er ihn nicht zu heben, so schwer ist dieser. Da kommt zufällig ein Knappe, dem er schweigend bedeutet, ihm zu helfen; schon fassen sie an, da erblickt dieser den Kessel voll Gold und verlangt die Hälfte des Schatzes. Der erste Knappe verweigert dies, sie streiten, und vor ihren Augen versinkt der Kessel, und das Licht erlöscht. Seither sah man das Licht nie wieder. (259)

Die goldene Kette im Krimmler See

Ein öder Platz voll Gerölle im Hochgebirge bei Gerlos heißt die »wilde Krimml«. Daselbst ist auch eine Lache, welcher das Volk den Namen eines Sees beilegt. Wirft man in diese Lache nun einen Stein, so verfinstert sich der Himmel, es fängt zu blitzen und zu donnern an, und ehe man sich's versieht, ist ein großes Unwetter fertig, mag früher der Himmel auch noch so heiter gewesen sein.

Vor langem gewahrte einmal ein Schäfer an dem einen Ufer dieses Sees eine goldene Kette, welche zur Hälfte im Wasser, zur Hälfte am Lande lag. Er wollte sie aufheben, sah aber im selben Augenblicke am jenseitigen Ufer eine viel größere und weit schönere liegen. Nun ließ er die erste aus den Augen und eilte zur größeren; als er sich aber darnach bückte, glitten beide rasch ins Wasser, ohne daß er auch nur ein Stück von einer erhaschen hätte können. Das hatte er für seine Ungenügsamkeit. (260)

Vergiß das Beste nicht

Eine Bauersfrau ging einst mit ihrem einjährigen Töchterlein in der Nähe des Schlosses spazieren und drang schließlich darin ein. Schon hatte sie einige Räume des damals verfallenen Schlosses durchschritten, als sie plötzlich zu ihrem Erstaunen eine offenstehende Türe gewahrte, die ihr bei früheren Besuchen noch niemals aufgefallen war. Sie schritt hindurch und befand sich, nachdem sie mehrere Stufen in die Tiefe gestiegen war, in einem kellerartigen Raum. Plötzlich sah sie im Halbdunkel etwas gleißen und blitzen. Sie schritt hinzu und sah zu ihrer Überraschung eine Menge glitzernder Goldstücke vor sich auf dem Boden liegen. Die Frau setzte das Kind daneben hin und begann ihre Taschen mit dem Golde zu füllen. Als dies geschehen war, eilte sie unverweilt mit dem gefundenen Schatze nach Hause. Dort erinnerte sie sich plötzlich ihres Kindes, auf das sie in ihrer Aufregung völlig vergessen und das sie im Schlosse zurückgelassen hatte. Schnell kehrte sie dorthin zurück, fand aber zu ihrem Schrecken die Tür zu dem Gelasse nicht mehr, in welchem sich ihr Kind befand. In ihrer Bestürzung begab sie sich zum Pfarrherrn, erzählte diesem ihr Leid und fragte ihn um Rat. Dieser sagte ihr, sie müsse warten und nach Jahresfrist genau am selben Tage und zur selben Stunde ins Schloß gehen, dann werde sie ihr Kind wiederfinden. Die Frau tat, wie ihr befohlen und begab sich übers Jahr am selben Tage und zur selben Stunde ins Schloß, fand die geheimnisvolle Tür offen und ihr Kind frisch und unversehrt an derselben Stelle sitzen, wo sie es verlassen. (261)

Das Goldbäumlein

Ein armer Bauer aus Tamsweg ging einst in den Schwarzenbergwald, um etwas Holz zu holen. Als er tief im Walde ein Rauschen vernahm, ging er ihm nach und sah ein Bäumchen stehen, das war aus wundersam glänzendem Metall. Als er dann näher hinsah, bemerkte er, daß es aus purem Golde war. Er eilte hinzu und wollte es abbrechen. Aber da war das Bäumchen verschwunden. Als er verzweifelt danach suchte, gewahrte er am Boden noch ein kleines Zweiglein, auf das er vorher achtlos gestiegen war; es bestand aus reinem Golde. Er hob es auf und ging nach Hause; dort lebte er von dem kostbaren Funde mit seiner Familie froh und glücklich. (262)

Der Gamshofbauer

Einmal, so erzählte ein altes Weiblein aus dem Lessachtale, sei das Thurnschallweibl zur Mitternachtsstunde zum Gamshofbauern in Lessach gekommen, habe ihn geweckt und zu ihm gesagt, er solle schnell seine besten Ochsen in den stärksten Wagen einspannen

Der Wunderbaum

und hinaus nach Thurnschall fahren, dort werde es ihm von den Schätzen geben, soviel er aufzuladen vermöge, doch solle er beileibe zu niemandem etwas sagen, auch zu seinem Weibe nicht. Der Bauer war nicht saumselig, sondern machte sich alsogleich daran, dem Rufe des Thurnschallweibls Folge zu leisten. Er kleidete sich rasch an und wollte sich eben in den Stall begeben, um die Ochsen einzuspannen, als sein Weib – wohl durch das Geräusch, das er beim Ankleiden verursacht hatte – erwachte und ihn fragte, was er denn vorhabe, daß er zur mitternächtigen Stunde so herumrumore. Der Bauer gab ausweichende Antworten, aber sein Weib gab nicht nach, sondern bat und flehte solange, bis er ihm das Geheimnis mitteilte. Als das Thurnschallweibl, das draußen vor der Türe gewartet hatte, dies hörte, stieß es einen lauten Schrei aus und verschwand unter Jammern und Klagen im Dunkel der Nacht. Der Gamshofbauer ist dann wohl hinausgefahren, um, wie er hoffte, von den Schätzen dennoch etwas zu erhaschen, mußte aber wieder mit leerem Wagen heimkehren, denn von den Reichtümern bekam er nicht das mindeste zu Gesicht. (263)

Die Frösche

Der Gipfel des Hundssteines bei Alm, wo alljährlich am Tage des hl. Jakobs ein Ring- und Rangelfest abgehalten wird, besitzt eine Ebene, in welcher ein kleiner Teich durch das Wasser des schmelzenden Schnees gebildet wird. In ihm spiegelt sich die Sonne und finden eine Unmasse von Fröschen ihren Aufenthalt. Werden diese letzteren nun gerade am Karfreitage gefangen, dann findet man in dem Kopfe eines jeden derselben ein Goldkügelchen in der Größe eines Spenadelkopfes.

Leider ist es aber ganz und gar unmöglich, um jene Zeit auf die Spitze des Hundssteines zu gelangen. (264)

Von Riesen, Zwergen und Gespenstern

Der Riese Gänner

In der Krimmel hauste vor vielen Jahren ein Riese, so da Gänner hieß. Der forderte einmal den Dornauer Riesen im Zillertale zum Zweikampfe auf Leben und Tod heraus. Dem letzteren dünkte dies ein allzuleichtes Stücklein, und er fragte seine Söhne, ob nicht sie mit dem Gänner raufen wollten; sie hätten da Gelegenheit, die Scharte, welche sie sich im Kampfe mit dem Albacher geholt, auszuwetzen. Diese erklärten sich sofort bereit, den Streit mit jenem aufzunehmen. Indes sprach der Alte: »Nur einer darf hin!«, ließ einen ungeheuren Kessel mit Butter füllen, diese langsam am Feuer zergehen und sagte: »Wer davon das meiste trinkt, der darf hinüber ziehen!«

Da war's der Hans, der sich als der tüchtigste Säufer und gleichzeitig auch als der tüchtigste Raufer dem Vater vorstellte.

So zog er denn zum Kampfplatz. Hier harrte seiner bereits der Salzburger, und alsbald begann das Ringen. Hans als der Geschmeidigere und Flinkere wußte seinen Gegner, ehe sich's dieser versah, geschickt zu packen, hob ihn in die Höhe und schleuderte ihn mit solcher Macht von sich, daß Gänner der Länge nach am Boden lag und kein Glied mehr regte; er war tot.

Als Hans siegestrunken heim zum Vater kam und ihm getreulich des Kampfes Ende berichtet hatte, da schalt ihn dieser: »Schau, dummer Bub! Weshalb machst du ihn denn tot? Raufen hättest du mit ihm sollen, aber nicht ihn sofort töten.«

»Ja, mein Vater!« verteidigte sich Hans treuherzig, »hätt' net g'moant, daß er nix daleid'n kunnt; i hatt'n eh net wegputzt. I han ihn nur a bißl um d'Mitt' g'halt'n, da hat er glei s'Maul aufg'riss'n, hat an Schnaufer und an Schnapper tan und is woltan dastickt.« (Ja, mein Vater! Ich hätte nicht geglaubt, daß er so schwach wäre. Ich wollte ihn ohnedies nicht töten und habe ihn nur ein wenig um die Mitte gepackt; er aber hat sogleich den Mund geöffnet, noch einen Atemzug gemacht und ist erstickt.) (265)

Der Riese Abfalter

Vor mehreren hundert Jahren hauste auch der Riese Abfalter auf dem Untersberge. Noch sieht man einen großen Felsgraben auf dem Rücken des Berges, der ihm zum Lager diente. Die Hügel von Wald, Liefering und Maxglan sowie die Golferhügel da und dort, auf denen jetzt meistens Kirchen stehen, sollen von den Steinen herrühren, die er bisweilen zum Zeitvertreib herabwarf. Am Fuße des Gaisberges soll er einst einer Riesenjungfrau begegnet sein, welche, vom Abersee kommend, Steine in der Schürze trug, um auf selben als Trittsteinen über die Salzach zu schreiten, selbe aber unterwegs unbemerkt bei Plainfeld verloren hatte, weil die Schürze ein Loch bekam. Abfalter soll sie dann über die Salzach getragen haben. (266)

Die Riesen aus dem Untersberge

Alte Männer aus dem Dorfe Feldkirchen, zwei Stunden von Salzburg, haben im Jahr 1645 erzählt, als sie noch unschuldige Buben gewesen, hätten sie aus dem Wunderberge Riesen herabgehen gesehen, die sich an die nächst dieses Berges stehende Grödicher Pfarrkirche angelehnt, daselbst mit Männern und Weibern gesprochen, dieselben eines christlichen Lebens und zu guter Zucht ihrer Kinder ermahnt, damit diese einem bevorstehenden Unglück entgingen. Sodann hätten sich die Riesen wiederum nach ihrem Wunderberg begeben. Die Grödicher Leute waren von den Riesen oft ermahnt, durch erbauliches Leben sich gegen verdientes Unglück zu sichern. (267)

*

Andere sahen Riesen mit flammenden Augen aus dem Untersberge hervorbrechen. Sie stützten sich nachts auf die Dachfirsten der Häuser und blickten sehnsuchtsvoll gegen Morgen, bis der anbrechende Tag auf den fernen Eisgipfeln des Salzkammergutes flammte. (268)

Der Gletschergeist

Auf den Wänden des Tischkars – so sagt die Sage – in der Kötschach liegt des Gletschergeistes weißes Bett. Darinnen schlummert er noch fest, wenn schon längst des Lenzes reiche Gaben die Erde schmücken. Mit des Sommers Beginn aber fällt auch sein Erwachen zusammen. Dann reckt er seine Riesenglieder, daß Berg und Tal davon erdröhnen. Die blendend weiße Decke, unter der er geruht, wirft er von sich, und diese bahnt sich als Lawine ihren Weg ins Tal, gar oft zum Schrecken und Entsetzen der Bewohner desselben. Alsdann beginnt er seine Wanderung von Fels zu Fels, und unter seinem Tritte lösen sich Felstrümmer ab und stürzen tosend ins Tal. Noch keinem Sterblichen ist es gelungen, den Gletschergeist zu schauen, allein seine Nähe ist jedem deutlich fühlbar und verursacht Grauen. (269)

Der einäugige Riese

Ein Jäger traf einmal unter den Wänden des Schareck ein uraltes Männlein, das dort oben zu wohnen schien. Der Jäger fragte es, warum es nicht lieber in das Tal hinabziehe; das Männlein erwiderte, es könne seinen blinden Vater nicht verlassen. Der erstaunte Jäger sprach den Zweifel aus, daß der Vater eines so uralten Männleins noch am Leben sein könnte. Da lud ihn dasselbe ein, ihm zu seinem Vater zu folgen, warnte ihn aber, wenn dieser ihm die Hand biete, seine hineinzulegen, denn sein Vater würde die Hand zerdrücken, der Jäger möchte nur seinen Bergstock hingeben. Sie kamen zu einer Höhle, da saß am Feuer ein riesig großer Mann, doch nur mit einem Auge, der dem Jäger die Hand bot; dieser aber legte den Bergstock hinein, der sogleich auf »Laub und Staub« zerdrückt wurde. Er dankte aber dem Jäger und sagte, nun sei er erlöst. Es war der Riese, der oft mit einem Fuß auf der Einödbrücke, mit dem anderen in der Grubmoosalm (auf der anderen Talseite) stand, oder von Bergspitze zu Bergspitze schreitend gesehen wurde, nun aber verschwunden ist. (270)

Der Riesengeiger

Nicht weit von Kaprun entfernt, erhebt sich steil ansteigend ein fürchterlicher Felsabhang, die »Osreitwand« genannt, in deren Geklüfte man oft einen riesengroßen Mann sieht, der die Geige spielt. Er weiß dem Instrumente so schöne Töne zu entlocken und gibt so lustige Weisen zum besten, daß jedem, der unten vorübergeht, die Lust zum Tanzen in die Füße fährt. Während des Spieles springt er flink und behende von Felszacke zu Felszacke und scheint sich selbst seines Spieles baß zu erfreuen. Das ist der »Osreitwand-Geiger«. (271)

Die guten Bergmännlein

Hoch oben am Untersberge, wo nur Almenrausch und Latschen in dichtem Gestrüppe wachsen, hausen in der Einsamkeit ebenfalls Bergmännlein und hüten die Gemsen. Aus der Gemsenmilch machen sie Käse, die so lange wieder wachsen und ganz werden, wenn man sie angeschnitten hat, bis man sie unbesonnenerweise einmal ganz und gar aufgezehrt, ohne ein Restchen übrigzulassen. Still und freundlich lebt dieses Zwergenvölklein in den innersten Felsklüften und arbeitet ruhig fort. Wenn man sie in mondhellen Nächten auf den Matten tanzen sieht, bedeutet das ein besonders gesegnetes Jahr. Verirrte Lämmer führen sie oft den Leuten nach Hause, und arme Kinder, die Holz zu suchen gehen, finden zuweilen einen Napf mit Milch im Walde stehen, auch Körbchen mit Früchten, die ihnen die gutmütigen Zwerge hinstellen. (272)

Das Männlein auf der Kuh

Die Sineben-Alm im Geißbachgraben, dem Heustaller zu Rauris gehörig, war eine der fettesten Almen weit und breit. Der Hirt von dieser Alm hat oft auf den Kühen ein kleines Mandl reiten gesehen. Einstmals, im Ärger, schlug es der Hirt herab. Das Männlein rief noch: »Beer åb, beer åb (å'beern, abnehmen, von Kräften kommen)«, und verschwand spurlos im Erdboden. Von dieser Stunde an wurde die Alm immer schlechter, und kaum »a maushochs Grasl« wächst heute auf dem einst so üppigen Boden. (273)

Das ausgelohnte Futtermännlein

Zuhinterst im Weißpriachtal steht das ehemalige Graglerbauerngut, das nun schon seit langem ein Jagdhaus ist. Vor vielen Jahren hauste dort ein Bauer, der sich und die Seinen redlich ernährte. In einem Mißjahre aber war die Futterernte schlecht ausgefallen, und so hieß es sparen, um damit den langen Winter über auszukommen. Bei der kargen Fütterung aber war das Vieh sehr heruntergekommen, und der Bauer, der keinen Ausweg aus dieser mißlichen Lage wußte, sah mit trüben Blicken in die Zukunft. Da erschien alle Nacht um die mitternächtige Stunde ein kleines Männlein im Gehöfte des Bauern und machte sich dort zu schaffen. Es fütterte das Vieh, putzte und striegelte es, so daß es sich allgemach von seinem heruntergekommenen Zustand erholte und wohlgenährt und spiegelblank im Stalle stand. Aber trotz der allnächtlichen Fütterung wurde das Futter doch nicht weniger. Dem Bauern konnte das nächtliche Treiben des Männleins auf die Dauer nicht verborgen bleiben, und so sah er denn erst verwundert, dann mit wachsendem Wohlgefallen seinem Tun zu, ohne es dabei im geringsten zu stören. Es freute ihn, als er sah, wie das Wohlbefinden seines Viehs zusehends sich hob, wie es unter der kundigen Hand des Männleins gedieh und ein immer besseres Aussehen bekam, und er sann darüber nach, wie er sich dem Männlein irgendwie dankbar erweisen könne. Plötzlich schien ihm ein guter Gedanke gekommen zu sein. Er ließ beim Schneider ein Lodengewand anfertigen und legte dieses, als es fertig war, im Stalle an der Futtertreppe nieder. Ein warmer Anzug wird ihm in der kalten Winterszeit gewiß willkommen sein, dachte sich der Bauer. Doch er täuschte sich gewaltig, denn als das Männlein der Kleidungsstücke ansichtig wurde, begann es gar jämmerlich zu klagen und sprach: »Ach, nun bin ich ausgezahlt, nun muß ich gehen.« Dann nahm es das Gewand unter den Arm und zog klagend von dannen.

Von dieser Zeit ab ward es nie mehr gesehen, es war und blieb verschwunden. (274)

Das Lehmküglein

Einst stieg eine Sennerin vom Berge herab, um Butter und Käse ins Tal zu bringen. Da begegnete ihr das Gerlosmännlein, sprach sie an und bat sie flehentlich, ihm nur etwas Weniges zu essen zu geben, da es gar quälenden Hunger habe.

Die Sennerin, welche nicht wußte, daß sie es mit einem Wichtlein zu tun habe, nahm, von aufrichtigem Mitleide erfüllt, ihren Tragkorb herab und gab dem kleinen Männlein zu essen, so lange es Lust und Hunger hatte. Als es endlich satt war, schied das Männlein, reichte aber früher noch der gutherzigen Dirne zum Danke ein unscheinbares Lehmpätzlein mit den Worten: »Das ist mein ganzes Um und Auf, mehr habe ich nicht!« Die Sennerin lachte herzlich, steckte aber das erhaltene Lehmküglein, weil es so schön glatt und rund war, ein und verfolgte ihren Weg weiter ins Tal hinab. Als sie wieder nach Hause gekommen war, hatte sie dieses kleine Abenteuer bereits vergessen. Einige Zeit darauf suchte sie nach etwas und kam dabei auch über die Tasche jenes Rockes, den sie bei dem Zusammentreffen mit dem Männlein getragen hatte. Sie leerte dieselbe aus, und siehe da, da lag zu ihrem freudigen Erstaunen unter einigen Kirchenhellern, einem Fingerhut, Brotkrumen, Salz- und Kümmelkörnern, einem kleinen Knäuel Zwirn und einem alten grünen Benedictuspfennig ein großes, schweres Goldstück: Das Lehmküglein, an das sie sich sofort erinnerte, hatte sich in pures, lauteres Gold verwandelt.

Als sie es darauf am nächsten Sonntag zu einem ehrlichen Goldschmied nach Innsbruck trug und daselbst zu Geld machte, erhielt sie dafür zwanzig blanke Kaisergulden oder sechzig Zwanziger und noch extra einen angehäkelten, dünnen goldenen Gnadenpfennig mit dem Bilde ihrer heiligen Schutzpatronin. Da dankte die Dirne im Herzen dem kleinen Bergmännlein für seine Güte, denn sie fühlte sich mit einem Male so überglücklich und blieb es auch bis an ihres Lebens Ende. (275)

Almhütte

Das Gespenst in der Almhütte

In einer Alm über Schellgaden war einstmals ein derbes, furchtloses Weiblein als Sennerin beschäftigt; es wurde überall das alte »Luagnaweibl« genannt. Diese Frau erzählte zu Lebzeiten oftmals folgende merkwürdige Begebenheit, die sich auf ihrer Alm zugetragen hatte:

»Wenn es gegen Abend ging und die Dämmerung hereinbrach, kam jedesmal in der Stube hinter dem Ofen eine weißgraue Gestalt hervor; sie trug einen Strumpf in der Hand. Sie durchschritt die Stube bis zum Fenster hin, schaute einige Augenblicke hinaus und kehrte dann wieder in den Winkel hinter dem Ofen zurück. Des Abends, wenn ich schlafen ging, sah ich sie fast jedesmal mit abgekehrtem Gesicht hinter dem Ofen stehen. Mit vorgeschobenem Kopftuch, den Kopf auf die Hände gestützt, lehnte sie an der Wand. Ihre Kleidung bestand aus einem grauen Oberrock (Jacke) und einem kurzen, rassenen Kittel, während die Füße mit den grauwollenen Strümpfen in niederen Hausschuhen steckten. Ihrem altväterischen Gewande nach mußte diese Weibsperson schon lange gestorben sein. Anfangs hatte ich etwas Furcht vor ihr und konnte einige Nächte nicht schlafen, aber mit der Zeit wurde ich so daran gewöhnt, daß ich mir aus ihrer Anwesenheit gar nichts mehr machte. Anders war es, wenn fremde Leute da waren, welche zufällig diese Erscheinung sahen. Einmal hatten wir einen Bauer aus Schellgaden zu einer kranken Kälberkuh gerufen. Es war gerade zur Zeit der Abenddämmerung, als er kam. Er begab sich zuerst in die Stube, um seinen Rock auszuziehen. Da kam gerade die Geistergestalt hinter dem Ofen hervor, um ihren gewohnten Gang zum Fenster zu machen. Als nun der Bauer dies sah, erschrak er derart, daß er eilends seinen Rock nahm und fortlief. Auch unsere Dienstboten hatten, wenn sie in die Alm kamen, vor der Erscheinung eine heillose Angst. Einmal saßen sie gerade in der Stube beim Nachtmahl. Da kam das Geisterweibl hinter dem Ofen zum Vorschein. Als sie dieses erblickten, ließen sie alles im Stiche und eilten zur Tür hinaus. Die Sennin, welche vor mir die Hütte bewirtschaftete, ist schon am ersten Abend vor Schreck davongelaufen. In der Nacht kam das Geisterweibl oft zu mir in die Kammer, schaute mich an und ging dann wieder zur Türe hinaus. In der Hütte war oft eine arge Unruhe; es lärmte umher, schlug Türen auf und zu, spaltete Holz und polterte auf dem Heuboden herum, daß das Vieh unruhig wurde und der Halter erwachte. Auch die Knechte, die sich im Sommer auf der Alm zur Heumahd befanden, hatten vor ihm keine Ruhe. Oft durchwühlte es das Heu oder machte ein solches Gepolter, daß der ganze Heuboden zitterte und es den Knechten zu bunt wurde, sodaß sie ihr Nachtlager in einer nahegelegenen Heuschupfe aufschlugen. Obwohl ich diesen Geisterspuk schon gewöhnt war, so war ich doch recht froh, als ich endlich davon erlöst wurde und wieder heimwärts ziehen durfte.« (276)

Der Abwaschl

Überall bekannt in unseren Bergen ist der »Abwaschl«, ein polternder Geist, der nach dem Almabtrieb in die verlassenen Almhütten einzieht. Dort putzt und reibt er ununterbrochen alles Geschirr, alle Kessel und Pfannen. Dabei vollführt er einen solchen

Lärm, daß die Vorübergehenden erschreckt weitereilen, zumal der Abwaschl recht zotige Lieder dazu singt. Manchmal kommt er auch dann, wenn eine Sennerin ohne Erlaubnis ihres Brotherrn zum »Winkeltanz« ins Tal hinuntersteigt oder sich mit ihrem Burschen trifft, und durchlöchert das ganze Geschirr. (277)

Das Käsmandl

Das Käsmandl, vorzugsweise im Lessachwinkel (Lungau) sichtbar, ist ein kleines Männlein von eisengrauer Frabe, mit erdfalbem runzlichtem Gesichte. Zur Sommerszeit lebt es auf den höchsten Bergzinnen in unzugänglichen Gewänden und dunkeln Wäldern, wo es sich von Wurzeln und Kräutern nährt. Im Herbste, wenn der Senne von der Alm mit seiner Herde heimgefahren ist, kommt das Käsmandl aus seinem Schlupfwinkel zu den Almhütten, sucht und sammelt das, was die Sennen und Hirten weggeworfen, verloren oder zurückgelassen haben. Das Mandl käset diese Überreste und lebt davon den ganzen Winter hindurch. Im Sommer, bevor die Herde wieder auf die Alm zieht, verläßt das Käsmandl die Almhütte und flieht wieder in seine einsamen Schlupfwinkel. (278)

Das Käsmandl und die Magd

In St. Margarethen wurde einst herumgeredet, daß auf der Walcheralm ein Käsmandl hause. Da kam einmal der Walcherbauer mit seiner Magd zum Nachbar und sagte: »Du, i wär gar so neugierig, wia des Kasmandl ausschaut. Wann du aufi gangast, kriagast mei brauni Kuah.« Da redete die Zenzi, so hieß die Magd, dazwischen: »Bauer, i geh aufi, wenn i die Kuah kriag!«, und sie freute sich schon, daß sie ihrer armen, kranken Mutter die Kuh bringen könnte. Der Bauer entgegnete: »Gsagt is gsagt. Wannst ma in Milchampa als Beweis bringst, kriagst di Kuah.«

So machte sich die Zenzi auf den Weg zur Alm; mutig stapfte sie durch den Schnee, und tapfer drückte sie auf die Türklinke. Dann trat sie in die Stube. Was sah sie da? Ein Käsmandl, nicht größer als eine Stricknadel, stand am Herd und briet Mäuse. Viele Männlein und Weiblein saßen beim Tisch und aßen aus Herzenslust von den Mäusen. Als sie die Zenzi erblickten, wollten sie davonlaufen, doch das Männlein, das beim Herd stand, sagte: »Das ist nur die Zenzi vom Walcherbauern, die soll ja nur den Eimer holen«, und zur Zenzi gewendet, sprach es: »Da nimm den Eimer und sagst zum Walcherbauer, er soll dir die braune Kuh geben oder er muß es büßen.« Die Zenzi nahm den Eimer und wanderte dem Dorfe zu. Unten angekommen, gab sie dem Bauern den Eimer und berichtete ihm, was das Männchen gesagt hatte. Der aber lachte und sagte: »Ich werd dir doch nicht die Kuh gebn!« In diesem Augenblick aber fiel die braune Kuh tot zusammen! Da merkte der Bauer, daß mit den Kasermandln nicht zu spaßen sei, und die Zenzi durfte sich eine andere Kuh aussuchen. Überglücklich führte die Magd das Tier zu ihrer kranken Mutter. (279)

Das erzürnte Käsmandl

Eines Tages im Spätherbste, die Almen standen längst schon verlassen, stiegen einige Burschen zu einer Almhütte empor. Einer derselben, der vom Käsmandl noch nie ein Wort gehört hatte, schrie im Vorübergehen in eine Almhütte hinein, daß ihm das Käsmandl – im allgemeinen heißen auch die Sennen und Hirten Käsmandln – Milch herausbringen solle. Er glaubte die Hütte verlassen und war nicht wenig entsetzt, als plötzlich auf der Schwelle derselben ein eisgraues Männlein von gespenstigem Aussehen erschien, das eine hölzerne Schüssel trug, in welcher sich statt Milch gelbweißer Eiter befand. Mir zornigem Blicke hielt es dem Burschen die Schüssel hin und sagte: »Trink aus, oder ich zerreiße dich!« Zitternd nahm er sie und tat, als ob er trinken würde; in Wahrheit aber goß er sich die ekle Brühe in die Kleider, ohne daß das Käsmandl etwas davon merkte. Als die Schüssel leer war, gab er sie ihm wieder zurück, worauf es verschwand. Der Bursche eilte aber, so rasch ihn seine Füße tragen konnten, wieder ins Tal zurück und mied in Zukunft jene Alm, als wäre sie verpestet. (280)

Das Käsmandl und der Jäger

Ein Jäger, der den Tag über in den Wäldern des Lessachwinkels herumgepirscht hatte, kam beladen mit einem starken Rehbocke, den er erlegt hatte, todmüde zu einer Almhütte, um sich in derselben etwas auszuruhen und zu erfrischen. Eben hatte er Feuer angemacht und wollte ein Stück seiner Jagdbeute an demselben braten, als plötzlich das Käsmandl aus der Milchkammer heraus zum Jäger kam. Der kümmerte sich aber nicht um das Mandl, sondern war mehr um seinen Rehbraten besorgt; nun brachte das Käsmandl einen Frosch zum Vorscheine, den es nebenbei braten wollte, dabei betastete es aber lüstern den Braten am Spieße, der bereits tüchtig zu schmoren anfing. »Dein Fleisch«, meinte es endlich, »prasselt und schmilzt; meines nicht!« und betastete wieder den Braten, als wollte es gerne ein Stücklein für sich abbekommen. Der Jäger aber, selbst über die Maßen von Hunger gequält, hatte keineswegs die Absicht, sich einen ungebetenen Gast zu Tische zu laden, und klopfte das Käsmandl derb auf die Finger, so daß es vor die Almhütte sprang und in Lessacher Mundart den Bergen klagte:

»Daselb'n tho hat mi g'schlag'n!«
(Der da hat mich geschlagen!)

und das Echo antwortete:

»Selb'n tau, selb'n hab'n!«
(Selbst getan, selbst haben!)

Auf das kehrte es wieder in die Hütte zurück, sagte mit zorniger Miene zum Jäger: »Hättest du nicht deinen vieräugigen Beiß (Hund) und deinen einäugigen Heiß (Gewehr), ich wollte dir's anders machen!« und verließ die Stube. (281)

Die Nachtsendin

Auf den Gasteiner Alpen traf einst in einer eisigkalten Winternacht – die Sennerinnen waren schon seit vielen Wochen heimgezogen – ein von der Jagd ermüdeter Jäger auf eine Alpenhütte, ging in dieselbe und legte sich mit seinem Hunde auf der »Hossen« ins Heu. Trotz aller Ermüdung und Schlafsucht fand er aber nicht die geringste Ruhe; denn immerzu vernahm er ein unheimliches Geräusch, bald ein Knistern, bald Kesselrühren, dann wieder, wie wenn Geschirr gereinigt würde, ganz so, wie die Sennerinnen zur Sommerszeit auf den Almen hantieren. Auf einmal aber rief es in hellem Tone:

»Du auf der Hossen,
Möcht'st nicht von meinem Rührmus kosten?«

Der Jäger erschrak über die Maßen und brachte nicht ein Wort über seine Lippen. Doch bald rief's wieder:

»Komm' runter, Jäger, von den Hossen,
Mußt auch von meinem Rührmus kosten!«

Da bellte der Hund laut auf, drunten krachten die Geräte alle zusammen, ein gellendes Lachen durchzitterte den Raum, dann heulte und wimmerte es wieder; darauf fiel die Hüttentüre ins Schloß, und eine kreischende Stimme rief:

»Hätt'st du den Brandl (Hund) nicht bei dir,
Zerrieb ich dich zu Laub und Staub!«

Das war die Gasteiner Nachtsendin, welche, in Sünden verstorben, im Tode keine Ruhe finden kann und nachts zur Winterszeit auf den Alpen erwacht und in der Hütte ihr Unwesen treibt. (282)

Das Wegscheidweiblein

Seit undenklichen Zeiten erzählt man sich in der Gegend von Reichenhall und Unken allerlei Geschichten von einem Wegscheidweiblein und behauptet nicht ganz grundlos, daß dasselbe mit jener Gisela identisch sei, welche sich einst vom Carlstein herabgestürzt habe. Manche haben es an der Wegscheide sitzen gesehen oder dort winseln gehört; zuweilen wurde auch vom Carlstein herab in stillen Nächten ein grauenvolles Schreien vernommen. Am ärgsten aber war es im Jahre 1831, seit Menschengedenken hatte es das Wegscheidweiblein nicht so arg getrieben als damals. Durch vierzehn Tage und Nächte hindurch ließ es von den höchsten Wänden herab ein Winseln und Heulen vernehmen, das nicht eine Minute aufhörte. Da machte sich denn der Brunnenwärter vom Nesselgraben auf und stieg auf den Berg, um zu erforschen, woher die Klagelaute kämen. Als er aber die höchste Matte erreicht hatte, entdeckte er, daß die Klagelaute aus einer steilen Wand hervordringen, wohin zu gelangen nach seiner Meinung selbst einer Gemse unmöglich gewesen wäre. Er gab daher sein weiteres Forschen auf, da er sein Leben nicht größerer Gefahr aussetzen wollte, und machte sich wieder auf den Heimweg. Nun begegnete ihm aber der Kreuzer von Helmbach, einer der kühnsten und vorzüglichsten Bergsteiger, der eben seine Schafe suchte; dem teilte er seine Wahrnehmungen mit, und dieser beschloß, ohne sich lange zu bedenken, dem Abenteuer nachzugehen. Er legt Hut und Joppe ab und kletterte durch die Felsritzen und Spalten an der besagten Wand dem Orte zu, woher das Winseln kam. Wirklich gelang ihm das Menschenunmögliche, er erreichte sein Ziel und erblickte da zu seinem Erstaunen in einer Felsspalte ein kleines, zusammengeschrumpftes uraltes Weiblein sitzen, das zu winseln fortfuhr, und auf seine Frage, wieso es hierher gekommen, keine Antwort gab, sondern ihm aufs Haar mit ihren beiden dürren Händen ins Gesicht gefahren wäre. Da machte der Kreuzer mit ihr kurzen Prozeß, riß sie ohne Umstände heraus und zwang sie, mit ihm zu gehen. So gelangte er mit ihr bis zu jener Stelle, wo er Hut und Joppe abgelegt hatte, und bückte sich, um beides wieder an sich zu nehmen. Als er sich wieder angezogen hatte und sich nach dem Weiblein umsehen wollte, war dieses spurlos verschwunden, und all sein Suchen nach ihm blieb erfolglos.

Nun kam ihm selbst die Sache nicht mehr recht geheuer vor, es erfaßte ihn jähes Grauen, so daß er nur mühselig nach Hause kam, wo er acht Tage lang infolge des Schreckens krank im Bette liegen mußte.

Am nämlichen Tage aber wurde das Weiblein beim Bauern am See gesehen, wo es sich auf die Bank vor dem Hause hingesetzt hatte. Die Bäuern gab ihm einen Krapfen, den es, ohne zu danken, annahm, wie es denn überhaupt keine der gestellten Fragen beantwortete. Gleich darauf stellt es sich unten am »Kaitl« auf der Sommerbank ein, erhielt auch hier Speise, gab aber kein Wort von sich, sondern flüsterte nur unverständliches Zeug vor sich hin. Seitdem wurde das Wegscheidweiblein nicht mehr gesehen und gehört.

Leute, die es gesehen, schildern es als ein kleines, steinaltes Mütterchen, das wohl viele hundert Fältchen im Gesichte hat. Seine Kleidung ist recht altfränkisch, aber tadellos rein und nett. Auf dem Kopfe trägt es ein schwarzes, mit Pelz verbrämtes Häubchen, das fast die Augen bedeckt; ein rotes Korsett nach uraltem Schnitte mit langen Schößen am Rücken bedeckt den Oberkörper, ein schwarzes Röcklein mit blauem Schürzchen vervollständigt seinen Anzug. (283)

Feurige Männer auf der Salzach

Früher kam es häufig vor, daß Fischern, welche in sogenannten Lässel- oder Losnächten auf der Salzach bei Laufen unterhalb Salzburg fischten, feurige Gestalten erschienen, die anfangs klein wie ein Kerzenlicht waren, allmählich aber immer größer und größer wurden, endlich zu Riesen anwuchsen. Ebenso wie sie herangewachsen, wurden sie dann allmählich immer kleiner und kleiner, bis sie den Augen der Fischer gänzlich entschwanden. (284)

Die Geister im Krimmler Wasserfall

Vom Dorfe Krimml, das am Fuße des Krimmler Tauern, jener Gebirgskette, welche sich gegen den Großglockner hinzieht, gelegen, führt über die hohe Platte ein Steig nach Zell im Zillertal. Unter dem Landvolke ist nun die Sage im Schwunge, daß in dem großen Wasserfall, der sich bei Krimml in majestätischer Schönheit herabstürzt, Geister wohnen. Gar mancher Wanderer hat sie gesehen, wenn sie über den tosenden Fluten ihr unheimliches Spiel trieben. Jeder, der über die Hohe Platte wandert, wirft auch einen Stein in den Wasserfall, weil dadurch ihm die Geister günstig gestimmt werden und ihn vor allem Unheil, vor jedem Unfall auf dem gefährlichen Wege bewahren. Schon viele haben dies versäumt und es nachher bitter bereut, denn sie mußten hart dafür büßen. (285)

Drachen, Schlangen und andere dämonische Tiere

Drache

Drachen und Lindwürmer

Noch in der Zeit unserer Väter soll in der Nähe der sieben Möser auf der Platte bei Krimml ein greulicher Drache gehaust haben, der im Viehstande große Verheerungen anrichtete. Oft zog man aus, um ihn zu erlegen, aber immer wieder mußte man es aufgeben, denn die ersten, die ihn sahen, erschreckten sich über seinen Anblick so, daß sie auf der Stelle starben. Auch auf der Kötschach-Alm hauste ein riesiger Lindwurm, und als im Jahre 1403 ein furchtbares Unwetter tobte und ein Wolkenbruch entstand, wurde der Lindwurm bis gegen Hundsdorf hin von den Fluten getragen. Als das Wasser sich verlaufen hatte, blieb das Ungetüm auf einem Felsen unterhalb von Hundsdorf liegen und verendete. Die Bauern der Gegend waren voller Freude, daß das Ungeheuer, das dem Lande schon so viel Schaden bereitet hatte, nun endlich tot war. Das Feld aber, auf welchem der Lindwurm liegengeblieben war, heißt bis zum heutigen Tage das Wurmfeld. (286)

Der Tod des Lindwurms

Das Wurmfeld, eine nasse, sumpfige Berglehne auf dem Tappenkar, einem Berge, der wegen seiner Stürme und Nebel mehr gefürchtet als gesucht ist, beherbergte einst einen großen Drachen (Lindwurm).

Dieses Ungeheuer richtete unter den Viehherden viel Unheil an und kam auch häufig herab zum See, um sich zu baden. Lange beratschlagten Karhüter und Jäger, wie sie denn dem greulichen Lindwurm den Garaus machen könnten. Mit Gewalt war demselben nicht beizukommen, davon waren sie überzeugt, und es hätte sich auch um alle Schätze der Welt keiner gefunden, der im offenen Kampfe dem Untier entgegengetreten wäre. Sie griffen daher zur List, nahmen eine Kuhhaut, stopften dieselbe mit Moos aus, daß sie einem Rinde gleich sah, legten anstelle des Magens ein Päckchen Zündpulver hinein und brachten statt des Schlundrohres ein Zündrohr an und mit dem Zündpulver in Verbindung. Also ausgerüstet, warfen sie den Popanz in den See und harrten der kommenden Dinge. Der Drache kam, wie gewöhnlich, sein Bad zu nehmen. Kaum erblickte er aber die vermeintliche Kuh, als er sich auch schon auf sie stürzte und sie verschlang. Die Wirkung des verdächtigen Bissens ließ nicht lange auf sich warten, denn im nächsten Augenblicke schon entzündete sich das Pulver und zerriß den Drachen. (287)

Der Lindwurm in Gastein

Im Jahre 1403 entstand durch einen großen Wolkenbruch auf der Kötschachalm ein See, aus welchem ein riesiger Lindwurm bis gegen Hundsdorf getragen wurde. Als das Wasser sich verlaufen hatte, blieb das Ungetüm auf einem Felde unterhalb Hundsdorfs liegen und verendete. Das Aas schleppte man seines pestilenzartigen Gestankes wegen auf das Hochwasser, um es wegzuschwemmen. Das Feld aber, auf welchem der Lindwurm liegengeblieben, heißt bis auf den heutigen Tag das Wurmfeld. (288)

Der Kunter

Unweit von Zell im Zillertale hauste vor langer Zeit in den dortigen Einöden und Wildnissen ein grauenhaftes, gar unheimliches Wesen, das von den Einheimischen – weshalb, wußten sie wohl selbst nicht – der »Kunter« genannt wurde. Ihn je gesehen zu haben, erinnert sich kein Mensch; dafür hat man ihn aber häufig genug gehört, und das genügte dann, um alles in panischen Schrekken zu versetzen. Besonders gefährlich war er den Kühen, die er meist in das Euter biß, wie ein alter Viehdoktor erzählte. Sein Biß unterschied sich auch leicht von jenem anderer Geister und war unheilbar. Jetzt hört man glücklicherweise schon lange nichts mehr von seinem bösen Treiben. (289)

Der Bergstutzen

Der »Bergstutzen« ist ein äußerst gefährliches Untier, das den Lämmern und Ziegen, aber auch den Menschen gefährlich wird; es hat die Gestalt eines Wurmes mit Füßen, mißt ungefähr drei bis fünf Fuß in der Länge und hat, wie Steub sagt, die Dicke eines »Bierkrügels«. Die Anzahl seiner Füße ist verschieden; nach einigen hat es zwei, nach anderen vier, dann gar sechs Füße, auf welchen es sich gegen den Menschen pfeifend emporrichtet. Sein Hauch ist giftig, weshalb sich auch jedermann entsetzt, wenn er den »Bergstutzen« zu Gesichte bekommt. Seine wurmähnliche Gestalt endigt in einem Schwanze, der plötzlich abbricht, so daß er wie abgehackt aussieht, daher auch sein Name. Wo der Speik blüht, soll er nicht weit sein. (290)

*

Ein Jäger pirschte einmal planlos durch die Urschlau, als er plötzlich neben sich etwas rascheln hörte und zur Seite schauend einen »Bergstutzen« erblickt, der, sich um einen Baum schmiegend, ihn mit giftigem Blicke betrachtet. Überrascht und geängstigt, fuhr der Jäger zurück und nahm, sich sorgsam umschauend, seinen Weg in den lichten Wald hinaus, wo er bald darauf einen Rehbock schoß. Das Glück gab ihm neuen Mut, so daß er es nun auch mit dem »Bergstutzen« aufnehmen wollte; er fand ihn aber nicht mehr. (291)

*

Bucheben und Umgebung waren Jahrhunderte hindurch von einer Schlangenplage heimgesucht, daß die Bewohner schon ans Auswandern dachten. Da kam eines Tages nach Bucheben ein Handwerkgesell, und dieser erfuhr von diesem Elend, ließ sich Schauderdinge erzählen. Trotzdem erbot sich der Fremde gegen Verpflegung auf Lebzeiten, die Schlangen zu bändigen und zu vernichten. Wohl mußten die Buchebener das Versprechen geben, daß sie nie eine weiße Schlange gesehen haben, denn gegen solche wäre seine Macht nicht hinreichend. Und die Buchebener, obwohl sie wußten, daß gar viele, die gegen die Schlangen auszogen, nicht mehr heimkehrten, gaben dieses Versprechen. Der Fremde auf der Einödhöhe machte einen Reisighaufen und zündete ihn an. Er selbst stieg auf einen in der Nähe stehenden Fichtenbaum und spielte auf einer Schwegelpfeife die lieblichsten Weisen. Da kamen von unten und oben, von rechts und links die Schlangen, und alle mußten im Feuer ihr Leben lassen. Schon glaubte er, die letzte Schlange wäre vernichtet, als er von ferne ein Zischen und Pfauchen vernahm, das er wohl kannte. An ein Fliehen war nicht zu denken. Mit Windeseile wälzte sich ein weißes Schlangenungeheuer heran, und ehe sich's der Spielmann versah, schlug es ihn vom Baum hinein in die Glut, wo er mit der Schlange eines elenden Todes sterben mußte. Von da an war Bucheben von der Schlangenplage befreit. (292)

Der Schlangenfänger zu Salzburg

Nach Salzburg kam einst – es mögen zweihundert Jahre seitdem verflossen sein – ein weit und breit berühmter Zauberer, der der staunenden Menge laut erzählte, daß er imstande sei, alle Schlangen auf eine Meile im Umkreise in eine Grube zusammenzubringen und zu töten. Der wohllöbliche Magistrat der Stadt nahm den Wundermann rasch bei seinem Wort und bot ihm eine glänzende Belohnung, wenn er wirklich vollbringe, was sein Mund so ruhmredig behauptet habe. Jener war es zufrieden und begann alsbald an einem ihm passenden Orte unter großem Zulaufe des Volkes seine Beschwörungen.

Er zog eine kleine Pfeife hervor und pfiff damit einen seltsamen, gar eigentümlichen und unnachahmlichen Ton. Und siehe da! Zu aller Erstaunen und Entsetzen kamen von allen Wegen und Stegen, aus allen Häusern und Hütten, aus Kellern und Spalten Schlangen herbei und ringelten sich in die Grube, in der es bald ein gar greuliches Gewirre und Gewimmel gab. Immerfort blies der Zauberer auf seiner Pfeife und murmelte dazwischen seine Beschwörungsformeln. Da nahte sich auf einmal eine alte, über alle Maßen große Schlange, es war die Königin der anderen. Sie schoß einen so giftigen Blick nach dem Zauberer, daß dieser darob fürchterlich erschrak, entsetzt die Pfeife fallen ließ und in seiner Beschwörung stockend innehielt. Damit begab er sich aber aus aller Macht, und diesen Umstand nützte rasch die Schlange. Mit Blitzesschnelle sprang sie auf ihn zu, ringelte sich im Nu um seinen Körper, schnürte ihm die Eingeweide zu und riß ihn, da sie ihn jeder Bewegung beraubt hatte, willenlos in die Grube. Die anderen Schlangen stürzten sich sofort über ihre Beute und marterten den unglücklichen Zauberer langsam zu Tode. Niemand aus der großen Menge der Zuschauer wagte es, dem Unglücklichen zu Hilfe zu eilen. Von begreiflichem Entsetzen erfaßt, entflohen alle dem Orte des Schreckens. Bald darauf verloren sich auch die Schlangen wieder und kehrten dahin zurück, woher sie gekommen waren.

Die gräßlich zugerichtete Leiche des Zauberers aber wurde in der nämlichen Grube verscharrt, welche er den Schlangen zum Grabe bestimmt hatte. (293)

Der Goldbock

Die weiße Gemse

Ein Jäger kam auf seinem Pirschwege im Zederhaustal einst zu einer hohen Felswand. Da gewahrte er an deren Fuße eine Höhle, die er niemals zuvor bemerkt hatte. Er schritt auf sie zu und blickte hinein. O Wunder! Lauteres Gold leuchtete und glitzerte ihm daraus entgegen! Von dem unerwarteten Anblick geblendet, wich er einige Schritte zurück. Als er sich von der ersten Überraschung erholt hatte und dann die Höhle wieder von neuem betreten wollte, hörte er fast senkrecht über sich einen schrillen Pfiff. Als erfahrener Jäger wußte er sofort, was dies bedeute. Er blickte empor und sah hoch droben in der Wand eine weiße Gemse stehen, welche auf ihn herniedersah. Bei diesem Anblick vergaß der Weidmann alles um sich her. Er mußte das wundersame Tier erlegen! Gelang ihm dies, so würde er wohl der berühmteste Jäger weit und breit, denn eine solche Gemse hat man wohl schon gesehen, aber erlegt hat sie noch niemand. Er erwog daher nicht lange, sondern kletterte rasch die Felswand empor, um dem seltenen Tier nahezukommen. Doch auch die Gemse zog sich zurück, hielt aber auf einem unweit davon befindlichen Felsvorsprung inne und blickte den Jäger herausfordernd an. Dies reizte den Jäger; immer hitziger wurde die Verfolgung, und immer mehr ging es hinaus ins Gewänd. Aber sosehr er sich auch bemühte, das Tier zur Strecke zu bringen, so waren doch alle seine Bemühungen vergebens. Denn sobald er glaubte, der Gemse so nahe zu sein, um sie mit seinem Stutzen erreichen zu können, war sie wieder fort. Es schien, als ob sie absichtlich ihr Spiel mit ihm treiben wolle, um ihn von der Höhle fortzulocken. Nachdem die Jagd schon eine Zeitlang gedauert hatte und Verfolger und Verfolgte schon eine ziemliche Strecke von der Höhle entfernt waren, setzte die Gemse in gewaltigem Sprung über einen Felsenkogel hinweg und war im nächsten Augenblicke den Augen des erstaunten Jägers entschwunden. Entmutigt und enttäuscht über den Mißerfolg und mit sich selbst unzufrieden kehrte er um, um die Höhle wieder aufzusuchen. Aber sosehr er auch danach suchte, er fand sie nicht mehr. Von doppeltem Mißgeschick getroffen, stürzte er wie betäubt zu Boden. Die weiße Gemse hatte ihm nur Unglück gebracht. (294)

*

In der Krummel wurde oft eine weiße Gemse gesehen. Viele Jäger wollten sie schießen, doch keiner drückte los, da sie, wenn sie die Büchse angeschlagen hatten, nicht mehr die Gemse, sondern ein altes Männlein auf dem Korn hatten. Einer aber, der dies nicht glauben wollte, machte sich auf, die Gemse zu erlegen. Als er die Gemse sah, fuhr er zur Wange, und als er den Finger krümmte, ging ein Zittern durch seinen Leib. Der Schuß löste sich, und als der Rauch sich verzog, kam auf ihn ein altes gebrechliches Männlein geschritten, reichte ihm die magere Hand entgegen und sagte: »Vagelt's God, Jaga, du host mi dalöst«, und verschwunden war es. Aber auch die weiße Gemse ward nie mehr gesehen. (295)

Der weiße Hirsch

Vor ungefähr sechzig Jahren lebte in der Flachau ein gewisser Premstaller, Holzarbeiter, weit und breit als gefürchteter Wildschütz bekannt. Der stieg eines Tages über die Marbachalpe das Penzeck hinan und wählte hoch oben über den Eiswänden seinen Stand auf Gemsen. Auf einmal knistert's und raschelt's im Laub, Premstaller fährt blitzschnell mit dem Stutzen an die Wange, läßt ihn aber erschreckt sofort wieder sinken, denn wenige Schritte vor ihm steht ein blendendweißer Hirsch, dessen feurige Augen minutenlang auf ihn gerichtet sind. Endlich macht das unheimliche Tier kehrt und ist ebenso rasch, als es erschienen, wieder verschwunden.

Von Angst erfüllt und in tiefe Gedanken versunken kehrt der Wildschütz heim und gelobt sich, nie mehr auf die Jagd zu gehen; denn er wußte nur zu gut, daß der, welchem ein weißer Hirsch begegne, Schaden an seinem Leben nehme.

Nach und nach vergaß jedoch Premstaller seines Gelübdes, die alte Leidenschaft erwachte in ihm aufs neue; er wagte es wieder einmal und ging auf die Jagd. Er hatte sein Schicksal selbst heraufbeschworen; nimmer kehrte er lebend zurück. Vierzehn Tage später fand man seinen Körper ganz zerschellt unter den Eiswänden. (296)

Die gespenstigen Vögel

Eine Bäuerin aus Liefering ging vor mehreren Jahren gegen Mitternacht heimwärts. Auf dem großen Felde nächst Siezenheim vernahm sie plötzlich hinter sich ein dem Sturmwind ähnliches

Getöse. Sie wandte sich um und sah zu ihrem Entsetzen einen Wagen pfeilschnell daherfahren; auf demselben saßen große kohlschwarze Vögel, in Gestalt den Geiern ähnlich, die mit den Flügeln gewaltig schlugen und einen ärgeren Lärm machten als die Wagenräder. Im Augenblick war alles vorüber, dem Untersberge zu. Die Bäuerin aber bekreuzte sich und eilte zitternd und bebend in ihre Behausung. (297)

Der schwarze Stier

Recht »zeitig im Langs« (im Frühling), als noch gar kein Vieh auf den Almen war, ging der Ober-Arlingbauer von der Rauris auf seine Alm. Als er bei der Maschlinghütte vorbeikommt, sieht er das »Schermtor« (Stalltür) offen. Darüber erstaunt, geht er näher und guckt in den Stall. Da sah er einen mächtig großen, schwarzen Stier liegen, der dann aufstund, sich streckte und langsam aus dem Scherm (Stall) ging. In der »Freien« (Luft) ist er aber vollständig verschwunden. (298)

Von Heiligen und frommen Taten

Der heilige Maximus

Juvavia war einst eine Stadt mit prächtigen Mauern, ringsum von hohen Wällen eingeschlossen und von mächtigen Türmen überragt. Könige hatten daselbst Paläste, und Tempel die Götter, stolz aus Marmor erbaut von einem Volke der Vorwelt. Aber herabgestürzt von ihrer glänzenden Höhe lag die Stadt verödet durch eine lange Reihe von Jahren, dicht mit Waldung bedeckt und von wilden Tieren bewohnt. Attila, der König der Hunnen, hatte sie 451, und nach ihm Walamir, ein Feldherr Odoakers, 477 zerstört. Da war Odoaker auf seinem Zuge gegen die Römer demütig um seinen Segen bittend zu dem frommen Greise Severin in seine Zelle gekommen. Dieser, die Wut der ihm gehorchenden Horden kennend und die glücklichen Fortschritte ihres obersten Führers ersehend, ahnte für die ihm bekannten, aufwärts liegenden Freunde nichts Gutes und sandte eilends Boten nach Salzburg, den heiligen Maximus zur schnellen Flucht zu mahnen. Derselbe hatte sich mit mehreren frommen Einsiedlern und Mönchen einen fast unzugänglichen Berg zum Wohnsitze gewählt und sich Treppen, Zellen und Kapellen in demselben ausgehauen. Hier glaubte sich Maximus wenigstens noch eine Nacht sicher und verweilte.

Von seiner Ansiedlung heißt dieser Berg der Mönchsberg und da zeigt man noch jetzt den wißbegierigen Reisenden die Einsiedelei des heiligen Maximus. Dort sagt uns aber auch eine lateinische Steinschrift, wie die Barbaren: Ungern, Goten, Heruler hereinstürzten, die Stadt plünderten, viele Einwohner in die Gefangenschaft fortschleppten, den ehrwürdigen Priester Maximus an einen Galgen hingen, die übrigen, beiläufig fünfzig an der Zahl, aus ihren Höhlen rissen, ermordeten und über die schroffen Felsen hinunterschleuderten. Die Sage hat erhalten, daß dieses in Fässern mit einwärts getriebenen Nägeln geschehen. Zweihundert und neunzehn Jahre lag nun Salzburg in Schutt und Graus, bis Rupert, der Segensapostel des Landes, kam, von diesem als Patron verehrt. (299)

Der heilige Rupertus

Rupert oder nach alten Urkunden Hrodbert, Rudbert oder Ruodpert, stammte nicht unwahrscheinlich von dem Geschlechte der fränkischen Könige ab und war zur Zeit, als König Childebert III. in Austrasien herrschte, Bischof zu Worms, wo er von dem fränkischen Statthalter Berengar, einem gar eifrigen Anhänger des Arianismus, große Verfolgungen auszustehen hatte. Sein musterhafter Lebenswandel, welchen besonders Keuschheit, Mäßigkeit und Liebe gegen die Armen auszeichnete, verschaffte ihm den Ruf der Heiligkeit. Als nun der damals in Bayern regierende Herzog Theodo von dem großen Bekehrungseifer dieses Mannes erfuhr, schickte er Gesandte zu ihm und lud ihn ein, nach Bayern zu kommen. Im Jahre 696, nach andern im Jahr 582, reiste nun der hl. Rupert nach Bayern, unterrichtete in Regensburg den Herzog in der christlichen Religion und taufte ihn daselbst in dem großen Turme auf dem Kornmarkte, wo er Hof hielt. Diesem Beispiele folgten bald viele andere aus dem Adel und dem Volke nach. Hierauf trug Rupert die Leuchte des Evangeliums längs der Donau bis Lorch und zog dann westlich, wo er sich in einer schönen Wildnis am Wallersee, dem heutigen Seekirchen, eine Kirche zum heiligen Petrus erbaute. Hier soll er das erste Ehepaar auf salzburgischem Boden getraut haben und hievon das Wappen Seekirchens herstammen.

Allein, Ruperts Aufenthalt an diesem Orte war von kurzer Dauer; denn als er hörte, daß etwa drei Stunden weit vom Wallersee an den Ufern des Flusses Juvavus ein Flecken wäre, wo einst eine herrliche und volkreiche Stadt mit Namen Juvavia gestanden hätte, so glaubte er daselbst zur Errichtung eines Bistums eine bequemere Lage zu finden als am Wallersee. Als er den Platz persönlich in Augenschein genommen und denselben für seine Zwecke besonders geeignet gefunden hatte, ersuchte er den Herzog Theodo um Überlassung desselben. Der fromme Herzog wil-

Salzburg, das alte Juvavia (Kupferstich nach Albert Christoph Dies, um 1796)

ligte nicht nur in dieses Gesuch ein, sondern schenkte ihm und seiner Kirche nebst Stadt und Kastell den ganzen von hier aufwärts bis gegen Kuchl liegenden Landbezirk von mehr als zwei Quadratmeilen. Rupert, entzückt über diese großmütige Schenkung, ließ den Platz vom Schutte reinigen und das wilde Gesträuch ausrotten. Hierauf erbaute er nahe an dem Mönchsberg eine Kirche, dem Petrus geweiht, und ein Klösterlein nebst anderen Wohnungen für die Geistlichkeit. Nach und nach entstanden auch andere Gebäude, und die Zahl der neuen Ansiedler vermehrte sich allmählich so sehr, daß in wenigen Jahren aus den Ruinen Juvaviens eine neue Stadt emporstieg, welche den Namen Salzburg erhielt.

Zahlreiche neue Schenkungen des Herzogs Theodo belohnten den frommen Eifer Ruperts und vergrößerten sein Gebiet bedeutend, auch die Bevölkerung nahm immer mehr zu, so daß Rupert sich dem geistlichen Hirtenamte ohne Gehilfen nicht mehr gewachsen fühlte. Er reiste daher in der Absicht, neue Mitarbeiter anzuwerben, nach Franken und brachte von dort zwölf fromme Männer, teils Priester, teils Mönche, mit sich nach Salzburg zurück. Mit diesen neuen Gehilfen versehen, ging Rupert immerfort im Lande herum, die neubekehrten Christen im Glauben zu stärken und sie zur Beharrlichkeit in demselben aufzumuntern. Um aber auch für künftige Religionslehrer zu sorgen, errichtete er bei dem Kloster St. Peter eine Schule, welche von ihm den Namen Rupertsschule erhielt und wohin die bayerische Jugend, die man dem geistlichen Stande zu widmen gedachte, zum Unterrichte geschickt wurde.

Rupert erbaute auch unterhalb dem Kastelle ein Frauenklösterlein mit Kirche und im Pongau, an der Stelle des heutigen Bischofshofen, zu Ehren des heiligen Maximilian eine Kirche und Wohnungen für Mönche.

Rupert trug überhaupt einen ganz besonderen Hang zum Mönchswesen und führte einen höchst erbaulichen und tugendhaften Lebenswandel. Als er das Ende seines Lebens herannahen sah, rief er seine Amtsgehilfen und Jünger zusammen und hielt an sie eine rührende Abschiedsrede, worin er ihnen die Pflichten des geistlichen Standes tief ans Herz legte. Und damit nach seinem Hintritte die neugestiftete Kirche sogleich wieder mit einem Vorsteher versehen wäre, ernannte er den Priester Vitalis zu seinem Nachfolger und weihte ihn selbst zum Bischofe. Nachdem er nun auf solche Art für sein Stift gesorgt hatte, erwartete er mit voller Ergebung in den Willen Gottes den bevorstehenden Tod und hauchte in der Osterwoche, den 27. März 723, mitten unter dem Gebete und in Gegenwart seiner geistlichen Mitbrüder, seinen seligen Geist aus. Er wurde in der von ihm erbauten Kirche zu St. Peter begraben, wo sein Leichnam bis auf die Zeiten des Bischofs Virgilius geblieben ist. (300)

Die heilige Ehrentraud

Diese Heilige war eine Nichte des heiligen Rupert, sonach aus fränkischem Geschlechte. Aus Liebe zu Jesus verließ sie ihre schöne Heimat und folgte dem Oheim nach Salzburg. Hier ließ ihr der heilige Rupert auf dem Schloßberge, welcher gegenwärtig den Namen Nonnberg führt, ein kleines Bethäuschen und eine kleine Kapelle zu Ehren der Mutter Gottes erbauen, wodurch der Grund zu dem heutigen Nonnenkloster gelegt wurde. Ehrentraud lebte dort als eine Jungfrau und in großer Frömmigkeit, und ihr heiliger Lebenswandel fand bald unter dem weiblichen Geschlechte Nachahmung. Viele fromme Jungfrauen wünschten in ihrer Gesellschaft zu leben und eröffneten ihr Verlangen der heiligen Ehrentraud.

Als nun der heilige Rupert hievon Kenntnis erhielt, so erbaute er durch hilfreiche Hände der Salzburger und durch die Freigebigkeit des bayerischen Herzogs Theodo und dessen Gemahlin Regintrud das so schöne Kloster Nonnberg und weihte die Kirche zu Ehren der Mutter unseres Erlösers in eigener Person ein. Den Kloster-Nonnen gab er die Regel des heiligen Benedikt, und Ehrentraud setzte er als ihre Äbtissin ein.

Dieses Kloster wurde in der Folge von dem Herzoge Theodo III. und seinem Sohne Theodobert reichlich dotiert und gehört unter die ansehnlichsten Stiftungen von bayerischen Herzögen.

Ehrentraud leuchtete nicht nur in allen Tugenden als Ordensvorsteherin hervor, sie vergaß auch dabei nicht die Pflichten der Menschheit. Sie spendete den Armen, bekleidete sie, und wenn sie Kranker und Preßhafter ansichtig wurde, so bewegte sich ihr ganzes Innerstes. An Menschen, welche mit den häßlichsten äußern Krankheiten befallen waren, legte sie selbst Hand an, und Kloster Nonnberg war eine wahre Zufluchtsstätte für Arme und Kranke. Als die Hochbetagte einmal während der Nacht recht innig für die Seelenruhe ihres Oheims betete, erschien ihr dieser und sprach: »Komm, teure Schwester, in das Reich, für das du schon lange gearbeitet hast.« Sie sagte Gott Dank für diesen himmlischen Trost, fing alsbald an zu kränkeln, bereitete sich eifrigst zum Sterben und entschlief am 30. Juni selig im Herrn. Sie liegt in einer

Kapelle in der Klosterkirche Nonnberg begraben. An hohen Festtagen werden ihre Gebeine in einem silbernen Sarge zur öffentlichen Verehrung ausgestellt. (301)

Die Lilie des heiligen Vitalis

Einer alten Überlieferung nach ließ Gott, um einen an Vitalis' Heiligkeit zweifelnden Menschen zu bekehren, aus dem marmornen Herzen des heiligen Vitalis eine Lilie hervorwachsen, welche weder durch Hitze noch durch Kälte zum Verwelken gebracht werden konnte. Das Kloster zu St. Peter verwahrt in seiner Schatzkammer auch zwei lederne, mit Seide überstickte Gürtel, welche in früherer Zeit die Gebärenden abholen oder die Mütter ihren Kindern gegen die Fraisen auflegen ließen. (302)

Wazelinus und Wiradis

Wazelinus und Wiradis liebten sich innig, aber ein feindliches Geschick ließ es nicht zu, daß sich ihre Herzen für immer fanden. Nach Jahren getäuschter Hoffnung zog sich Wiradis in ein Kloster zurück und wurde Äbtissin auf dem Nonnberg in Salzburg. Wazelinus folgte ihrem Beispiel, wurde Mönch und später Abt zu St. Peter ebenda. Vor seinem Tode befahl er, man möge seine Leiche auf einen Wagen legen, diesen mit seinem eigenen Pferde, einem Schimmel, bespannen und so das Gespann gehen lassen, wohin es wolle. An der Stelle, an welcher der Schimmel haltmachen werde, wolle er begraben werden. Man tat nach seinem Willen, und das Pferd schlug ohne Leitung den Weg nach dem Gaisberge ein. Am Fuße desselben wurde Wazelinus begraben. Wo aber dies geschah, weiß heutigen Tages niemand mehr. (303)

Bad Gastein, Thomas Ender

Die drei Pilger

Drei fromme Männer erschienen im Pongau und machten die Einwohner auf das Tal Gastein und die in demselben aufbewahrten Schätze der Natur aufmerksam. Sie wiesen ihnen sogar einen Pfad, welcher die Anhöhen und Berge hinan in die gesegnete Gegend führte. Die Menschen waren nicht undankbar, sie bauten ihnen zu Ehren westlich auf der Anhöhe zwischen Klammstein und dem Bärnkogel eine Kapelle, zu den drei Wallern genannt, und ein Gemälde stellt die drei Pilger vor, wie sie die Höhen Gasteins ersteigen. Die Knappschaft verehrt sie als kundige Bergleute, die Bauernschaft als Genossen ihres Standes, alle aber betrachten die drei Männer als Gesandte Gottes, welche den Ackerbau und den christlichen Glauben in das Tal verpflanzt hätten. Das im Jahre

1619 hier aufgestellte Kreuz wird vom wallfahrenden Volke für wundertätig gehalten. (304)

Schiffmeister Tettenbacher

Der Bürgermeister von Laufen, Schiffmeister Tettenbacher, sollte einst von Tittmoning eine Schiffsladung Wein nach Laufen bringen, konnte dies aber wegen des seichten Wasserstandes der Salzach nicht vollbringen. Da gelobte er, in der Wallfahrtskirche Maria Bichl zur Zeit der Maria Heimsuchungs-Oktave neun Litaneien zu stiften, und siehe da, es trat ein starker Regen ein, die Salzach schwoll an, und die Schiffe mit der Weinladung konnten ohne jede Gefahr und Schwierigkeit Laufen erreichen. (305)

Die fromme Gattin

Frau Tettenbacher, des vorigen Hausfrau, lag an einer schweren Krankheit seit langem darnieder. Um Heilung zu finden, schickte sie zwei Pilger zum Grabe der Apostelfürsten nach Rom und gelobte, reiche Opfer zu spenden, wenn sie wieder genesen würde. Die Pilger kamen zur selben Stunde nach Laufen zurück, da Frau Tettenbacher ihre Seele aushauchte, und fanden ihren Ehering, der ihr vom Finger gefallen war, als sie nach ihrem Tode, der Legende nach, von Engeln in den Himmel getragen wurde. Zum bleibenden Gedächtnis an dieses Ereignis wurde auf dem Bichl an der Straßenleitung nach St. Georgen und Lamprechtshausen ein Votivstein errichtet, auf welchem noch heute folgendes zu lesen ist: »Zur Erinnerung an Frau Sophie Tettenbacher, geborene Haidenthaler, welche am 15. Mai 1682 zwischen sechs und sieben Uhr früh in Gott selig verschieden ist. Diese Frau hat sich im Leben durch Wohltätigkeit gegen die Armen ausgezeichnet. Nach ihrem Hinscheiden wurden fromme Pilger durch Auffinden ihres Eheringes in das Haus ihrer Zurückgebliebenen geführt, wo sie gastliche Aufnahme fanden und das Lob der größten Wohltäterin verkündeten.« (306)

Das Filzmooser »Kindl«

Zur Zeit, als die Gegend von Filzmoos noch größtenteils Viehweide war, hörten zwei fromme Hirten einmal ganz unerwartet in dieser Gegend ein kleines liebliches Glöcklein. Neugierig gingen sie dem Klange nach und fanden zu ihrer Verwunderung an der Stelle, wo jetzt die Ursprungkapelle steht, ein geschnitztes Bildnis des Jesukindes auf einem halb verfaulten Baumstocke stehen, das zu ihrem Erstaunen ein Glöcklein läutete und die drei ersten Finger der rechten Hand in die Höhe hielt. Diese wunderbare Begebenheit zeigten die Hirten alsogleich dem Pfarrer von Altenmarkt, als ihrem damaligen unmittelbaren Seelsorger, an. Ihre Angaben wurden richtig befunden, das Bild erhoben und nach Altenmarkt überbracht. In der darauffolgenden Nacht aber verschwand das Bild in Altenmarkt wieder und wurde auf Nachforschen wieder an demselben Ort wie früher gefunden. Hierauf wurde es zum zweiten Male erhoben und in das einen Büchsenschuß entfernte St. Petruskirchlein übersetzt, wo es bis zum heutigen Tage verblieben ist und sich seitdem der göttliche Heiland mittelst dieses Bildes gnadenreich erwiesen hat. Auf einem schon vor hundert Jahren, 1772, wegen Alter fast unkenntlichen Antependium war der Ursprung, wie vorerzählt, bildlich dargestellt, und schon damals versicherten die ältesten Leute, von ihren Eltern und Voreltern den Ursprung nie anders erzählen gehört zu haben. Herr Vikar Egger fand im Jahre 1771 bei Herrn Mathias Eckschlager, Apotheker zu Radstadt, »eine ware Abbiltung des Filzmoser'schen Christ-Kindl, auf dessen Postamentl 1511 gemalen« stand, konnte jedoch nicht entscheiden, ob diese Zahl das Jahr des Ursprunges oder der Anfertigung dieser Abbildung bedeuten solle. Das in der Mitte des Hochaltares, an der Stelle des Altarblattes stehende Gnadenbild des Jesukindes in Lebensgröße, über drei Schuh hoch, ist aus Holz gefertigt. Das Jesulein ist stehend abgebildet, hält die Füße kreuzweise übereinander, das Glöcklein in der rechten, die Weltkugel in der linken Hand. Seit hundert Jahren schmückt eine reichverzierte Krone sein Haupt; von wem es aber gekrönt worden, findet man nirgends aufgezeichnet. Nur eine Sage hat sich erhalten, daß, als man die Krone auf dem Haupte des Gnadenbildes befestigte, aus demselben

Blick auf Radstatt (Adolf Friedrich Kunike/Franz Wolf, 1827)

Blut geflossen sei. Das Haupt des Jesukindes ist etwas seitwärts und nach vorne geneigt, das starke Haupthaar ist gelockt, die Augenbrauen stark hervortretend, die Augen groß und geöffnet, die Wangen eingedrückt, die Lippen etwas aufgeworfen mit halb lächelnden, halb wehmütig ernsten Zügen um den Mund, anziehend zugleich und doch Ehrfurcht gebietend. Muß nun schon der bloße Anblick des Gnadenbildes, wie es da droben steht auf dem Hochaltare inmitten zwischen zwei Engeln, so freundlich, liebevoll und mild, uns Liebe und Vertrauen zum göttlichen Jesukinde einflößen, so müssen wir in unserem Vertrauen noch mehr bestärkt werden durch die vielen wunderbaren Gnadenwirkungen, die hier die frommen Wallfahrer erfahren haben. Des Glöckleins wegen wurde dieses Gnadenbild auch das »Glockenkindl« genannt und war unter diesem Namen weithin bekannt und gepriesen. (307)

*

Hirten erlebten es, daß sie ihre Herden über Nacht auf unerklärliche Weise verloren und sie erst des anderen Tages nach langem Suchen, in andächtiger Stellung um das Bildnis des Jesukindes geschart, wiederfanden. Das ereignete sich drei Nächte hindurch. Sie zeigten schließlich diesen seltsamen Vorgang ihrem Seelsorger, dem Pfarrer von Altenmarkt, an, der das Bild zuerst in seine Pfarrkirche überbringen und in der Maria Tann-Kapelle aufstellen ließ. (308)

Die Armsünderrast

Bei Matzen steht in einer Steinnische eine uralte Marienstatue. Knapp dabei sprudelt eine Bergquelle hervor. Zur Zeit der Kuruzzeneinfälle wurden hier die Landesverräter auf dem Richtplatze geköpft. Einmal bat nun ein Gefangener, unter dem Bilde noch beten zu dürfen. Man gestattete es ihm, und er ließ sich im Angesichte der Bedeckung auf seine Knie nieder und faltete fromm die Hände zum Gebete. Da geschah es, daß es wie Engelmusik durch die Kronen der Bäume klang, es rauschte wie von Sammet und Seide, und die Gerichtsleute sahen, wie eine schöne Frau ihren feuerstrahlenden Wundermantel um den Andächtigen warf, so daß dieser plötzlich ihren Augen entschwand. Zugleich aber drang Wasser aus der Felsennische, das einen himmlischen Wohlgeruch verbreitete. Seit diesem wunderbaren Vorfalle heißt das einsame Andachtplätzchen die Armsünderrast, und die schwarze Liebfrauenstatue im Stein hält das Volk für sehr wundertätig. (309)

Der Vergelt's Gott-Sammler

Ein recht böser, geiziger, dabei schlauer Bauer, welcher niemals etwas Gutes tun wollte, ließ sich doch einmal überreden, einen durch seinen Hof führenden Fußweg allgemein benützen zu lassen; doch gab er die Erlaubnis dazu nur unter der Bedingung, daß jeder

Vorübergehende vor dem Kreuze, welches er beim Eingange in den Hof aufstellen ließ, ein »Vergelt's Gott« sagen müsse. Bei jedem solchen »Vergelt's Gott« machte nun der Bauer einen Einschnitt in das Kreuz und sammelte davon eine große Zahl.

Als der Bauer gestorben war und zum Himmelstor kam, um Einlaß zu finden, sagte der heilige Petrus: »Ja, was willst denn du da, du ungueter Ding du? Du wirst do nit etwan gar glauben, daß d'in Himmi einikimmst, o na!« – Darauf der Bauer: »Oho! was is's denn nachher mit meine ›Vergelt's Gott‹?« – Heiliger Petrus (verwundert): »Ja, hast denn du auch ›Vergelt's Gott‹?« – Bauer: »Ja, freili, und viel han i.« – Heiliger Petrus: »Ja, wenn das is, daß d' wirkli an (solche) hast, da kannst's holen geh'n, nachher wer'n w'r schon seg'n, was g'schieht.« – Der Bauer geht und holt seine »Vergelt's Gott«, die, auf die Waage gelegt, schwerer ins Gewicht fallen als seine Sünden, worauf ihn der heilige Petrus bei einem kleinen Spalt »in den Himmi« einischlupfen laßt. (310)

Der Erzbischof von Salzburg und der Bauernknabe

Im Jahre 1850 kam Seine erzbischöfliche Gnaden nach Brixen im Tal, einem kleinen Dörflein zwischen Hopfgarten und Kitzbühel, welches am Fuße der hohen Salfe ausgebreitet liegt, um die Heilige Firmung zu spenden. Nachdem die heilige Zeremonie vorüber war, erteilte der Bischof den Kindern den katechetischen Unterricht und stellte ihnen Fragen in betreff der Religion. Die Kinder beantworteten alle Fragen zur Zufriedenheit des Bischofs. Da sagte seine Eminenz: »Kinder, ich bin mit euch sehr zufrieden; zur Belohnung dürft auch ihr mir eine Frage stellen, und ich muß sie auch beantworten.« Die Kinder schauten einander etwas betroffen an; nur ein kleiner Knirps von etwa neun Jahren blickte schelmisch unter seinem gesenkten Köpfchen hervor und lächelte verstohlen. Der Erzbischof sah es und sagte zu dem Kleinen: »Du, Kleiner, ich sehe es dir an, daß du mich etwas fragen willst.« Doch der Knabe war verlegen; endlich, auf die Ermutigung seines Religionslehrers, sagte er: »Ja, i wissat schon eppas, aber i trau ma nit.« – »Ja, trau dir nur«, sagte der Bischof, »und wenn er dir nicht antworten kann, so muß sich dein Bischof schämen, daß er nichts weiß.« Der Kleine sagte ganz keck: »Ja, so sag' mir, wann der Weg müad wor'n ist, wann das Wassa dürst' hat und wann das Leben g'storb'n is?« Seine Eminenz und die Herren schauten einander an und lachten, aber antworten konnte keiner. Da sagte der Knabe: »Ja, das werd's wohl do wissen, daß der liebe Jesus g'sagt hat: I bin der Weg, die Wahrheit und das Leben. Und mit'm Kreuztrag'n is er so müad wor'n, daß ihm aner trag'n hat helfen müassen, weil er z'samm'g'fall'n is. Und am Kreuz oben is er g'storb'n. Und auch das hat der liebe Jesus gesagt: ›Ich bin die Quelle des lebendigen Wassers‹, und am Kreuz hat er gerufen: ›Mich dürstet‹.« Da fragte der Bischof den Knaben: »Wer hat dir das gesagt?« Dieser antwortete: »Das hat mir mei Großmuata g'sagt, weil mir dö öfter allerhand vom Herrgott vazählt.« Der Bischof sagte zu den Herren: »So ein altes Weiblein hat oft mehr Sinn für Religion als ein hoch Studierter. Das werde ich mir merken, daß ein einfaches Tiroler Bergkind mich überfragte.« (311)

Von Kirchen und Kapellen

Das Kajetanertor in Salzburg (Lithographie von Georg Pezolt, um 1840)

Das St. Johanneskirchlein am Kapuzinerberg

Im Jahre 1478 begab es sich in Salzburg, daß vor das Stadttor zwei arme Bettler in so dürftigen Lumpen kamen, daß der eine schier für nackend gelten konnte. Sie baten beide um Einlaß und sprachen: »Wir wollen uns allhier einen Herrn suchen, der uns zeitlebens speist, tränkt und verpflegt; dafür wollen wir von Gott dem Herrn der Stadt alles Heil der Welt erbitten.« Dem Torwart dünkte solches Ansinnen seltsam und hieß die Bettler draußen verweilen, indem er zuvor ihr Anliegen dem Bürgermeister melden wolle.

Hierauf kam der Bürgermeister aus Neugier selbst an das Tor, sah die Armen und fragte sie: Wer und woher sie seien und welche ihre Hantierung? »Ich bin«, sprach der Halbnackte, »ein Steinhauer und Wegmacher, und ein Nazaräer.« – »Und ich«, sagte der zweite, »bin ein Zeugmacher und aus Galiläa.« – »Ach, liebe Männer, helfe euch Gott!« sprach der Bürgermeister; »Ihr sollt wissen, daß hier in der Stadt wir der armen Leute selbst genug haben, können euch daher nicht einlassen und aufnehmen.«

Nun lag damals gerade ein vornehmer Bürger, namens Dänkhl, auf dem Siechbette, dessen Diener hörte zufällig das Gespräch des Bürgermeisters mit den Bettlern, über deren große Abgerissenheit er sich wunderte, und erzählte seinem kranken Herrn die seltsame Mär. Da gelobte sich dieser, ein Werk der Barmherzigkeit zu üben, sandte und erbot sich gegen den Bürgermeister, daß er für die beiden Armen sorgen wolle. Der Bürgermeister erlaubte es ihm, und man ließ die Bettler ein, welche nun zu Dänkhl kamen und ihm Dank für seine Milde sagten. Der Kranke sprach zu beiden: »Liebe Männer, ich habe zwar in meinem Hause keinen Raum für euch, aber oben auf dem nahen Berge gehört mir eine Gerechtigkeit, da hinauf will ich euch ein Häuslein bauen lassen, darin ihr hausen und wohnen könnet, und Trank und Speise soll euch nimmer mangeln.«

Darauf neigten sich die halbnackten Bettler und sprachen: »Gibst du uns nur den Platz, so wollen wir uns schon selbst eine Hütte bauen.«

Und plötzlich umleuchtete es die Gestalten der Armen, wie eine Klarheit des Himmels. »Siehe, du Frommer und Guter!« sprach der fast Nackte, »ich bin Johannes der Täufer, ein Wegmacher, weil ich die Wege des Herrn bereite nach dem Worte der Schrift!« – »Und ich bin«, sprach der zweite Gottesbote, »Johannes der Evangelist, ein Zeugmacher, den der Herr berufen hat, als er an seinen Netzen strickte.«

Und damit verschwanden die Gestalten der Himmlischen vor dem Blicke des guten Dänkhl. Dieser aber fiel betend auf sein Angesicht, fühlte sich alsobald gesund und erbaute hierauf das Kirchlein St. Johannes am Kapuzinerberge. (312)

Maria Plain

Eine Stunde von der Stadt Salzburg entfernt auf dem Plainberg liegt die prachtvolle, mit zwei Türmen geschmückte Gnadenkirche. Die Lage derselben ist entzückend, und die Fernsicht eine der schönsten. Auf dem Hochaltare befindet sich das Gnadenbild. Es ist auf Leinwand gemalt, anderthalb Schuh hoch, vierzehn Zoll breit und stellt die gebenedeite Mutter Gottes vor mit holdselig liebreichem Angesicht und in ihrem Schoße auf einem Polster das zarte Jesukindlein haltend. Sie entblößt das Kindlein mit größter Ehrerbietung von den Windeln, und dieses streckt beide Ärmlein der jungfräulichen Mutter, die eine Krone auf dem Haupte trägt, entgegen. Im Jahre 1633, zur Zeit des Dreißigjährigen Krieges, geschah es, daß der Markt Regen im bayerischen Walde von den Schweden angezündet worden, und kein Haus war übrig, das nicht in Asche lag. Ein ehrsamer Bürger und Bäcker, namens Paul Regner, hatte ein Muttergottesbild im Hause, und als sein Haus bis auf den Grund abgebrannt war, wurde das Bild allein unversehrt gefunden. Dies erregte eine große Andacht zu demselben; eine Edle von Grimming brachte es an sich und ihre Nachkommen bewahrten es als einen teuren Familienschatz. Rudolf von Grimming ließ es am 8. Dezember 1652 zuerst auf den Plain bringen und dort in einem eichenen Kasten aufrichten. Aber schon im Jänner des folgenden Jahres nahm er es wieder weg und stellte dafür eine Kopie hin, welche nicht minder viele Andächtige herbeizog. Mit dem Originale begab er sich nach einiger Zeit in das Bistum Augsburg, erbaute sich auf dem Wankerberge eine Einsiedelei und lebte da dem Gebete und der besonderen Verehrung der seligsten Jungfrau. Nach seinem Tode kam das Bildnis jedoch auf Verwendung des Erzbischofs Maximilian Gandolf wieder nach Salzburg, wo es zuerst (1676) in der hochfürstlichen Residenz aufgestellt und endlich (1732) auf den Plain mit großer Feierlichkeit übertragen worden ist. Hier hatte indessen schon 1657 der Bau einer hölzernen Kapelle begonnen, in welcher bis 1674 mehr als 33 000 Messen gelesen wurden. Aus den vorhandenen Opfern wurde 1671 der Anfang zur jetzigen Kirche gemacht und der Bau so eifrig betrieben, daß bereits 1674 die Einweihung derselben vorgenommen werden konnte. Sie fand am 12. August statt. Die Kirche erhielt besonders 1683 von Wienern, welche vor den Türken geflohen waren, reichliche Geschenke; am 25. August 1824 wurde sie dem Kloster St. Peter zu Salzburg übergeben. (313)

Das Salzburger Kindl

In der kleinen Kirche des Lorettoklosters zu Salzburg steht auf einem Seitenaltare, unter einem Glassturz wohlverwahrt, ein Jesukindlein, dessen Krone und Kleidchen mit kostbaren Edelsteinen bedeckt ist. Von diesem Kindlein berichtet eine Legende folgendes: Eine Gräfin von Öttingen hatte es einer Nonne zu Säckingen in Oberschwaben geschenkt. Diese kam später als Oberin nach Emsisheim in Oberschwaben. Vor ihrer Abreise ließ sie sich von dem Kapuzinerpater Johannes Chrisostomus, einem geborenen Grafen Schenk zu Castel, überreden, ihm das Kindlein während ihrer Abwesenheit zu überlassen. Der nahm es in seine Obhut und wachte sorgsam über das Kleinod. Eines Tages ereignete es sich, daß der Pater, als er vom Chore zurückkehrte, das Kind in vier Stücke zertrümmert, jedes Stück in vier verschiedenen Ecken zerstreut, vorfand. Er weinte darüber bitterlich, sammelte die Bruchstücke zusammen und sprach, ehe er zum Mittagtische ging, zu den Fragmenten: »Mein liebes Büblein, hättest sollen oder doch können, wenn du nur wolltest, besser für dich Sorge tragen. Ich habe niemand, der deine Gestalt ergänzen könnte, so hilf dir denn selbst, wofern es dir gefällt.« Und siehe da, als er zurückkam, fand er das Kindlein unversehrt und ohne jede Narbe. Im Jahre 1625 kam der Pater, als er den Heiligen Berg (Andechs in Bayern), mit dem Kindlein im Arme bestieg, zu Falle, während er selbst davonkam, erlitt das Jesukind einen tiefen Riß, der vom Scheitel bis tief in den Leib ging. Der Pater suchte in Überlingen einen berühmten Possierer, namens Georg Heim, auf, der später auch in den Kapuziner-Orden eintrat und ein berühmter Baumeister unter dem Namen Fr. Probus wurde, und bat ihn, das Kindlein wieder zurechtzumachen. Der erklärte das für unmöglich. Am folgenden Morgen hatte es aber ohne menschliches Zutun wieder seine frühere Gestalt erlangt, ohne daß auch nur die Spur einer Verletzung mehr wahrnehmbar war. Ein andermal säuberte der Pater das Kindlein vom Staube, wusch und sonnte es. Ein Windstoß warf es nieder und beschädigte es. Der Pater betete inbrünstig, und abermals ergänzte es sich von selbst wieder bis auf ein paar kleine Ritzen auf der Stirne, die heute noch zu sehen sind. Dreimal geriet es in fremde Hände, und jedesmal kehrte es von selbst zu Pater Johannes Chrisostomus zurück, so berichtet Pater Rufinus Badensis. Nach mancherlei Fährnissen kam das Kindlein endlich im Jahre 1650 nach Salzburg, wo seit 1643 seine erste Besitzerin Maria Euphrosina Oberin des Lorettoklosters war. Hierselbst wird es noch heute als wundertätig verehrt. (314)

Blick auf den Domplatz in Salzburg (Franz Anton Danreiter, um 1735)

Die Hand Christi im Lorettokirchlein zu Salzburg

In diesem Kirchlein sieht man links ein Portal von weißem und rotem Marmor, hinter welchem die rundgewölbte Kapelle Mariä von Einsiedeln dem Originale gleich erbaut ist; ja sogar die Vertiefungen der durch ein Wunder in den Marmor eingedrückten Hand

Christi sind künstlich nachgebildet. Die Legende erzählt nämlich: Christus, der Herr, habe die im Jahre 948 erbaute Kirche zu Maria Einsiedeln in der Schweiz in der Nacht vom 13. auf den 14. September selbst feierlich geweiht und, als er der Kirche zuschritt, sei ihm die alte Kapelle auf dem Fuße nachgefolgt. Vor dem Eingange zur Kirche habe sich Christus umgewendet, seine rechte Hand an das Portal der Kapelle gelegt und dieselbe mit den Worten zurückgedrängt: »Liebe Kapelle! ich kann dich in die Kirche nicht einlassen; denn es ist darin kein Raum für dich«; durch das starke Nachdrängen der Kapelle seien dann die noch sichtbaren Vertiefungen der Finger und Handfläche Christi entstanden. Gleich wie nun Maria Einsiedeln in der Schweiz einer der berühmtesten Wallfahrtsorte der Christenheit geworden ist, so zog auch die vom Erzbischofe Paris erbaute und im Jahre 1648 in eigener Person geweihte Maria-Einsiedeln-Kapelle zu Loretto, obwohl nur Nachbildung, bald zahlreiche Verehrer und Andächtige an sich. Dabei unterließ man es selten, seine Finger in die im Portale sichtbaren Vertiefungen zu legen, welche sich an jede Hand, ob groß oder klein, vollkommen anschließen. Nur demjenigen, welcher nicht ganz reinen Herzens ist, ist hievon abzuraten, da sich der Marmor um dessen Finger so enge schließt, daß dieselben gequetscht werden. Seit einigen Jahren ist der Zugang zur Kapelle durch ein eisernes Gitter gesperrt und hat seither die Wallfahrt zu derselben nahezu aufgehört. (315)

Das wundertätige Kruzifix in der Leprosenhauskirche

Ein abgedankter kais. Offizier, namens Johann Michael Fux, kam mit seiner Gemahlin Maria Barbara nach großen Reisen in Ungarn, Türkei, Italien usw. ganz entkräftet in Salzburg an, suchte und fand später einen Dienst bei der Stadtgarnison; starb aber schon nach einem Jahre. Seine Frau, welche an einem unheilbaren Geschwüre litt und nach dem Tode ihres Gatten in das Leprosenhaus gebracht wurde, folgte ihm noch in demselben Jahre nach. Auf all ihren Reisen hatten sie ein schwarzes Kruzifix als einzigen Trostspender in ihren Leiden mit sich geführt, und dieses verblieb nun nach beider Ableben dem Leprosenhause als Erbteil.

Nachdem dasselbe über fünf Jahre in dem oberen Chore des Kirchleins gestanden hatte, fingen auf einmal das Haar und der Bart des Christuskopfes gar wunderbarlich zu wachsen an, wodurch das Bildnis nicht wenig verunstaltet wurde. Zweimal hatte die Leprosin Catharina Leithlin, welche eine absonderliche Liebe und Verehrung zu diesem Kruzifixe hatte, Haar und Bart abgeschnitten; aber jedesmal wuchsen sie von neuem nach. Der Leprosenhaus-Verwalter Michael Wenger zeigte dieses Wunder der geistlichen Obrigkeit an, und diese entsandte eine Kommission zur Prüfung und Untersuchung des Mirakels, welche aber demselben keinen rechten Glauben schenken wollte. Sie ließ daher einen Glaskasten machen und das Kruzifix, nachdem Haar und Bart durch einen Bartscherer der Stadt neuerdings auf eine gewisse Länge waren abgeschnitten worden, hineinstellen, versiegeln und ein ganzes Jahr lang also versiegelt auf dem Chore aufbewahren. Während dieser Zeit wuchsen nicht allein Haar und Bart wieder, sondern es mehrten sich von Tag zu Tag die auffälligsten Gebetserhörungen, welche alle in einem Manuskripte, welches noch heute im Leprosenhaus aufbewahrt wird, namentlich aufgeführt sind. Hiedurch sah sich das Konsistorium veranlaßt, dieses Kruzifix am 13. Oktober 1731 auf dem Hochaltare zur öffentlichen Verehrung auszusetzen, wo es sich noch gegenwärtig befindet. (316)

Die St. Leonhardskirche in Lungau

Im Jahre 1421, zur Zeit, da der nachmalige Pfarrer Konrad Vikar zu Tamsweg war, verschwand die aus Holz geschnitzte Statue des hl. Leonhard vom Altar auf der Emporkirche in Tamsweg und wurde darauf an einem Kranawittbaum auf dem Bühel unweit des Marktes aufgefunden. Man trug sie in die Pfarrkirche zurück. Sie verschwand abermals und wurde wieder an dem erwähnten Baumstamm am Bühel entdeckt. Darauf wurde die Statue in Gegenwart des Erzpriesters von St. Michael, des Vikars Niklas von St. Margarethen, des Pfarrers von Tamsweg und mehrerer Einwohner unter Sperre und Siegel in einer Truhe verwahrt. Trotzdem kam sie wieder aus der Truhe abhanden und wurde an dem

Kranawittbaum am Bühel vorgefunden. Das erweckte in der Bevölkerung den festen Glauben an die Wunderkraft der Statue, und da bald darauf mehrere wunderbare Heilungen von Kranken vorgekommen, die sich zu dem Gnadenbilde geflüchtet hatten, so wurde mit dem Baue der Kirche begonnen.

Da ereignete es sich während des Baues, daß aus einer nahegelegenen Felsenöffnung zwei stattliche schwarze Ochsen hervorkamen und täglich zur gleichen Stunde die schwersten Lastfuhren verrichteten. Die Stärke der beiden Ochsen war so groß, daß sechs gewöhnliche Lungauer Ochsen nicht imstande waren, die Last zu ziehen, welche die Wunderochsen mit Leichtigkeit allein zogen. Dabei waren die letzteren, wie die Sage berichtet, so gescheite Tiere, daß sie, wenn es am Vortage eines Sonn- und Feiertages zu Tamsweg um ein Uhr mittags den Feierabend einläutete, mitten im Zuge stehenblieben und keinen Schritt mehr weitermachten. Als der Kirchenbau vollendet war, kehrten die beiden schwarzen Ochsen wieder in ihr Felsenloch zurück und wurden seither nicht mehr gesehen.

Die Kirche ist aus sogenanntem Tuffstein erbaut, welcher einem Steinbruch oberhalb St. Leonhard am Schwarzenberg entnommen war. Nach der Sage war in dem Augenblick, als die Kirche fertig dastand, auch nicht das kleinste Stückchen Tuff mehr zu finden. Seither ist auch im ganzen Lungau kein Tuff mehr zu bekommen. (317)

Die eiserne Kette

Die Vikariatskirche zum heiligen Leonhard in Leogang umschließt wie mehrere St. Leonhardskirchen im Lande eine eiserne Kette. Davon meldet eine Sage: Die Weiber des Leogang-Tales, deren Männer in den Krieg gezogen waren, verlobten sich, eine eiserne Kette um die Kirche zu stiften, wenn ihre Männer lebend zurückkommen. Und sie da, alle kamen zurück, bis auf einen, der sein Leben lassen mußte, weil sein Weib an dem Gelübde sich nicht beteiligt hatte. (318)

Die Salinenstadt Hallein (August Franz Heinrich von Naumann/Anton Amon, 1791)

Die Hintnerkapelle bei Hallein

Vor ungefähr 200 Jahren lebte in Hallein ein Kaufmann, namens Jakob Hintner, in den blühendsten Verhältnissen und war gar fromm und gottesfürchtig. Als er einst an einem heißen Nachmittag im Sommer auf seinem Felde schlief, erschien ihm im Traume ein liebliches Bild der göttlichen Mutter in ihrer jugendlichen Schönheit und Anmut. Sie befahl ihm, da eben Teuerung im Lande war, er sollte um seinen ganzen Meierhof eine Mauer aufführen, damit die armen Leute eine Beschäftigung hätten. Dieses geschah auch wirklich. Die Steine wurden aus dem Marmorbruche in Wiesthal gebracht. Viele Menschen wurden in jener geschäftslosen Zeit auf diese Weise beschäftigt und gut bezahlt, und es sind viele aus großer Not errettet worden. Seit dieser Zeit wurden die Unternehmungen des edlen Mannes, der Gott und die Nebenmenschen liebte, noch mehr von dem Himmel gesegnet. Er hatte Schiffe auf dem Meere und trieb mit England ausgedehnten Handel. Seine Geschäfte riefen ihn auch nach Leipzig, wo er eine bedeutende Niederlage von Seidenwaren und englischem Tuche hatte. Auf dieser Reise besuchte er eine Kirche in Dresden, und wer beschreibt sein Erstaunen, als er das Bild des Hochaltars in derselben erblickte! Es war ebendasselbe Marienbild, wie es ihm erschienen war, mit lieblichem Gesichte, blondem langem Haare und einem blauen Kleide; in der Hand einen Strauß von goldenen Kornähren. Sogleich ließ er eine Abbildung von dem lieblichen Gemälde machen, baute mit Erlaubnis der geistlichen Obrigkeit in der Nähe des Maierhofes eine eigene Kapelle und stellte dort das Bild zur Verehrung auf. Auch im alten Stammhause (Hänselhaus in Hallein) ist das Bild geschnitzt angebracht, und im Wohnzimmer war es in Lebensgröße. Noch immer hat diese Kapelle, welche sich am rechten Ufer der Salzach, im Rücken der gegenwärtigen Bellinischen Restauration befindet, den Namen »Hintnerkapelle«, sowie das Bild darnach benannt wird. (319)

Mariä-Elend

Embach erhielt 1508 eine Kirche zu Ehren des heiligen Laurentius; die Wallfahrtskirche Maria im Elend erbaute 1530 die edle Ursula Penninger zu Penningberg, geborne Heilin († 1550). Sie hatte als Witwe des Ulrich Penning, Salzburger Kämmerers, eine Tochter, welche blind und blödsinnig war. Dieses Kind verlor sich im zwölften Lebensjahre aus dem Penninghofe, der noch jetzt am Gschwandnerberge zu Taxenbach steht, und niemand wußte, wohin es geraten sei. In dieser Angst machte die fromme Mutter dem Allmächtigen das Gelübde, daß sie an dem Orte, wo ihre verlorne Tochter würde gefunden werden, eine Kapelle bauen wolle. Nach diesem Gelöbnisse wurde das Kind aufgesucht und auf dem Elendberge, eine starke Stunde vom Penningberge entfernt, bei der Kapelle eines Hirten, wo sich noch jetzt eine gemauerte Kapelle befindet, mit gutem Verstande und völlig sehend gefunden. Da aber an dieser Stelle kein rechter Platz zu einer Kirche vorhanden war, so wurde diese etliche Schritte aufwärts erbaut. Man stellte das Bildnis der schmerzhaften Mutter zur Verehrung auf, machte eine Stiftung dazu und stellte einen Meßner an. Erzbischof Hieronymus ließ die Kirche niederreißen, baute dafür die neue Vikariatskirche und setzte 1785 auch das vielbesuchte Bild hierher. (320)

Quellennachweise

Die abgekürzten Titel sind im Literaturverzeichnis nachgewiesen. Kürzungen, auch wenn es sich nur um einen Satz handelt, sind bei den Quellen vermerkt. Änderungen der Sagenüberschriften werden nicht erwähnt. Orthographie und Interpunktion wurden dem heutigen Sprachgebrauch angepaßt. Einfügungen des Herausgebers im Text wurden in Klammern gesetzt.

1 Grimm, 1891, Nr. 27.
2 Freisauff, 1880, Bd. I, S. 31.
3 Freisauff, 1880, Bd. I, S. 157.
4 Grimm, 1891, Nr. 28.
5 Huber, 1909, Nr. 58.
6 Huber, 1909, Nr. 64.
7 Freisauff, 1880, Bd. I, S. 26.
8 Huber, 1909, Nr. 19.
9 Huber, 1909, Nr. 70.
10 Vernaleken, 1858, Nr. 49.
11 Huber, 1909, Nr. 60.
12 Vernaleken, 1858, Nr. 49.
13 Vernaleken, 1858, Nr. 49.
14 Freisauff, 1880, Bd. I, S. 22f.
15 Adrian, 1948, S. 195f.
16 Weinhold, Volksüberlieferungen aus Eisenerz und der Obersteiermark, in: ZfV. 1, 1891, S. 215.
17 Freisauff, 1880, Bd. I, S. 98ff.
18 Huber, 1909, Nr. 67.
19 Huber, 1909, Nr. 66.
20 Freisauff, 1880, Bd. I, S. 102f.
21 Huber, 1909, Nr. 68.
22 Freisauff, 1880, Bd. I, S. 12f.
23 Vernaleken, 1858, Nr. 49.
24 Vernaleken, 1858, Nr. 49.
25 Vernaleken, 1858, Nr. 49.
26 Huber, 1909, Nr. 28.
27 Freisauff, 1880, Bd. I, S. 68f.
28 Freisauff, 1880, Bd. I, S. 72.
29 Huber, 1909, Nr. 34.
30 Freisauff, 1880, Bd. I, S. 74.
31 Freisauff, 1880, Bd. I, S. 75.
32 Freisauff, 1880, Bd. I, S. 61.
33 Huber, 1909, Nr. 16.
34 Freisauff, 1880, Bd. I, S. 57.
35 Huber, 1909, Nr. 49.
36 Huber, 1909, Nr. 21.
37 Vernaleken, 1858, Nr. 49.
38 Grimm, 1891, Nr. 39.
39 Freisauff, 1880, Bd. I, S. 53ff.
40 Freisauff, 1880, Bd. I, S. 303.
41 Huber, 1909, Nr. 32.
42 Franz Branky, in: VZfVk. 3, 1891, S. 267.
43 Freisauff, 1880, Bd. I, S. 177f.
44 Freisauff, 1880, Bd. I, S. 158.
45 Freisauff, 1880, Bd. I, S. 158.
46 Freisauff, 1880, Bd. I, S. 159.
47 Huber, 1909, Nr. 80.
48 Huber, 1909, Nr. 75.
49 Huber, 1909, Nr. 76.
50 Huber, 1909, Nr. 77.
51 Freisauff, 1880, Bd. I, S. 44.
52 Huber, 1909, Nr. 62.
53 Vernaleken, 1858, S. 66.
54 Huber, 1909, Nr. 74.
55 Grimm, 1891, Nr. 24.
56 Freisauff, 1860, Bd. I, S. 173.
57 Huber, 1909, Nr. 65.
58 Huber, 1860, S. 85f.
59 Adrian, 1948, S. 102ff.
60 Dengg, 1957, S. 226.
61 Dengg, 1957, S. 49.
62 Freisauff, 1880, Bd. I, S. 313.
63 Freisauff, 1880, Bd. I, S. 162f.
64 Huber, 1909, Nr. 46.
65 Moser, Skizzen aus dem Volksleben, Innsbruck, 1865, S. 50f.
66 Freisauff, 1880, Bd. II, S. 490.
67 Dengg, 1957, S. 59f.
68 Freisauff, 1880, Bd. II, S. 457.
69 Freisauff, 1880, Bd. II, S. 459.
70 Dengg, 1957, S. 35ff.
71 Freisauff, 1880, Bd. II, S. 431.
72 Dengg, 1957, S. 167f.
73 Dengg, 1957, S. 171f.
74 Dengg, 1957, S. 168f.

75 Huber, 1880, S. 108 ff.
76 Freisauff, 1880, Bd. I, S. 255 f.
77 Narholz, 1957, S. 63.
78 Andree-Eysn, 1910, Nr. 21.
79 Andree-Eysn, 1910, Nr. 20.
80 Narholz, 1957, S. 63.
81 Andree-Eysn, 1910, Nr. 24.
82 Andree-Eysn, 1910, Nr. 23.
83 Andree-Eysn, 1910, Nr. 27.
84 Andree-Eysn, 1910, Nr. 28.
85 Andree-Eysn, 1910, Nr. 29.
86 Andree-Eysn, 1910, Nr. 38.
87 Andree-Eysn, 1910, Nr. 39.
88 Narholz, 1957, S-66.
89 Dengg, 1957, S. 166.
90 Freisauff, 1880, Bd. I, S. 259.
91 Happel, 1684, S. 166 f.
92 Freisauff, 1880, Bd. I, S. 260 f.
93 Freisauff, 1880, Bd. I, S. 283 ff.
94 Freisauff, 1880, Bd. I, S. 270 f.
95 Freisauff, 1880, Bd. I, S. 274 f.
96 Freisauff, 1880, Bd. I, S. 276 f.
97 Freisauff, 1880, Bd. I, S. 266 f.
98 Freisauff, 1880, Bd. I, S. 290.
99 Freisauff, 1880, Bd. I, S. 293.
100 Freisauff, 1880, Bd. I, S. 291.
101 Freisauff, 1880, Bd. I, S. 294.
102 Freisauff, 1880, Bd. I, S. 290 f.
103 Peuckert, 1963, S. 61 ff.
104 Freisauff, 1880, Bd. I, S. 248 ff.
105 Wagner, 1926, S. 39.
106 Freisauff, 1880, Bd. I, S. 343.
107 Freisauff, 1880, Bd. I, S. 302.
108 Huber, 1880, S. 159.
109 Zillner, 1863, S. 276.
110 Huber, 1880, S. 71.
111 Huber, 1909, Nr. 40.
112 Huber, 1909, Nr. 18.
113 Freisauff, 1880, Bd. II, S. 571.
114 Freisauff, 1880, Bd. II, S. 528.
115 Freisauff, 1880, Bd. II, S. 482.
116 Freisauff, 1880, Bd. II, S. 479.
117 Freisauff, 1880, Bd. II, S. 442 f.
118 Freisauff, 1880, Bd. II, S. 237 f.
119 Spirago, 1918, Nr. 760.
120 Zentralarchiv der deutschen Volkserzählung, Marburg, Nr. 180019.
121 Freisauff, 1880, Bd. II, S. 652 f.
122 Dengg, 1957, S. 42 f.
123 Dengg, 1957, S. 59.
124 Dengg, 1957, S. 75 f.
125 Dengg, 1957, S. 76.
126 Dengg, 1957, S. 76 f.
127 Freisauff, 1914, S. 179.
128 Freisauff, 1914, S. 181.
129 Freisauff, 1880, Bd. I, S. 363.
130 Dengg, 1957, S. 208.
131 Freisauff, 1880, Bd. II, S. 451.
132 Dengg, 1957, S. 140 f.
133 Andree-Eysn, 1910, Nr. 50.
134 Dengg, 1957, S. 148 f.
135 Dengg, 1957, S. 141.
136 Wagner, 1926, S. 24 f.
137 Adrian, 1948, S. 82.
138 Andree-Eysn, 1910, Nr. 37.
139 Andree-Eysn, 1910, Nr. 335.
140 Freisauff, 1880, Bd. II, S. 611 f.
141 Freisauff, 1880, Bd. II, S. 581 ff.
142 Freisauff, 1880, Bd. II, S. 404.
143 Dengg, 1957, S. 143 f.
144 Dengg, 1957, S. 135 f.
145 Adrian, 1948, S. 37 f.
146 Freisauff, 1880, Bd. II, S. 617.
147 Adrian, 1948, S. 129.
148 Freisauff, 1880, Bd. I, S. 352 f.
149 Huber, 1880, S. 63 ff.
150 Dengg, 1957, S. 98 f.
151 Freisauff, 1880, Bd. II, S. 460 ff.
152 Dengg, 1957, S. 209.
153 Andree-Eysn, 1910, Nr. 8.
154 Freisauff, 1880, Bd. II, S. 620 f.
155 Freisauff, 1880, Bd. II, S. 645 f.
156 Freisauff, 1880, Bd. I, S. 314 f.
157 Freisauff, 1880, Bd. I, S. 317 f.
158 Freisauff, 1880, Bd. II, S. 399 f.
159 Freisauff, 1880, Bd. I, S. 366 f.
160 Freisauff, 1880, Bd. I, S. 378.
161 Freisauff, 1880, Bd. II, S. 474 ff.
162 Freisauff, 1880, Bd. II, S. 647 f.
163 Freisauff, 1880, Bd. I, S. 326 f.
164 Freisauff, 1880, Bd. I, S. 336 f.
165 Adrian, 1948, S. 151.
166 Freisauff, 1880, Bd. II, S. 549.
167 Freisauff, 1880, Bd. II, S. 530.
168 Adrian, 1948, S. 51 f.
169 Freisauff, 1880, Bd. II, S. 510 f.
170 Freisauff, 1880, Bd. II, S. 537 ff.

171 Freisauff, 1880, Bd. II, S. 526f.
172 Dengg, 1957, S. 162ff.
173 Wagner, 1926, S. 40f.
174 Huber, 1880, S. 113f.
175 Andree-Eysn, 1910, Nr. 54.
176 Peuckert, 1963, S. 160.
177 Freisauff, 1880, Bd. I, S. 360f.
178 Vernaleken, 1859, Nr. 23.
179 Dengg, 1957, S. 155ff.
180 Andree-Eysn, 1910, Nr. 31.
181 Andree-Eysn, 1910, Nr. 32.
182 Andree-Eysn, 1910, Nr. 30.
183 Dengg, 1957, S. 188.
184 Dengg, 1957, S. 183f.
185 Dengg, 1957, S. 188f.
186 Dengg, 1957, S. 188f.
187 Andree-Eysn, 1910, Nr. 55.
188 Huber, 1880, S. 115f.
189 Huber, 1880, S. 113.
190 Andree-Eysn, 1910, Nr. 33.
191 Vernaleken, 1859, Nr. 67.
192 Andree-Eysn, 1910, Nr. 34.
193 Freisauff, 1880, Bd. II, S. 491.
194 Freisauff, 1880, Bd. II, S. 497.
195 Narholz, 1957, S. 68.
196 Freisauff, 1880, Bd. II, S. 525.
197 Dengg, 1957, S. 219f.
198 Dengg, 1957, S. 220.
199 Grimm, 1891, Nr. 50.
200 Grimm, 1891, Nr. 50. (Huber, 1909, Nr. 4.)
201 Grimm, 1891, Nr. 50. (Huber, 1909, Nr. 5.)
202 Grimm, 1891, Nr. 50. (Huber, 1909, Nr. 6.)
203 Freisauff, 1880, Bd. I, S. 190.
204 Freisauff, 1880, Bd. I, S. 190f.
205 Narholz, 1957, S. 62.
206 Huber, 1909, Nr. 7.
207 Huber, 1909, Nr. 11.
208 Freisauff, 1880, Bd. I, S. 205.
209 Freisauff, 1880, Bd. I, S. 137 (Huber, 1909, Nr. 9.)
210 Freisauff, 1880, Bd. I, S. 137.
211 Freisauff, 1880, Bd. I, S. 138.
212 Andree-Eysn, 1910, Nr. 12.
213 Andree-Eysn, 1910, Nr. 17.
214 Andree-Eysn, 1910, Nr. 18.
215 Andree-Eysn, 1910, Nr. 14.
216 Zillner, 1863, S. 272.
217 Adrian, 1948, S. 105f.
218 Andree-Eysn, 1910, Nr. 15.
219 Freisauff, 1880, Bd. I, S. 150f.
220 Adrian, 1948, S. 83f.
221 Huber, 1909, Nr. 45.
222 Huber, 1909, Nr. 39.
223 Freisauff, 1880, Bd. I, S. 155.
224 Freisauff, 1880, Bd. II, S. 386.
225 Narholz, 1957, S. 60.
226 Andree-Eysn, 1910, Nr. 1.
227 Andree-Eysn, 1910, Nr. 4.
228 Andree-Eysn, 1910, Nr. 2.
229 Andree-Eysn, 1910, Nr. 3.
230 Huber, 1880, S. 110f.
231 Freisauff, 1880, Bd. II, S. 420f.
232 Freisauff, 1880, Bd. II, S. 423f.
233 Wagner, 1926, S. 72ff.
234 Wagner, 1926, S. 109.
235 Zillner, 1863, S. 270.
236 Freisauff, 1880, Bd. II, S. 590f.
237 Elfriede Lies, Zum Säeschaff im Pinzgau, in: ÖZV 59 (1956), S. 113ff.
238 Freisauff, 1880, Bd. II, S. 413.
239 Freisauff, 1880, Bd. II, S. 414f.
240 Dengg, 1957, S. 89.
241 Wagner, 1926, S. 109f.
242 Dengg, 1957, S. 130ff.
243 Peuckert, 1961, S. 262f.
244 Dengg, 1957, S. 114f.
245 Freisauff, 1880, Bd. II, S. 402.
246 Freisauff, 1880, Bd. II, S. 382f.
247 Freisauff, 1880, Bd. I, S. 90f.
248 Freisauff, 1880, Bd. I, S. 78f.
249 Freisauff, 1880, Bd. I, S. 83f.
250 Freisauff, 1880, Bd. I, S. 87f.
251 Grimm, 1891, Nr. 163.
252 Huber, 1909, Nr. 89.
253 Huber, 1909, Nr. 88.
254 Dengg, 1957, S. 120.
255 Freisauff, 1880, Bd. II, S. 579.
256 Freisauff, 1880, Bd. II, S. 577.
257 Freisauff, 1880, Bd. II, S. 568.
258 Freisauff, 1880, Bd. II, S. 564.
259 Andree-Eysn, 1910, Nr. 45.
260 Freisauff, 1880, Bd. II, S. 554.
261 Dengg, 1957, S. 70f.
262 Dengg, 1957, S. 121.

263 Dengg, 1957, S. 80f.
264 Freisauff, 1880, Bd. II, S. 557.
265 Freisauff, 1880, Bd. I, S. 181f. (gekürzt).
266 Huber, 1909, Nr. 44.
267 Grimm, 1891, Nr. 138.
268 Huber, 1909, Nr. 43.
269 Freisauff, 1880, Bd. I, S. 338.
270 Andree-Eysn, 1910, Nr. 43.
271 Freisauff, 1880, Bd. II, S. 610.
272 Huber, 1909, Nr. 15.
273 Andree-Eysn, 1910, Nr. 25.
274 Dengg, 1957, S. 225f.
275 Freisauff, 1880, Bd. I, S. 219f.
276 Dengg, 1957, S. 144f.
277 Adrian, 1948, S. 84.
278 Vernaleken, 1858, Nr. 143.
279 Dengg, 1957, S. 200f.
280 Freisauff, 1880, Bd. II, S. 595.
281 Freisauff, 1880, Bd. II, S. 598f.
282 Freisauff, 1880, Bd. II, S. 640f.
283 Freisauff, 1880, Bd. II, S. 603ff.
284 Freisauff, 1880, Bd. II, S. 639.
285 Freisauff, 1880, Bd. I, S. 229.
286 Adrian, 1948, S. 149f.
287 Freisauff, 1880, Bd. I, S. 357f.
288 Freisauff, 1880, Bd. I, S. 356.
289 Freisauff, 1880, Bd. I, S. 365.
290 Freisauff, 1880, Bd. I, S. 371f.
291 Freisauff, 1880, Bd. I, S. 371f.
292 Narholz, 1957, S. 70f.
293 Freisauff, 1880, Bd. I, S. 252f.
294 Dengg, 1957, S. 206ff.
295 Narholz, 1957, S. 65.
296 Freisauff, 1880, Bd. I, S. 380f.
297 Huber, 1909, Nr. 47.
298 Andree-Eysn, 1910, Nr. 47.
299 Huber, 1880, S. 35f.
300 Huber, 1880, S. 36ff.
301 Huber, 1880, S. 42f.
302 Freisauff, 1914, S. 179.
303 Freisauff, 1914, S. 187.
304 B. Pillwein, Erzählungen und Volkssagen aus den Tagen der Vorzeit, Linz, 1834.
305 Freisauff, 1914, S. 178.
306 Freisauff, 1914, S. 178f.
307 Math. Jäger, Ausführliche Beschreibung der Wallfahrt zum gnadenreichen Jesukindlein in Filzmoos, Innsbruck, 1874.
308 Freisauff, 1914, S. 182f. (gekürzt)
309 Schukowitz, Kriegs- und Schlachtensagen, in: ZfVk. 9, 1899, S. 379f.
310 Marie Wögerbauer, Salzburg, in: ZföVk. 9, 1903, S. 64.
311 Elise Wendlinger, Kitzbühel, in: ZföVk. 15, 1909, S. 42.
312 K. Rolfuß, Klänge aus der Vorzeit. Fromme Sagen und Legenden, Mainz, 1874.
313 P. Virgil Faber, Gekrönter Marianischer Granatapfel, Salzburg 1679.
314 Freisauff, 1914, S. 188.
315 Huber, 1880, S. 73f.
316 Huber, 1880, S. 66f.
317 Freisauff, 1914, S. 184f. (gekürzt).
318 Freisauff, 1914, S. 181.
319 Huber, 1880, S. 11f.
320 Huber, 1880, S. 23f.

Literatur

Adrian 1948	= Adrian Karl, Alte Sagen aus dem Salzburger Land, Salzburg 1948.
Andree-Eysn 1910	= Andree-Eysn, Marie, Volkskundliches. Aus dem bayrisch-österreichischen Alpengebiet, Braunschweig 1910.
Andree-Eysn 1915	= Andree-Eysn, Marie, Der Birnbaum auf dem Walser Feld, in: Bayerische Hefte für Volkskunde II (1915), S. 185ff.
Anonym	= Wahrhafte Beschreibung des Untersberges bey Salzburg nebst den wundervollen Begebenheiten, o. O., o. J.
Dengg 1957	= Dengg, Michael, Lungauer Volksleben. Schilderungen und Volksbräuche, Geschichten und Sagen aus dem Lungau, Tamsweg 1913; neu bearbeitet von Josef Brettenthaler, Salzburg 1957.
Eichelmann 1920	= Eichelmann, Toni, Berchtesgadener Sagen, Berchtesgaden 1920.
Fleischer 1990	= Fleischer, Yvonne, Die Überlieferung von dem Herrscher im Berg, dargestellt am Beispiel der Untersbergsage, Dipl.-Arbeit, masch., Innsbruck 1990.
Freisauff 1880	= Freisauff, R. von, Salzburger Volkssagen, 2 Bde., Wien/Pest/Leipzig 1880.
Freisauff 1914	= Freisauff, R. von, Aus Salzburgs Sagenschatz, Salzburg 1914.
Gitschner 1782	= (Lazarus Gitschner), Sagen der Vorzeit, oder ausführliche Beschreibung von dem berühmten Salzburgischen Untersberg oder Wunderberg . . ., Brixen 1782 (Mus. Ferd. Innsbruck).
Graus 1975	= Frantisek Graus, Lebendige Vergangenheit. Überlieferungen im Mittelalter und Vorstellungen vom Mittelalter, Köln/Wien 1975.
Happel 1684	= Happel, Eberhard Werner, Relationes Curiosae, Hamburg 1684 (Neudruck Berlin 1990).
Herzog 1929	= Herzog, Wilhelm, Die Untersbergsage, nach den Handschriften untersucht und herausgegeben, Graz, Wien, Leipzig 1929.
Huber 1880	= Huber, Nikolaus, Fromme Sagen und Legenden, Salzburg 1880.
Huber 1901	= Huber, Nikolaus, Sagen vom Untersberg, Salzburg 1901.
Lecouteux 1992	= Lecouteux, Claude, Zur anderen Welt, in: Wolf-Dieter Lange, Diesseits- und Jenseitsreisen im Mittelalter, Berlin 1992, S. 79–89.
Narholz 1953	= Narholz, Sigmund, Sagen aus dem Rauriser Tal (= Jahresbericht des Sonnblickvereines 1953–1955).
Petzoldt 1968	= Petzoldt, Leander, Der Tote als Gast. Volkssage und Exempel, Helsinki 1968.
Petzoldt 1978	= Petzoldt, Leander, Deutsche Volkssagen, 2. Aufl., München 1978.

Petzoldt 1989a = Petzoldt, Leander, Dämonenfurcht und Gottvertrauen. Zur Geschichte und Erforschung unserer Sagen, Darmstadt 1989.

Petzoldt 1989b = Petzoldt, Leander, Märchen, Mythos, Sage. Beiträge zur Literatur und Volksdichtung, Marburg 1989.

Petzoldt 1989c = Petzoldt, Leander, Die Haare der Saligen, Wanderung und Wandlung eines dämonologischen Motivs in Literatur und Volksdichtung, in: Petzoldt und de Rachewiltz, Der Dämon und sein Bild, Frankfurt 1989, S. 85–102 (Beiträge zur Europäischen Ethnologie und Folklore, Reihe B, Bd. 2).

Petzoldt 1990 = Petzoldt, Leander, Kleines Lexikon der Dämonen und Elementargeister, München 1990.

Petzoldt 1991 = Petzoldt, Leander, Tod und Jenseits in Märchen und Sagen, in: U. Heindrichs (ed.): Tod und Wandel im Märchen, Regensburg 1991, S. 34–56.

Petzoldt 1992 = Petzoldt, Leander, Sagen von Zauberinnen, Kaisern und weltlichen Herren, Historische Sagen mit Kommentar und Anmerkungen, München 1992.

Peuckert 1961 = Peuckert, Will-Erich, Die Sagen der monathlichen Unterredungen Otto von Grabens zum Stein, Berlin 1961.

Peuckert 1963 = Peuckert, Will-Erich, Ostalpensagen, Berlin 1963.

Prodinger 1860 = Prodinger, Friederike, Beiträge zur Perchtenforschung, Festschrift der Gesellschaft für Salzburger Landeskunde 1860–1960, S. 545 ff.

Spirago 1918 = Spirago, Franz, Beispiel-Sammlung für das christliche Volk, Prag 1918.

Vernaleken 1858 = Vernaleken, Theodor, Alpensagen, Wien 1858.

Vernaleken 1859 = Vernaleken, Theodor, Mythen und Bräuche des Volkes in Österreich. Ein Beitrag zur deutschen Mythologie, Volksdichtung und Sittenkunde, Wien 1859.

Wagner 1926 = Wagner, Karl D., Gasteiner Sagen, Bad Gastein 1926.

Zillner 1860 = Zillner, Fr. V., 322 Sagen aus Salzburg (= Mitteilungen der Salzburger Landeskunde 1860–1863).

Ortsregister

Die angegebenen Ziffern beziehen sich auf die Nummern der Sagen. Es wurde jeweils von der im Text gennannten Namensform ausgegangen, auch wenn sie dem heutigen Namen nicht entspricht; daher sind Mehrfachnennungen desselben Ortes unter verschiedenen Bezeichnungen möglich.

Bildnachweise

Amanshauser, Gerhard, Das alte Salzburg, Salzburg 1963
Camerarius, J., Symbola et Emblemata, Nachdruck Graz 1986
Der Antichrist und die Fünfzehn Zeichen vor dem Jüngsten Gericht, Kommentarband, Hamburg 1979
Frey, Therobiblia 1595
Museum Carolino Augusteum, Salzburg, Hs. 2398
Münster Sebastian, Cosmographia, das ist Beschreibung der gantzen Welt, Basel 1628
Schedel, Hartmann, Weltchronik 1494, (neudruck Lindau o. J.)
Scheible, J., Das Kloster, 2. Bd., Stuttgart 1846
Skreiner, Wilfried, Steiermark in alten Ansichten, Salzburg, Wien 1978
Vom Endkrist, Straßburg 1482
Welz, Friedrich, Salzburg und das Salzkammergut im 19. Jahrhundert, Salzburg 1939
Weninger, P., Österreich in alten Ansichten, Salzburg 1977
Zentralbibliothek Zürich
Alle übrigen Abbildungen stammen aus dem Archiv des Herausgebers.

Sagen aus Wien

Herausgegeben von Leander Petzoldt
Leinen, 272 Seiten

Die Stadt Wien steht gewissermaßen am Beginn der wissenschaftlichen Beschäftigung mit der Volkserzählung in Österreich. Wohl auf Betreiben Jacob Grimms wurde hier in Wien im Dezember 1814 eine Gesellschaft gegründet, die sich »zur Erinnerung an den Ort und die Gelegenheit ihrer Stiftung den Namen Wollzeiler-Gesellschaft« gab und sich die Sagensammlung zum Ziel setzte.
Nach ihrem Vorbild sind hier die verschiedensten Sagen zusammengetragen. Daß sich diese Wiener Sagen von denen der Bergregionen oder Südtirols grundlegend unterscheiden, verwundert nicht: Mehr noch als in den Alpensagen steht hier der Mensch als Handelnder im Vordergrund, der Stadtbürger und der Adelige, der Handwerker und der Soldat. Und auch »moderne« Sagen, Großstadtmythen, werden hier – erstmalig – vorgestellt: Sie zeigen, daß die Faszination der Erzähltradition über die Jahrhunderte hinweg lebendig geblieben ist, daß auch in der Gegenwart noch erzählt wird und daß immer noch gern Geschichten überliefert werden, deren Reiz, ebenso wie der der »traditionellen« Sagen, in ihrer Merkwürdigkeit liegt.

Sagen aus Tirol

Herausgegeben von Leander Petzoldt
Leinen, 284 Seiten

Das »Land im Gebirge«, das heutige Nordtirol, ist ein an Überlieferungen reiches Land. Schon früh setzte hier, im Gefolge der Brüder Grimm, eine systematische Beschäftigung mit der Erzählüberlieferung ein.
So fanden auch die jeweiligen Herrscher Eingang in die Sagenwelt, und ihre Namen haben auch heute noch – nicht nur in der Sage – einen besonderen Klang: Meinhard von Tirol, Margarethe Maultasch oder Maximilian I., der das Land zur »gefürsteten Grafschaft« erhob.
Das tälerreiche Land Tirol kennt viele Sagentraditionen: Alle Täler – das Inntal, Ötztal, Wipptal oder Zillertal etwa – wie auch die Dörfer und Städte verfügen über eigenes Erzählgut, das vielfach verknüpft ist mit der Landschaft und ihren Bewohnern. Diese Sagen werden auch heute noch erzählt und vermitteln »Heimat« – denn sie verbinden die Vergangenheit mit der Gegenwart: Sie berichten über Vorstellungen und Werte früherer Generationen und geben uns die Möglichkeit, das Denken und Verhalten unserer Vorväter besser zu verstehen.